I viaggi

Collana di mentalità, cultura, azione dell'esplorazione umana

——————— diretta da ———————

Luciano Pellicani

Viaggi, vale a dire esplorazioni di mondi sconosciuti, reali o virtuali che siano, grazie alle quali si dilata l'orizzonte mentale e si fuoriesce dalla logica tribale. Viaggi, dunque, come metafora dello spirito della «società aperta» e del suo valore fondamentale, la libertà individuale, oggi, non meno che ieri, minacciata da coloro che, fuori e dentro l'Occidente, aspirano a restaurare la «società chiusa».

1. Luciano Pellicani
Rivoluzione e totalitarismo
2. Antimo Negri
Quel diavolo di don Benedetto.
Croce e la storia come «lavoro della vita»
3. Raymond Aron
Introduzione alla filosofia politica.
Democrazia e rivoluzione
4. Henri Pena-Ruiz
Che cosa è la laicità
5. Bruno Rizzi
La rovina antica e l'età feudale
6. Guglielmo Ferrero
Potere. I geni invisibili della Città
7. Luciano Pellicani
Le sorgenti della vita.
Modi di produzione e forme di dominio
8. Luciano Pellicani
La genesi del capitalismo e le origini della Modernità
9. Jean-Louis Harouel
Le cause della ricchezza delle nazioni
10. Guglielmo Ferrero
Le due rivoluzioni francesi

JEAN-LOUIS HAROUEL

Le cause della ricchezza delle nazioni

a cura di
Luciano Pellicani

MARCO
Editore

Titolo originale francese:
Jean Fourastié: l'homme et sa pensée

Traduzione dal francese
di Alessandro Rosselli

piazza Garibaldi 16
87010 Lungro di Cosenza - Italia
tel. 0981947088; 0981947555; fax 0981943978
www.costanet.it/marcoeditore
marcoeditore@tiscalinet.it

I edizione nella Collana *I viaggi*, 2007
ISBN 88-88897-56-9

INTRODUZIONE

In questa monografia, Jean-Louis Harouel definisce Jean Fourastié «l'anti-Marx». In effetti, la sua vasta produzione scientifica è stata una metodica e documentata confutazione delle due tesi fondamentali formulate nel *Capitale*: l'inevitabile proletarizzazione della società e l'immiserimento crescente. Due tesi di importanza strategica. Grazie ad esse, infatti, Marx poté affermare con la massima perentorietà che, per l'umanità tutta quanta, c'era solo una speranza: la rivoluzione comunista, la quale avrebbe spezzato le catene dello sfruttamento, dell'oppressione e della miseria radendo al suolo il mercato e sostituendolo con il piano unico di produzione e di distribuzione.

Una conclusione – quella che Marx estrasse dalla sua analisi delle leggi di movimento del modo di produzione capitalistico – a dir poco paradossale, una volta che si tenga presente che si deve proprio a Marx la più entusiastica esaltazione della natura progressista del ruolo storico della borghesia.

Il continuo rivoluzionamento della produzione – si legge nel *Manifesto* –, l'incessante scuotimento di tutte le condizioni sociali, l'incertezza e il movimento eterni contraddistinguono l'epoca borghese da tutte le precedenti. Tutte le stabili e arrugginite condizioni di vita, con il loro seguito di opinioni e credenze rese venerabili dall'età, si dissolvono, e le nuove invecchiano prima ancora di aver potuto fare le ossa. Tutto ciò che vi è di stabilito e di rispondente ai vari ordini sociali svapora, ogni cosa sacra viene sconsacrata e gli uomini sono finalmente costretti a considerare con occhi liberi da ogni illusione la loro posizione nella vita, i loro rapporti reciproci. Il bisogno di sbocchi sempre più estesi per i suoi prodotti spinge la borghesia per tutto il globo terrestre. Dappertutto essa deve ficcarsi, dappertutto stabilirsi, dappertutto stringere relazioni.

Sfruttando il mercato mondiale la borghesia ha reso cosmopolita la produzione e il consumo di tutti i paesi. Con grande dispiacere dei reazionari, ha tolto all'industria la base nazionale. Le antichissime industrie nazionali sono state e vengono, di giorno in giorno, annichilite. Esse vengono soppiantate da nuove industrie, la cui produzione è questione di vita o di morte per tutte le nazioni civili – industrie che non lavorano più materie prime indigene, bensì materie provenienti dalle regioni remote, e i cui prodotti non si consumano soltanto nel paese, ma in tutte le parti del mondo. Al posto dei vecchi bisogni a soddisfare i quali bastavano i vecchi prodotti nazionali, subentrano bisogni nuovi, che per essere soddisfatti esigono i prodotti dei paesi e dei climi più lontani. In luogo dell'antico isolamento locale e nazionale, per cui ogni paese bastava a se stesso, subentra un traffico universale, un universale dipendenza nelle nazioni l'una dall'altra. E come nella produzione materiale, così anche nella produzione spirituale. I prodotti spirituali delle singole nazioni diventano patrimonio comune. L'unilateralità e la ristrettezza nazionale diventano sempre più impossibili, e dalle molte letterature nazionali e locali esce una letteratura mondiale. Col rapido miglioramento di tutti gli strumenti di produzione, con le comunicazioni infinitamente agevolate, la borghesia trascina nella civiltà anche le nazioni più barbare. I tenui prezzi delle sue merci sono l'artiglieria pesante con cui essa abbatte tutte le muraglie cinesi, e con ciò costringe tutte le nazioni ad adottare le forme della produzione borghese se non vogliono perire; le costringe ad introdurre nei loro paesi la così detta civiltà, cioè a farsi borghesi.

Ancora più energica, se possibile, l'esaltazione della potenza rivoluzionaria del capitalismo che si trova in una pagina dei *Grundrisse*, dove si legge:

Soltanto il capitale crea la società borghese e l'universale appropriazione tanto della natura quanto della connessione sociale stessa da parte dei membri della società. Di qui l'enorme influenza civilizzatrice del capitale; la sua creazione di un livello sociale rispetto a cui tutti quelli precedenti si presentano semplicemente come sviluppi locali dell'umanità e come idolatria della natura. Soltanto con il capitale la natura diventa un puro oggetto per l'uomo, un puro oggetto di utilità, e cessa di essere riconosciuta come forma per sé; e la stessa conoscenza teoretica delle sue leggi autonome si presenta semplicemente come astuzia capace di subordinarla ai bisogni umani sia come oggetto di consumo sia come mezzo di produzione. In virtù di questa sua tendenza, il capitale spinge a superare sia le barriere e i pregiudizi nazionali, sia l'idolatria della natura, la soddisfazione tradizionale, orgogliosamente ristretta entro angusti limiti, di bisogni esistenti, e la riproduzione del vecchio modo di vivere. Nei riguardi di tutto questo il capitale opera distruttivamente, attua una rivoluzione permanente, abbatte tutti gli ostacoli che frenano lo sviluppo delle forze produttive, la dilatazione dei bisogni, la varietà della riproduzione e lo sfruttamento e lo scambio delle forze della natura e dello spirito.

Non si può non essere ammirati di fronte a queste pagine geniali, nelle quali si descrive – con oltre un secolo di anticipo! – quel grandioso fenomeno storico-mondiale che oggi abbiamo preso l'abitudine di chiamare "globalizzazione". Ma, nello stesso tempo, non si può non essere sbalorditi dal fatto che Marx, dopo aver esaltato il capitalismo quale formidabile vettore di civilizzazione e di progresso materiale e spirituale, ne auspicò l'immediata distruzione. Un colossale *non sequitur* che ha avuto conseguenze catastrofiche ovunque i partiti comunisti hanno conquistato il potere. Sopprimendo il mercato, essi hanno condannato alla miseria più atroce le popolazioni sulle quali hanno esercitato la loro spietata tirannia. E lo hanno fatto fanaticamente convinti che il piano unico rappresentava il dispositivo istituzionale più razionale per fomentare l'illimitato sviluppo delle forze produttive. Contemporaneamente, nei paesi dell'Europa occidentale, gli intellettuali marxisti, assunto il ruolo di "ripetitori permanenti" dell'ideologia bolscevica, non perdevano occasione per dipingere il capitalismo come l'irrazionale sistema che impediva ai lavoratori di accedere al regno dell'abbondanza.

Ebbene, mentre gli "intellettuali organici" chiudevano gli occhi di fronte alla realtà, Fourastié la analizzava sulla base di una precisa documentazione statistica, dalla quale emergeva, con l'irrefutabile eloquenza che è propria dei fatti, che la "rivoluzione permanente" attuata dal capitalismo, oltre a porre fine ai due più micidiali flagelli che per millenni avevano funestato la vita degli uomini – le epidemie e le carestie –, aveva inaugurato l'età dei consumi di massa grazie alla spettacolare crescita – un vero e proprio "miracolo storico" – della produttività del lavoro. Aggiungeva Fourastié che la crescita della produttività era strettamente legata allo sviluppo scientifico e tecnologico e che essa generava, spontaneamente e irresistibilmente, una inedita struttura economico-sociale. Si svuotava progressivamente il settore primario – l'agricoltura –, cresceva il settore secondario – l'industria – e, infine, diventava ipertrofico il terziario.

Tutto il contrario, dunque, della prognosi stilata da Marx nel *Capitale* e trasformata in un indiscutibile dogma dagli "intellettuali organici": in luogo della miseria crescente e della proletarizzazione crescente, opulenza crescente e imborghesimento crescente.

Ma, allora, si chiedeva Fourastié, perché nello stesso momento in cui cresceva a vista d'occhio la ricchezza delle nazioni "lavorate" dal capitalismo, crescevano l'insoddisfazione e la protesta dei lavoratori? Le ragioni erano molteplici. La più vistosa era senz'altro l'azione degli *agit-prop* della sinistra rivoluzionaria. Ma non l'unica e neanche la più incisiva. Paradossalmente, accadeva che l'insoddisfazione crescente nasceva dalla soddisfazione crescente. In una società statica, nella quale, a motivo delle scarse capacità produttive, le penose condizioni di vita dei più erano immodificabili, tutto cospirava a rafforzare la credenza che la miseria era un dato naturale che nulla e nessuno potevano modificare. Ma in una società nella quale la crescita della ricchezza sociale e il miglioramento delle condizioni di vita erano realtà tangibili, era cosa affatto logica che si manifestasse il fenomeno che i sociologi hanno battezzato «rivoluzione delle aspettative crescenti». In effetti, la moltiplicazione delle *chances* di vita, strettamente legata alla crescita della produttività del lavoro, e l'azione rivendicativa dei «moderni tribuni della plebe» – partiti operai e sindacati – hanno creato una "società esigente", attraversata da parte a parte da una "avidità di consumi" sempre più diffusa e sempre più nevrotizzante. Donde la nostalgia del mondo annientato dalla rivoluzione capitalistica, nel quale, per altro, coloro che avevano assaporato il *comfort* materiale della società opulenta non intendevano punto retrocedere.

A Fourastié, inoltre, non sfuggiva il fatto che lo sviluppo tecnologico, altamente positivo nel lungo periodo, comportava, nel breve periodo, costi umani non indifferenti, che si scaricavano su coloro che venivano espulsi dal processo produttivo. Il periodico sconvolgimento della struttura della popolazione attiva era accompagnato, inevitabilmente, da licenziamenti, crisi, disoccupazione, declassamento, sradicamento: tutti fenomeni che non potevano non alimentare la protesta contro l'amorale logica di sviluppo del capitalismo. Certo, la continua crescita della produttività avrebbe fatto nascere nuove domande e, quindi, nuova occupazione. Ma, intanto, le "vittime" del progresso – cioè a dire tutti coloro che le nuove tecnologiche avevano reso "superflui" – erano abbandonate al loro destino.

Come si vede, l'immagine che Fourastié ha offerto del capitalismo industriale si distingue da quella fornitaci da Mises e Hayek poiché non ne occulta gli aspetti negativi. È vero che Fourastié non perdeva occasione per ricordare che le misere condizioni di vita dei lavoratori non potevano essere migliorate attraverso la distribuzione della ricchezza, bensì attraverso la crescita della produttività. Ma è vero anche che la sua analisi dello specifico *modus operandi* del capitalismo giustificava l'idea che era necessario l'intervento dello Stato per mitigare i costi umani connessi allo sviluppo tecnologico. Giustificava, in altre parole, sia il rifiuto del *laissez faire*, sia la politica riformatrice della socialdemocrazia, sfociata nella creazione del *Welfare State*, giustamente definita da Ralf Dahrendorf la più grande e benefica rivoluzione culturale dell'intera storia dell'umanità.

Luciano Pellicani

Le cause della ricchezza delle nazioni

PREFAZIONE

L'espressione «Trenta Gloriosi» fa parte da anni del linguaggio corrente. Tutti parlano dei *Trenta Gloriosi*, questi favolosi anni (1946-1975), unici nella storia della Francia, in cui il livello medio di vita è aumentato di tre volte in trent'anni. Ma ciò non ha impedito al popolo francese, nel corso di questi tre gloriosi decenni, di lamentarsi per le condizioni di vita, di denunciare una presunta diminuzione del potere d'acquisto, di protestare, far rivendicazioni e contestare sempre di più invece di rendersi conto e di rallegrarsi per questo aumento senza precedenti della ricchezza.

Ma adesso, con un certo distacco, i *Trenta Gloriosi* ed il loro tasso di crescita annuo *pro-capite* del 7% (cioè di quasi il doppio in dieci anni) suscitano una certa nostalgia.

Si tratta infatti del momento in cui in Francia si è sviluppato il consumo di massa, in cui la popolazione ha avuto accesso ad alloggi rispondenti ad esigenze di igiene, di salubrità e di *comfort* (WC interni, stanza da bagno, riscaldamento centrale, ecc.), in cui si è generalizzato l'uso dell'automobile e i nuclei familiari hanno beneficiato di tutta una serie di elettrodomestici sconosciuti alle generazioni precedenti: frigorifero, lavatrice, televisore, lavastoviglie, congelatore, ecc. ecc., l'epoca in cui le spese per il cibo sono scese a un quarto delle entrate dei nuclei familiari contro la quasi metà ancora alla fine degli anni '40. Ed è anche l'epoca in cui la durata media della vita umana è passata in Francia da sessanta a settantatré anni, in cui il tasso di mortalità infantile è diminuito di 1/5, divenendo uno dei più bassi al mondo, e in cui è stata istituita la scolarizzazione di massa degli adolescenti e dei giovani adulti. E tutto questo progresso economico e sociale è stato compiuto malgrado una forte diminuzione della durata annua del lavoro (passata da 2100 a 1850 ore) e nel contesto di un pieno impiego non sopravvissuto alla fine dei *Trenta Gloriosi*. I *Trenta Gloriosi* sono di moda. Li ritroviamo continuamente nei giornali, nelle riviste e in televisione. Nell'estate 2003, iniziò su *France 5* una serie televisiva dedicata alla storia di una famiglia – *Les Martin* – durante i *Trenta Gloriosi*. In compenso, ciò che il pubblico conosce meno è che proprio il termine «Trenta Gloriosi» è dovuto a Jean Fourastié. Infatti, è il titolo di libro da lui pubblicato nel 1979, in cui rivela e studia la crescita economica e il progresso sociale degli anni dal 1946 al 1975. Sono anni che tutti parlano dei *Trenta Gloriosi* senza che nessuno legga più questo libro.

Eppure, Jean Fourastié è certamente l'economista francese più celebre del periodo che va dal dopoguerra agli anni '70. Solo in Francia, i suoi libri hanno superato il milione di copie, cui si sono aggiunte le numerose traduzioni nella maggior parte delle principali lingue del mondo [1]. È stato, nella seconda parte del XX secolo, l'economista francese più noto al grande pubblico del suo paese, e anche il più conosciuto al mondo. Verso il 1960, alcuni suoi testi erano proposti alla riflessione dei candidati delle sezioni scientifiche della maturità. In poche parole, Jean Fourastié era celebre, ed era un'istituzione. Ha pubblicato una quarantina di libri, innumerevoli articoli sulla stampa, ha avuto una sua trasmissione televisiva e aveva un vasto pubblico di fedeli lettori che lo seguivano di libro in libro.

Infine, Jean Fourastié morì nel 1990. Il suo fedele pubblico era parallelamente invecchiato e si era diradato senza rinnovarsi. D'altronde, molti suoi libri erano divenuti introvabili e non venivano più ristampati. Altri erano sempre disponibili ma non erano più richiesti dato che i *mass media* non ne parlavano e nulla li segnalava all'attenzione dei lettori, a tal punto che all'alba del XXI secolo, mentre si parlava come mai prima dei *Trenta Gloriosi*, il nome di Jean Fourastié era divenuto quasi sconosciuto al grande pubblico, e la sua opera era letta o riletta solo da qualche raro specialista.

Da poco la situazione è un po' cambiata. Nel febbraio 2004 è uscita una ristampa dei *Trente Glorieuses* [2]. Nella sua introduzione a questa nuova edizione, Daniel Cohen saluta nell'opera «un classico, una lettura obbligatoria per chi voglia prendere in considerazione la storia della Francia nel XX secolo», un libro che « ha il suo posto nel *pantheon* delle opere che hanno segnato la loro epoca» [3].

Praticamente nello stesso momento, Jacques Marseille ha pubblicato un libro[4] dedicato «a Jean Fourastié, un modello di intelligenza e di semplicità, che [gli] ha insegnato a scovare i miti e ad evidenziare la realtà». Fin dall'inizio, l'autore annuncia che «questo libro ha come orgogliosa ambizione quella di sostituire il celebre *Trente Glorieuses* scritto da Jean Fourastié nel 1979». D'altronde, Jacques Marseille riprende il procedimento utilizzato da Jean Fourastié nei *Trente Glorieuses* con la contrapposizione fra due villaggi, uno sottosviluppato e l'altro sviluppato, che di fatto sono lo stesso villaggio trent'anni dopo: contrappone inoltre due paesi, da un lato la Francia del 2003 e dall'altro la Polonia. Adesso, infatti, «la Polonia è la Francia del 1973», dato che uno degli obiettivi del libro è quello di dimostrare che gli anni dal 1973 al 2003 meritano, altrettanto e ancor più di quelli dal 1946 al 1975, di essere chiamati "gloriosi"[5]. Tale non sarebbe forse stata l'opinione di Jean Fourastié, che giudicava mediocre – «un progresso lento» la cui strada è «stretta e difficile» – il tasso annuale di crescita oscillante fra il 2 e il 2,5% da lui annuciato nel 1979 per i prossimi vent'anni, e che in effetti si è verificato[6]. Anche se ciò non piacerà a Jacques Marseille, gli attuali *Trenta Gloriosi* non si svolgono in Francia, ma proprio in Cina, con il suo tasso di crescita del 9% nel 2003. Ma ciò interessa poco, dato che quel che conta, nella fattispecie, è l'omaggio e il riferimento all'autore dei *Trente Glorieuse*.

Tutto ciò pare annunciare un gran ritorno di Fourastié[7]: un ritorno tanto più necessario quanto più Jean Fourastié è ben più di un lucido osservatore della Francia all'epoca dei *Trenta Gloriosi*. È stato profeta e maggior protagonista dello sviluppo tecnico e dell'aumento dei livelli di vita in Francia e nel mondo. Soprattutto, ha costruito una teoria economica profondamente originale, basata sull'osservazione e non sulla sola razionalità, rompendo così con la tradizione dell'insegnamento universitario dell'economia pur contestando il marxismo, il cui punto centrale è il progresso tecnico ed i suoi effetti sulla produttività del lavoro umano.

La produttività è al centro del pensiero economico di Jean Fourastié. Lui ha indicato nei progressi nella produttività il fattore della ricchezza delle nazioni, cioè dell'aumento della loro produzione e, di conseguenza, del consumo delle loro popolazioni, e quindi dell'aumento del livello medio di vita. Ha indicato che l'enorme crescita del potere d'acquisto delle popolazioni occidentali si è verificato con il calo del prezzo reale (espresso in ore di lavoro di una categoria di riferimento) di un gran numero di prodotti per effetto di notevoli profitti di produzione, e ciò ha permesso una grande diversificazione dei consumi, al cui interno le spese per il cibo, che un tempo rappresentavano la principale voce delle entrate popolari, sono divenute nettamente minoritarie. Ed ha anche indicato nel progresso tecnico e nella crescita della produttività da esso apportata i fattori che hanno spinto a grandi migrazioni della popolazione attiva verso l'industria (esodo rurale) e poi verso l'attività dei servizi, così come hanno causato il prolungamento della vita umana, la riduzione della durata del lavoro, l'innalzamento dell'età scolare e la grande riduzione delle disuguaglianze di reddito. Con ciò, Jean Fourastié ha rispedito al mittente sia le dottrine socialiste e marxiste che il vecchio discorso, proveniente dal XIX secolo, sull'accumulazione di capitale e sulla formazione dei prezzi dovuta alla domanda e all'offerta, così come i presunti cicli di Kodratëv e molti altri miti che hanno inutilmente offuscato la scienza economica.

In questo inizio di XXI secolo, in cui una larga parte della popolazione francese pare ancora non aver capito nulla della realtà economica, e continua a pensare che le disuguaglianze aumentino, che i prezzi salgano, che il potere d'acquisto diminuisca, che la ricchezza di una nazione sia un dato preesistente alla sua produzione e che si debba solo suddividerla e che, inoltre, si tratti di togliere ai ricchi per arricchire i poveri, che l'aumento del potere d'acquisto e la riduzione del tempo di lavoro siano il frutto non di incrementi in produttività ma della rivendicazione sociale che li strappa al padronato e allo Stato, è urgente tornare alle salutari verità di Jean Fourastié. Occorre sentirlo ripetere che nazioni un tempo ricche, con un livello di vita superiore di 1/3 a quello della Francia prima della seconda guerra mondiale, come l'Argentina e l'Uruguay, sono sprofondate in una drammatica povertà per effetto di alcuni decenni di «rivendicazione sociale (...) intensa ed incessante» [8].

Parallelamente, la minaccia dell'altermondialismo, in cui si è largamente rifugiata un'ideologia marxista e marxisteggiante che pareva definitivamente delegittimata dal patente fallimento dei sistemi socialisti e, in particolare, dall'implosione dell'Unione Sovietica, rende anch'essa di urgente necessità prendere in considerazione gli insegnamenti economici di Jean Fourastié. Mentre l'altermondialismo è in guerra contro il modello di sviluppo economico e di progresso sociale che è stato quello dell'Occidente e vuole proibirlo ai paesi poveri con la falsa scusa che si tratta del loro bene – come se la Cina non stesse realizzando i suoi *Trenta Gloriosi* applicando questo modello (proprio come il Giappone prima di lei –, è imperativo ascoltare Jean Fourastié. Assolutamente necessario è infatti sentirlo indicare che non è certo togliendo ai ricchi per dare ai poveri che costoro ne escono arricchiti ma, piuttosto, producendo ricchezze grazie ad un'accresciuta efficienza del lavoro umano, e grazie ai processi di produttività. Occorre ascoltarlo indicare che solo l'aumento della produttività agricola, che permette ad un agricoltore attivo di non nutrire più solo 2,2 persone, fra cui se stesso (come nella Francia del XVIII secolo e nelle odierne economie meno produttive) ma 20 persone in attesa di nutrirne 40 oppure 80, consente ad una popolazione di sottrarsi alla povertà. Occorre sentirlo ricordare che, con i suoi soli mezzi detti "naturali" e senza i progressi ottenuti in agricoltura dall'inizio del XVIII secolo, la Francia non avrebbe potuto superare i 22 milioni di abitanti senza correre rischi di carestie, e che nel paradiso perduto delle società rurali tradizionali un bambino su tre moriva prima di aver compiuto un anno, per non parlare delle grandi mortalità in cui la carestia e le epidemie potevano mietere, in alcuni casi, il 10% della popolazione. Senza alcun dubbio, Jean Fourastié è il primo a riconoscere – e questo è un importante aspetto del suo pensiero – che di fatto si era più felici nel vecchio mondo povero e colpito dalle ristrettezze grazie all'impronta religiosa e magica, al calore comunitario e alla voglia di vivere tipiche delle società tradizionali: ma aggiunge anche che nessuno accetterebbe, per recuperare tale felicità perduta, di piegarsi alle dure condizioni di vita e di lavoro dei contadini di un tempo.

> È chiaro (...) che nessun gruppo umano che abbia avuto accesso all'efficienza industriale accetterebbe volentieri di ricadere nell'inefficienza dell'agricoltura del XVIII secolo o della miniera di carbone del 1830...[9].

A tutti i buoni apostoli che, beneficiando a titolo personale di alti livelli di vita e di tutti gli altri vantaggi procurati dal "produttivismo" occidentale, sono intenzionati a preservare le popolazioni dei paesi poveri da tale produttivismo da loro demonizzato – e ciò li riporta a mantenerli definitivamente nella loro povertà, in nome di una concezione arcaicizzante dell'ordine del mondo e di un'utopia ecologista che costituisce una forma di religione secolarizzata come è stato il marxismo – Jean Fourastié aveva in qualche modo già risposto quasi un secolo fa. Mentre l'Italia, la Spagna e il Portogallo erano ancora in larga misura paesi sottosviluppati, scriveva:

> Quel che ci infastidisce nell'atteggiamento di un certo clero italiano, portoghese e spagnolo non è (...) il fatto che abbia un alto livello di vita in un mondo povero ma la sua mancanza di impegno nel cercare di cambiare le condizioni economiche e politiche che creano la stagnazione e la miseria [10].

I pontefici dell'altermondialismo sono dei chierici di altro genere, ma anch'essi si adattano fin troppo bene al sottosviluppo di quelle popolazioni che pretendono di voler salvare.

Esiste l'urgenza di riscoprire il pensiero economico di Jean Fourastié.

Verrebbe così evidenziato l'interesse di una teoria economica basata sull'osservazione del reale, atta a permettere la comprensione di ogni fenomeno economico o sociale, e che nulla finora ha smentito.

D'altronde, il pensiero economico di Jean Fourastié che costituisce l'oggetto della presente opera non è – e di gran lunga – tutto il suo pensiero. Ciò spiega perché occorreva anche, in questi prolegomeni, presentare l'insieme della sua opera, di cui l'economia è certamente la base, ma che ha conosciuti importanti sviluppi in una gran quantità di altri campi: sociologia, filosofia, psicologia, morale, ecc.

Si troverà anche, in questa lunga introduzione * – che inizia proprio con essa – una rievocazione della vita di Jean Fourastié. Lui stesso stabilisce nei suoi scritti uno stretto legame fra la sua opera e la sua storia personale e familiare. Inoltre, non si deve mai dimenticare che egli fu per quarant'anni un autore profondamente impegnato nella vita economica, sociale e politica del suo tempo. Tutto ciò iniziò alla fine della seconda guerra mondiale, quando Jean Fourastié fu uno dei principali promotori della ripresa francese:

---

* Il saggio di Harouel introduce, nell'edizione originale, un'antologia di scritti economici di Fourastié dal titolo *Productivité et richesse des nations* (Gallimard, 2005), curata da Harouel stesso.

In Europa, era necessario ricostruire e modernizzare. In Francia, Jean Monnet faceva la parte del direttore d'orchestra ed inviava missioni negli Stati Uniti, e Jean Fourastié diffondeva instancabilmente l'inno nazionale alla produttività [11].

Note alla Prefazione

1. Libri di Jean Fourastié sono stati tradotti in arabo, ceco, cinese, ebraico, finlandese, giapponese, greco, italiano, olandese, persiano, polacco, portoghese, serbo-croato, sloveno, spagnolo, turco, ecc.

2. Cfr. J. FOURASTIÉ, *Les Trente Glorieuses*, introduzione di Daniel Cohen, Paris Hachette, coll. "Pluriel", 2004.

3. *Ibidem*, pagg. I-II.

4. Cfr. J. MARSEILLE, *La guerre des deux France, Celle qui avance et celle qui freine*, Paris, Plon, 2004.

5. *Ibidem*, pagg. 11-17.

6. J. FOURASTIÉ, *Les Trente Glorieuses*, Paris, Fayard, 1979, pagg. 265-266.

7. La grande stampa comincia a riparlare di lui. Dopo aver dedicato all'edizione 2004 dei *Trente Glorieuses* un articolo su "L'Express", Jean-Marc Daniel ha esposto su "Le Monde" i grandi assi del pensiero economico di Jean Fourastié e ricordato le principali tappe della sua carriera (22 giugno 2004, pag. V).

8. J. FOURATIÉ, *Les Trente Glorieuses*, cit., pag. 199; ID., *Le jardin du voisin, les inégalités en France*, in collaborazione con Béatrice Bazil, Paris Hachette, "Pluriel", 1980, pag. 260.

9. J. FOURASTIÉ, *La réalité économique*, Paris, Robert Laffont, 1978, pagg. 14-15.

10. J. FOURASTIÉ, *La grande métamorphose du XX e siècle*, Paris, PUF, 1961, pag. 199.

11. A. MERLIN, *Les habits neufs de la productivité*, in "Sociètal", 42, 2003, pag. 39.

I

UNA VITA TRA DUE MONDI

Non sarebbe pensabile una migliore introduzione al suo pensiero economico di quella fatta dallo stesso Fourastié. In un celebre passaggio di uno dei suoi libri, *La condition de l'esprit scientifique*[1], l'autore si compiace di stabilire un possibile legame fra l'approccio scientifico che ha saputo costruire e la sua lunga esperienza del Quercy, culla della sua famiglia paterna:

> Provengo da un paese le cui vallate sono strette come quelle dei Pirenei e delle Alpi, ma dove le cime sono a meno di trenta minuti di scalata, dove si va quindi dalle vedute d'insieme a quelle parziali, dove quasi simultaneamente, e per migliaia di km^2, le erbe, gli insetti e le rocce si impongono, come se si passasse in continuazione, con il procedimento chiamato in ottica *zoom*, dal cannocchiale al microscopio, dove vedo morire le vigne da me una volta vendemmiate e spuntare un cespuglio laddove avevo visto mietere, e dove continuamente una fattoria in rovina, un muro crollato, una "pietra miliare" e un fossile ricordano contemporaneamente i dettagli e l'immensità del tempo. Ecco perché io mi sono lentamente creato queste due regole che sono all'origine di tutte le mie ricerche passate, attuali e forse anche future:
>
> – collocare sempre il fatto osservato nel suo ambiente fisico, locale, geografico fra gli altri fatti che con esso coesistono, coabitano o interferiscono nello spazio;
>
> – collocare questo stesso fatto nel tempo, considerandolo come avvenimento di una storia unica ed effimera, che può essere conosciuto esclusivamente per la sua collocazione non solo nel presente e nell'attualità, ma anche nell'evoluzione secolare e pure millenaria in generale.
>
> È chiaro che queste prospettive devono portare ad immaginare l'avvenire come legato al presente e al passato, e quindi a fare della previsione un obiettivo essenziale della scienza.

Ecco quanto scriveva Jean Fourastié a metà degli anni '60. Nelle ristampe degli anni '80, ha leggermente modificato il suo testo per adattarlo alle nuove evoluzioni a breve termine. A proposito delle vigne da lui vendemmiate e poi viste morire, aggiunge che al loro posto vede, «trent'anni dopo, ripiantare col *bulldozer* piante d'origine controllata». E, dopo aver rinnovato la fattoria in rovina, il muro crollato, la pietra miliare e il fossile, che per lui chiariscono la coesistenza fra i dettagli e l'immensità del tempo, nota la recente presenza della «villa a *comfort* moderno costruita in pieno altopiano da un commerciante o da un insegnante di Cahors».

Attraverso questa rievocazione del suo approccio intellettuale, non si può non restare colpiti da un certo numero di aspetti: Jean Fourastié era un uomo che sapeva osservare, che voleva ad ogni costo capire, e che si faceva lo scrupolo di inscrivere qualsiasi elemento osservato nella lunga durata. Certo, a tutto ciò ha sicuramente contribuito un certo numero di specificità della sua storia personale.

Il nipote di contadini poveri[2]

La sua vita inizia il 15 aprile 1907 in un piccolo borgo della Nièvre vicino a Nevers, chiamato Saint-Benin-d'Azy. Vi nasce in casa dei nonni materni, i Mouly. Suo padre, Honoré Fourastié, era allora funzionario delle imposte indirette a Melun. Era il figlio più giovane di una famiglia di contadini del Quercy che viveva da secoli a Douelle, piccolo borgo del dipartimento del Lot. Poiché i genitori di Honoré Fourastié erano piccoli proprietari agricoli, al loro figlio non era possibile restare agricoltore in mancanza di una quantità sufficiente di terre redditizie. Ammesso al seminario per divenire prete, Honoré vi ricevette una solida istruzione che gli permise, dopo aver compiuto i suoi tre anni di servizio militare e dopo avervi lavorato per un certo periodo senza stipendio come impiegato in soprannumero, di entrare nell'amministrazione delle imposte indirette. Il suo primo impiego fu a Creil, nell'Oise. Nel 1905, vi sposò Eulalie Mouly, figlia del suo capo Célestin Mouly, esattore delle imposte indirette. Aveva allora ventisette anni.

Il genero e il suocero avevano del resto «una storia socialmente analoga» che Jean Fourastié così riassume:

Nati ambedue, a venticinque anni di distanza, in una famiglia di contadini poveri, benché proprietari delle loro terre, ambedue cacciati di casa dalla miseria, entrarono nell'amministrazione delle imposte indirette e si sposarono nei luoghi della loro prima sede.

Célestin Mouly aveva sposato Émilie Poirier, «che era originaria del circondario di Nevers», e più precisamente proveniva da una famiglia di Saint-Benin-d'Azy: «Tutti i Poirier erano stati, come ognuno ricordava, zoccolai a Saint-Benin». Inoltre, possedevano «due o tre ettari di terra che (li) hanno protetti (...) dalla miseria e li hanno fatti accedere al privilegio della povertà»[3]. Jean Fourastié deve alla nonna materna il fatto di essere nato a Saint-Benin d'Azy. In compenso il nonno materno, Célestin Mouly, era «nato al confine fra la Rouergue e il Quercy, a La Capelle-Belys, parrocchia vicina alla frazione di Mouly». Poiché i nonni paterni erano di Douelle, nel centro del Quercy, Jean Fourastié scriveva: «Mi sento del Quercy per 3/4 e del Morvan per il resto».

L'allievo di Juilly[4]

L'assai modesta coppia di sposi formata da Honoré e Eulalie Fourastié si fece un grandissimo scrupolo di assicurare una buona istruzione al piccolo Jean. Nel 1912, nominato a Yvernay, villaggio in Seine-et Marne situato ad ovest di Meaux, Honoré Fourastié decide di non risiedervi ma si sistema a Juilly, e ciò per lui significa 15 km di bicicletta al giorno. Era il prezzo da pagare per consentire al figlio di frequentare un'istituzione scolastica prestigiosa: il celebre collegio degli Oratoriani di Juilly, di cui un tempo era stato allievo Montesquieu. E ciò perché Honoré Fourastié, da semplice funzionario delle imposte indirette, dà grande valore al sapere. Lui stesso, benché avesse terminato il latino al terzo anno di scuola, conosce numerosi versi latini e può anche scriverne. Ha acquistato, al momento del matrimonio, i classici della "Renaissance du livre" che il giovane Jean leggerà praticamente tutti. Parallelamente, Honoré è un amante del progresso, a tal punto da acquistare una radio molto presto, fin dal 1922 o dal 1923. Ciò permetterà a suo figlio di ascoltare le letture della Quaresima così come brani di Bach. E, sempre in parallelo, Jean viene avviato allo studio del pianoforte ed impara, suonandole, molte opere. In breve, Honoré Fourastié vuole per il suo Jean, rimasto figlio unico per la morte in tenera età della sorellina (1913), una di di quelle spettacolari promozioni sociali ed intellettuali come può assicurarle la scuola nel sistema meritocratico allora in vigore. Per far ciò, organizza la vita familiare attorno agli studi e al successo del figlio.

Il piccolo Jean Fourastié entra al collegio di Juilly all'etá di cinque anni, nell'aprile 1912. Vi compirà tutta la sua scolarità, dalla prima elementare fino al terzo anno del liceo classico-scientifico. Nel 1925, conseguì effettivamente la maturità classica e scientifica di primo livello. A Juilly, Jean Fourastié era esterno, l'unico della sua classe, e ciò gli evitò l'austerità dell'internato, che ad ogni modo i suoi genitori non avrebbero potuto pagare. Jean Fourastié fu profondamente segnato dall'insegnamento impartitogli a Juilly. Vi incontrò buoni professori e vi seguì studi di valore e felici. Secondo la sua formula, vi si lavorava "all'antica". L'insegnamento prevedeva molto latino e molta letteratura, e si imparavano a memoria moltissimi versi, anche se ciò non inficiava la serietà del programma di matematica. Di Juilly, Jean Fourastié ha conservato il ricordo di un insegnamento secondario «equilibrato, molto adatto alla vita e vario». E, trovandosi in questo ambiente studioso e stimolante per lo spirito, ha letto molto durante l'infanzia e l'adolescenza.

A Juilly, Jean Fourastié è uno dei migliori allievi, «che accumulava i primi posti al momento dei componimenti e dei tabelloni d'onore». E, poiché il costume vuole che «i "Primi con Onore" siano invitati ogni mese a cena nella sala Luigi XV dal superiore del collegio», il giovane Fourastié è «un *habitué*» di queste prestigiose cene. Ricopre inoltre un ruolo importante all'interno dell'Accademia Malebranche, «lontana erede dell'Accademia di Juilly, che aveva tenuto la sua prima seduta il 6 dicembre 1642». Jean Fourastié assiste alle sue rinioni fin dall'età di 15 anni (1922), dall'anno dopo diviene segretario delle sedute e, dal ciclo del 1924-'25, diventa presidente dell'Accademia, che rivoluziona un po' introducendo fra i temi delle conferenze questioni economiche, sociali o sociologiche d'attualità. In totale,

tanto sul piano scolastico che su quello delle gratificazioni simboliche, Jean Fourastié è una delle glorie del suo collegio; all'età di 18 anni, vi mostra già una personalità notevole e testimonia di una fiducia in lui riposta che sorprende persino i suoi condiscepoli dell'Accademia [5].

Tuttavia, l'infanzia di Jean Fourastié non fu solo il tempo di Juilly e degli studi umanistici, ma anche quello di Douelle, del Quercy e dell'immersione in una società contadina secolare. Tale immersione si produceva ogni anno al momento delle vacanze lunghe, allora poste fra il 1° luglio e il 1° ottobre. E risultò ancora più profonda con le due "emigrazioni", l'una del 1914 e l'altra del 1918, imposte ai Fourastié dalla I Guerra Mondiale. Di fatto, al momento della battaglia della Marna, Juilly non era luogo molto sicuro perché molto vicino al fronte. Solo a pochi km di distanza si svolse la battaglia di Villeroy, in cui il 5 settembre 1914 fu ucciso il tenente Charles Péguy.

In quel periodo, il piccolo Jean Fourastié era sfollato nel Quercy. Il padre era mobilitato e, poiché i nonni Mouly erano morti l'anno prima, la madre e il figlio risiedevano a Douelle, presso i nonni Fourastié. O, più esattamente in quel momento, dalla nonna, poiché il nonno Fourastié era morto anche lui – il piccolo Jean lo aveva visto giacere «nel letto che presto sarebbe divenuto quello di morte» –, come del resto il figlio primogenito cui sarebbe dovuta andare la proprietà: e così, la nonna Fourastié si trovava ormai sola a capo della piccola azienda familiare.

Douelle: dall'infanzia ai **Trenta Gloriosi**

Douelle è un piccolo borgo situato sulla riva sinistra del Lot, ad una decina di km a valle di Cahors, stretto fra fiume e falesia e che scivola anche nall'anfrattuosità di una stretta vallata adiacente ai piedi di ripidi altopiani che dominano questo grosso villaggio da un'altezza di circa duecento metri. La casa familiare dei Fourastié si trova in questa piccola vallata; è l'ultima abitazione del borgo, una grossa casa quadrata nella località detta La Prade: «La *casa* è sempre lì, stabile, con le sue spesse imposte che proteggono dalla canicola, con il suo platano che ombreggia la terrazza (...), i pioppi, i noci e il pozzo che a lungo fu l'unica fonte d'acqua»[6]. Quando Jean Fourastié vi veniva da bambino, Douelle era ancora all'era del bue, dell'asino e della capra, a tal punto da «esser davvero stato un contadinello come centinaia di nostri antenati, vicino di casa dell'asina, del bue, dell'anatra e dell'oca», e da aver conosciuto dall'interno una comunità unita e calorosa caratteristica della civiltà tradizionale del mondo e della condizione umana. Ha così «potuto vivere la vita spirituale, le credenze e gli atteggiamenti surreali del popolo francese». E il suo cervello «si è formato nel mondo degli uomini che pensavano poco, non leggevano granché e non scrivevano»[7].

I ricordi da contadinello[8] che Jean Fourastié si creò durante i suoi soggiorni a Douelle furono determinanti. Poté notare infatti che il carattere drammatico della condizione umana tradizionale non escludeva la felicità poiché la vita umana, quasi come quella animale, è dominata dall'istinto. Si rese conto, per averne conosciuto uno degli ultimi esempi nel Quercy della sua infanzia, della profonda qualità umana della civiltà tradizionale, della solidarietà all'interno della piccola comunità parrocchiale, la cui esistenza era ritmata dalla campana della chiesa e dal ronzio delle cicale, e del calore umano della casa tradizionale, per quanto povera essa davvero fosse. «Nelle case più povere, fra la capra e le anatre, i bambini più poveri trovavano l'atmosfera del nido».

Jean Fourastié amava ricordarsi di questa *infanzia contadina di altri tempi*:

> Ho avuto la fortuna di conoscere alcuni residui della vita tradizionale; ho conosciuto la calorosa collettività del villaggio; ho abitato in una di quelle case contadine in cui i nostri antenati hanno vissuto per tre o quattromila anni in comune con il bue, la capra, i polli, i conigli, le oche e le anatre, con le bestiole della montagna e le ombre degli avi morti, e i cui paglericci di mais erano spesso inondati durante le notti di temporale dallo sgocciolio delle tegole romane. Ho odorato la farina durante la siesta dei giorni d'estate e ascoltato il suono della madia dove mia nonna aveva fatto il pane. E ho vissuto anche per qualche mese, durante la I Guerra mondiale, il ruolo dei primogeniti, capifamiglia a 12 anni, di cui si troverebbero tanti esempi se si potesse conoscere la storia della nostra stirpe[9]. Finché vivrò, resterò quello che aggiogava l'asina per andare a lavorare a Pradines[10] o a vendemmiare alle Barthes, che mangiava la zuppa cotta al fuoco di fascine e a cui la nonna offriva, nei giorni di festa, un bicchier d'acqua zuccherata[11].

Bambino di Douelle, Jean Fourastié vi ha subito «l'influenza sicuramente decisiva» non solo della nonna ma anche dei tanti cugini di primo grado del padre fra i quali uno in particolare, chiamato, «per sottili riferimenti alle circostanze, Alphonson,

Bessières, Moussette o Calixte». Era «il secondogenito di una famiglia povera, che aveva sposato una secondogenita di una famiglia ancor più povera». Era nato intorno al 1860, e «sapeva cosa significasse lavorare da 12 a 14 ore al giorno per guadagnare 10 soldi mentre un kg di pane ne costava 3». I pomeriggi delle domeniche d'estate, andava a pescare sul Lot con il piccolo Jean, che guidava il suo battello. «Non prendeva quasi mai pesci; parlava poco, ma con buon senso e allegria; gli tornavano in mente da un momento all'altro, e senza che avesse poi molta memoria, frammenti di canzoni e di racconti ascoltati durante le veglie; era *repubblicano* e andava in chiesa solo per l'Ognissanti, per la domenica delle Palme e per i funerali». Più tardi Jean Fourastié, che per tutta la vita ogni anno è tornato a Douelle, a lungo vi ha ritrovato, e visto scomparire, le ultime umili e grandi figure della civiltà contadina come la madrina di suo padre, Arphine Pagès, morta nel 1958, o la vecchia cugina che nel 1966, poco prima di morire, gli scriveva: «Tutto per il dovere, nulla per il piacere; ma ogni dovere con piacere».

Ma, nella Douelle del XX secolo, Jean Fourastié ha reperito gli ultimi residui di *religiosità popolare tradizionale*[12]. Riferirà infatti che, «malgrado gli sforzi del clero, contavano San Giovanni senza gli altri evangelisti, Dio padre senza Dio figlio ma con i santi, la Santa Vergine e i diavoli», e a ciò si aggiungeva l'ossessiva credenza nei «messaggi dell'aldilà». Visto che, infatti, l'uomo medio della civiltà tradizionale

> non solo non credeva alla morte, ma non poteva credervi; credeva al decesso, al trapasso (il latino *decedere* significa appunto passare; e trapassare vuol dire, allo stesso modo, passare al di là); perciò, parlando di passaggio, non scrivo di un mondo nell'*altro* ma di un mondo in *un* altro. Nelle prime settimane di questo passaggio, era normale che il deceduto *ritornasse* ad osservare, spaventare o consolare i congiunti, che si manifestasse, che *apparisse*, che parlasse, che ispirasse atti, che proibisse e ordinasse...

Jean Fourastié darà testimonianza dell'ambiente religioso e sociale della Douelle della sua infanzia:

> Posso dire che il surreale si è infiltrato un po' dovunque nella Francia contadina (...) fino all'inizio della Terza Repubblica. Un surreale che risaliva alla protostoria, più o meno influenzato, a seconda dei periodi e delle persone, dalla pratica cattolica. E, inoltre, la coerenza della famiglia, della

parentela e del villaggio! Certamente, poiché per parte di sua madre ero cugino di secondo grado del repubblicano Gambetta, so che c'erano fra noi, fin dal Secondo Impero, dei non-credenti, dei *miscredenti*; ma so anche che ciò non si spingeva mai fino al matrimonio civile né alla sepoltura senza prete. Naturalmente c'erano alcune donne di facili costumi ed alcuni uomini poco fedeli alla loro sposa. Tuttavia, ho spogliato i registri dello stato civile di due secoli e non ho trovato neanche il 3% di concepimenti extra-coniugali. Che errore, quindi, l'aver pensato che la religione fosse un oppio imposto al popolo dalla borghesia. Si tratta invece della morale, della religione popolare che il popolo osserva [13].

A ciò si sono aggiunti gli *insegnamenti economici* di Douelle [14]. Questo villaggio ha avuto un ruolo capitale nella formazione e nello sviluppo del pensiero economico di Jean Fourastié. Lo ha infatti messo in contatto con i residui di lunga durata, con il mondo stabile, quasi immobile, della società contadina tradizionale:

La tecnica ristagnava: l'idea di progresso era inesistente. Gli uomini facevano ciò che avevano fatto i loro predecessori. Di una generazione restavano, dopo i decessi di bambini e di adolescenti, più o meno tanti uomini che in quella precedente; la popolazione era stabile. La proprietà terriera passava dal padre al figlio maggiore; costui indennizzava i fratelli e le sorelle per gli scarsi beni che non intaccavano granché la proprietà; inoltre, sposando la secondogenita di un'altra famiglia che portava una dote, ricostituiva la proprietà del padre (...) Ogni generazione viveva la stessa situazione di quella precedente [15].

Il contatto con «questo millenario mondo tradizionale» è tanto più istruttivo per Jean Fourastié, malgrado la sua giovane età, quanto più è «segnato dallo spirito moderno» e dal fatto che Juilly, anch'esso un villaggio, ma vicino a Parigi e parte della sua periferia, gli fornisce un termine di paragone. «Da un lato, la vita tradizionale del XIX secolo, e dall'altro qualcosa di molto più evoluto». E infatti Juilly aveva il collegio degli Oratoriani, brillante centro intellettuale, ed anche una popolazione ed un'economia ben diverse da quelle di Douelle, poiché gli abitanti del villaggio erano operai agricoli e piccoli salariati che lavoravano a Parigi. Inoltre, il padre del bambino svolgeva «un mestiere di giovane funzionario». Infine, dall'inizio del 1915, un'ambulatorio americano era dislocato in metà degli edifici del collegio, che accoglieva molti meno allievi, proprio perché a Juilly c'erano chirurghi e infermiere americane. Il bambino così scoprì che la nonna, coltivatrice che produceva vino e tabacco, «viveva in povertà», e constatò «la miseria di Douelle», che era in contrasto col il «relativo benessere» dei genitori e con la «ricchezza degli americani che lavoravano all'ospedale di Juilly». E quindi, molto più tardi, ha potuto affermare: «Le riflessioni che ciò mi suggeriva sono state di valido aiuto alla formazione del mio pensiero economico». Lo hanno anche aiutato «a collocare la povertà del Quercy in una prospettiva più generale». Nella sua infanzia, alle tre grandi fattorie di Juilly, ciascuna con una dozzina di operai agricoli, si contrapponeva il centinaio di proprietari terrieri di Douelle, dove c'era più o meno una mezza dozzina di operai agricoli. Visse la «miseria dei piccoli proprietari e, qua e lá, i contrasti fra i redditi», e ciò gli fece «capire lo spopolamento delle campagne sotto un'altra luce». Capì che, se suo padre aveva abbandonato la terra, era «perché non c'era più posto per lui» e che, se molti giovani se ne andavano da Douelle fin dagli anni '80 dell'800, era «per sfuggire alla miseria». Questa esistenza divisa tra il villaggio tradizionale del Quercy e quello giá moderno dei dintorni di Parigi fu «all'origine delle [sue] idee sui tre settori primario, secondario e terziario, e sull'evoluzione della popolazione attiva».

Jean Fourastié giura a Douelle una fedeltà durata ottant'anni. Per tutta la sua vita, Douelle sarà per lui un luogo di informazioni, di interrogativi, di osservazioni e di riflessioni. Ma anche il luogo di elezione dove ritrovava le sue radici e la sua infanzia, così come un'oasi di pace dove si ritemprava. Tornava ogni anno a Douelle nella casa dei suoi antenati contadini, ed è proprio lì che – come aveva desiderato – moriva il 25 luglio 1990. Ma, prima che ciò avvenisse, la vecchia casa di Douelle era stata per lui, per decenni, un luogo privilegiato di scrittura. Negli anni '60-'80, vi passava molti mesi con la moglie, ed i figli li raggiungevano. Così, ogni anno o quasi, a Douelle nasceva un nuovo libro: ritiro sereno e creativo, inframmezzato da passeggiate attraverso la solitudine dell'altopiano e poi, per ampliare un po' la cerchia dei luoghi visitati, piccole escursioni in bicicletta a motore sulle strette strade ed i pietrosi sentieri della campagna circostante. Sulla terrazza della casa come nelle sue passeggiate in campagna, Jean Fourastié portava, per ripararsi dal sole, una bustina di fine cotonina bianca, all'indiana, ricordo di quanto aveva appreso durante una missione in India, e di cui la moglie diceva che lo faceva assomigliare a Nehru.

Jean Fourastié ha molto amato e studiato Douelle. Il libro dedicato alla sua storia demografica, sociale ed etnografica [16] gli ha portato via più tempo di qualsiasi altro suo volume. Parodiando un po' Sinclair Lewis, Françoise Fourastié ha potuto scrivere, a proposito di Jean Fourastié e di Douelle: «Chi una volta ha visto cento villaggi non ha visto nulla; chi invece ha visto cento volte il suo paese conosce qualcosa» [17].

Nel 1979, Jean Fourastié *rese celebre* il villaggio che fu per lui l'osservatorio per eccellenza, la goccia d'acqua scrutata al microscopio partendo dalla quale analizzò e spiegò l'immensa mutazione del mondo. Durante la sua vita, aveva visto passare Douelle dall'epoca del lume ad olio in rame, molto simile a quello dell'antichità, e del secchio dell'acqua estratta dal pozzo, a quella dell'elettricità, del frigorifero e del bagno, e poi del congelatore e del videoregistratore. Ne *Les Trente Glorieuses*, è partendo dall'esempio di Douelle che ha scelto di presentare e di studiare le stupefacenti trasformazioni della Francia e dell'Europa della metà del XX secolo. L'opera si apre con la descrizione di due villaggi. Uno offre l'immagine del sottosviluppo economico, ed è chiamato Madère; l'altro presenta i caratteri dello sviluppo e di un elevato livello di vita, ed è denominato Cassac: in ambedue i casi, si tratta di Douelle. Cassac è Douelle nel 1975, mentre Madère lo era nel 1946 [18].

*Un allievo dell'*École Centrale *parigina dalle grandi curiosità* [19]

In parallelo alle sue immersioni nell'atmosfera del Quercy, gli studi di Jean Fourastié proseguirono, prima a Juilly e poi a Parigi. Non appena terminata la battaglia della Marna suo padre, che ormai aveva 36 anni, era stato smobilitato e aveva ripreso il suo posto di lavoro, cosicché la famiglia era tornata a vivere a Juilly e il ragazzo aveva ritrovato i suoi maestri, gli Oratoriani. I genitori risiedettero a Juilly fino al 1930, quando Honoré fu nominato esattore capo delle imposte indirette a Corbeil. In quel momento, suo figlio finiva il suo ultimo anno all'*École Centrale des Arts et des Manifactures* di Parigi. Aveva infatti preparato il concorso per le scuole superiori di ingegneria alla scuola Massillon, internato degli Oratoriani dove si era studenti esterni del Liceo Saint-Luois, ed era stato ammesso nel 1927 all'*École Centrale*. Ne uscì nel 1930 con risultati mediocri, ma vi aveva trascorso tre anni felici. Pur non avendo predisposizione al ruolo di ingegnere aveva lavorato a modo suo, accentuando l'apprendimento della raccolta e della classificazione delle nozioni e il lavoro personale. Inoltre – ciò che sarà fondamentale per le sue ricerche di economia – all'*École Centrale* aveva «imparato a distinuguere, da un lato, il ragionamento razionale e, dall'altro, il metodo sperimentale».

Parallelamente, Jean Fourastié aveva iniziato gli studi per conseguire la laurea in legge. Alla Facoltà di giurisprudenza, il corso che lo colpì di più fu quello di storia del diritto francese tenuto da François Olivier-Martin che mostrava, fin da dopo le invasioni barbariche, gli itinerari e le vicissitudini della costruzione dello Stato e della sua giustizia. Jean Fourastié si compiaceva di dire: «Così ho scoperto il diritto, di cui avevo solo intuito l'importanza: il diritto, anche se imperfetto e mediocre (come, del resto, tutte le intuizioni umane), senza il quale il debole e il povero verrebbero schiacciati poiché, per loro, la forza è ancor più dura». Il suo giudizio sull'importanza della storia del diritto non variò mai: «La storia del diritto mi sembra una pietra miliare per ogni cultura giuridica ed anche per ogni cultura umana». E aggiungeva che il corso di storia del diritto francese tenuto da Olivier-Martin avrebbe dovuto «essere diffuso nell'insegnamento di secondo grado, e ciò (...) avrebbe evitato molti errori ai nostri apprendisti riformatori e ai nostri apprendisti rivoluzionari».

Inoltre, sia alla *Centrale* che alla Facoltà di giurisprudenza, Jean Fourastié non era monopolizzato dai suoi studi, che non gli impedivano di soddisfare il suo «gusto per il teatro, i concerti, Tito Livio e Tacito...». Appassionato di teatro, il giovane allievo della *Centrale* vi andava almeno tre volte alla settimana, in particolare alla *Comédie Française*. Ma frequentava anche il teatro leggero, nel cui ambito assisteva a molti spettacoli della Falconetti, di cui era un ammiratore entusiata. Andò a vederla recitare una decina di volte in *Fedra*. L'attrice poi recitò al cinema anche ne *La passione di Giovanna d'Arco* di Carl Dreyer, e lui vide il film una decina di volte quando uscì.

Inoltre, certi periodi di formazione organizzati dall'*École Centrale* in favore degli allievi permettevano loro di guidare delle locomotive, e Jean Fourastié li ricercava in special modo. Ciò gli permise di appagare una passione in cui si confondevano una fascinazione per le belle e potenti macchine ed il romanticismo alla Baudelaire del viaggio, all'epoca considerato fra i grandi vettori di prestigio. Grazie a questi periodi di formazione, Jean Fourastié entrò a Thouars guidando un treno delle linee dello Stato. Ebbe anche la possibilità di trovarsi nella locomotiva della *Freccia d'Oro*, il celebre treno di lusso Parigi-Calais. E guidò anche, sulla linea Cahors-Libos[20] che costeggiava la valle del Lot, il trenino che si fermava a Douelle.

In questi cinque anni di scolarità parigina, mentre i suoi genitori continuavano ad abitare a Juilly, Jean Fourastié prese molte volte il treno suburbano per Parigi, che si prendeva alla stazione di Doumartin-Juilly. Parlava volentieri con i due o tre viaggiatori che salivano con lui, piccoli impiegati o operai che si recavano a Parigi, e da ciò nascevano grandi discussioni. I suoi interlocutori erano tutti comunisti e socialisti convinti, per lo meno a sentir loro. Questa esperienza lo mise in contatto con le passioni politiche, la mentalità degli operai e degli impiegati della periferia parigina, e attrasse la sua attenzione su autori come Marx e Jaurès. «Ho prolungato i miei rapporti con i contadini a causa di quelli avuti con il popolo della periferia parigina – scriverà –. Il treno suburbano è stato per diversi anni la mia gioia e la mia scuola».

Dopo la *Centrale*, Jean Fourastié fece il servizio militare, iniziato nell'ottobre 1930. Gli ex-studenti della *Centrale* erano allievi ufficiali come quelli dell'*École Polytechnique*. Poiché era nell'artiglieria, passò sei mesi a Fontainebleau e poi partì per Rennes e Coëtquidan. Attraverso i contatti con gli uomini di truppa, si sforzò di apprendere la mentalità popolare bretone.

Una volta finito il servizio militare, continuò gli studi. Aveva rifiutato l'impiego da ingegnere offertogli non appena terminata la *Centrale*. Suo padre, ora a fine carriera, si trovava per tale motivo relativamente a proprio agio, e Jean Fourastié era figlio unico. Honoré Fourastié incoraggiò quindi il figlio ad entrare alla prestigiosa e costosa *École libre des sciences politiques*, più nota come *Sciences Po*[21]. Parallelamente ai suoi studi a Rue Saint Guillaume [sede dell'IEP a Parigi, n.d.t.], Jean Fourastié finì i suoi studi in giurisprudenza e cominciò un dottorato in diritto ad indirizzo economico. Seguiva però poco i corsi, ad eccezione di quello tenuto da Charles-Rist, che aveva introdotto in Francia le teorie di Keynes. A *Sciences Po*, fu profondamente segnato dal corso tenuto dal consigliere di Stato Jean Romain. Descrivendo il «*Servizio Pubblico*, cioè l'Amministrazione al servizio del pubblico, al sevizio del popolo», questi confermò l'intenzione del giovene ex-allievo dell'*École Centrale* di «entrare al servizio dello Stato».

Il riformatore della legislazione sulle assicurazioni[22]

La strada da lui scelta era quella dei grandi concorsi per la pubblica amministrazione. Aveva innanzitutto pensato ai grandi organismi dello Stato: l'ispezione delle finanze e poi la Corte dei Conti. Ma l'arrivo in Francia della grande crisi economica degli anni '30 causò la soppressione di molti concorsi. Nel 1932, che è anche l'anno della morte della madre, Jean Fourastié si presenta al concorso per commissario controllore delle asicurazioni. Vi sono quattro posti, e lui si classifica quarto, ma solo due posti sono assegnati a fine concorso a causa dei tagli di bilancio, mentre gli altri due vincitori devono aspettare. Per vivere, Jean Fourastié fa un concorso molto meno prestigioso, quello per funzionario agli atti presso la Direzione del dazio di Parigi. Resta due anni in questa amministrazione che dipende dalla prefettura della Senna, e vi vede sonnecchiare la burocrazia nella sua forma più meschina e pignola, una vita di ufficio rimasta molto prossima alla caricatura fattane da Balzac. Poi, nel 1934, diplomatosi anche a *Sciences Po*, viene finalmente nominato commissario controllore delle assicurazioni.

Incaricata di esercitare il controllo dello Stato sulle compagnie di assicurazione, la Direzione delle assicurazioni private era all'epoca un servizio del Ministero del Lavoro, e in seguito farà parte di quello delle Finanze. Il lavoro dei commissari controllori consisteva nell'esaminare la contabilità delle compagnie per verificare se erano davvero solvibili nonché la consistenza dei loro investimenti, condizioni basilari per una reale garanzia degli assicurati. La sanzione più dura in cui poteva incorrere una compagnia era il ritiro dell'assenso operativo, il che significava la fine delle sue attività. Le compagnie presentavano all'epoca la propria contabilità a modo loro. Per codificarne la presentazione, Jean Fourastié e il collega Maxime Malinski[23] vennero incaricati di elaborare un piano contabile. Piani contabili generali esistevano già in certi paesi. Jean Fourastié li studiò, e proprio a questo scopo compì una missione in Svizzera. Qui, dove il controllo dello Stato sulle assicurazioni era particolarmente efficace, esisteva inoltre la procedura del trasferimento di portafoglio: in caso di ritiro di assenso operativo ad una compagnia, invece di una liquidazione depredatrice degli assicurati, veniva organizzato il passaggio del portafoglio ad una società solvibile. Jean Fourastié si sforzò di introdurre questo sistema in Francia, ed esso sarà effettivamente adottato con il decreto-legge del 14 giugno 1938 che istituiva il piano contabile per le società di assicurazione. Procurando una molto migliore protezione agli assicurati, la riforma del controllo dello Stato sulle compagnie ed il nuovo regime giuridico e tecnico dell'assicurazione, di cui Jean Fourastié era uno dei principali artefici, costituirono il soggetto della sua tesi di dottorato in giurisprudenza ad indirizzo economico. Discussa nel 1937 e pubblicata l'anno dopo da Dalloz, si intitolava *Le contrôle de l'État sur les sociétés d'assurance*, ebbe un'accoglienza molto favorevole negli ambienti assicurativi, fu oggetto di commenti elogiativi nelle pubblicazioni professionali francesi ed estere e le sue due edizioni si esaurirono in pochi mesi. Incaricato di preparare i testi applicativi del decreto-legge, Jean Fourastié lo fece appunto sulla base delle proprie idee. «Il regolamento di pubblica amministrazione del 30 dicembre 1938 crea così i princípi della riforma amministrativa e contabile raccomandata nella sua opera del 1937 e ne adotta la terminologia»[24].

Nel frattempo Jean Fourastié si era sposato nel 1935 con Françoise Moncany de Saint-Aignan, che gli diede «una collaborazione per tutta la vita» annotando i suoi libri, commentandoli e parlandone con lui. Jean e Françoise hanno d'altronde firmato insieme numerose opere[25]. La loro prima bambina, Jacqueline, nacque nel 1937, il secondo figlio, Jean-Pierre, nel 1939 e, dopo la morte a 10 mesi del piccolo Jérôme, l'ultimo figlio, Vincent, nacque nel 1943, lo stesso anno in cui morì il padre di Jean, Honoré Fourastié.

Durante la II Guerra mondiale, Jean Fourastié viene mobilitato come tenente di artiglieria nel reggimento di Rennes dove aveva fatto il suo servizio miltare. Al momento dell'offensiva tedesca, il deposito del suo reggimento, situato a Caulnes, era ancora privo di armi. Fu allora inviato l'ordine di arrendersi. Ricordandosi che suo nonno Fourastié, fatto prigioniero a Sedan, era rimasto per tre o quattro anni in Germania, Jean Fourastié era ben deciso a non cadere scioccamente in trappola, e incitò quindi i sottufficiali e i soldati ai suoi ordini a fare lo stesso. Tuttavia, poiché aveva la responsabilità dei suoi uomini, attese l'arrivo dei tedeschi. Appena fatto prigioniero, evase: lasciò la colonna e tornò a Caulnes, incontrando dei militari tedeschi che non lo fermarono, vista la sua aria così tranquilla. Indossò poi abiti civili, inforcò la bicicletta e, dopo qualche giorno, raggiunse Parigi, incrociando a più riprese truppe tedesche ma senza dover subire alcun controllo.

Tornato al Ministero del Lavoro, dove sussisteva ancora, come pure nel resto delle altre amministrazioni, un piccolo nucleo di funzionari, fu inviato a Vichy, sede del Ministro e di quanto restava del Ministero. Ne approfittò per fare un salto a Douelle, dove la moglie e i figli erano sfollati presso il nonno Honoré, che vi si era stabilito nel 1938, da pensionato. Poi rientrò a Parigi ma, quando poté, tornò a prendere moglie e figli con un ordine di missione poiché la vecchia casa nel Lot, dove si viveva all'antica, non aveva riscaldamento.

Dal 1941, Jean Fourastié è incaricato di tenere il corso sulle assicurazioni presso il *Conservatoire national des arts et métiers*. Parallelamente, il direttore delle assicurazioni, ormai commissario governativo presso il Comitato organizzativo delle assicurazioni, si fà sostituire da Jean Fourastié nella maggior parte delle riunioni. In compenso, quando nel 1943 dovrebbe essere nominato membro di una commissione di studi franco-tedesca che doveva prevedere, nel quadro del Servizio del Lavoro Obbligatorio, le requisizioni di manodopera nel settore delle assicurazioni per assicurare il «cambio della guardia», Jean Fourastié rifiuta, con molta fermezza ed altrettanto coraggio, pronto a dare le dimissioni da funzionario piuttosto che dover «accettare di far parte di una simile commissione»[26].

Parallelamente, in quel momento si trova a essere un rinomato esperto in materia di contabilità, come anche membro della Commissione per la preparazione del piano contabile, istituito nel 1942. Alla Liberazione farà parte della Commissione per la revisione del piano contabile, e dal 1945 insegnerà contabilità delle imprese a *Sciences Po*. Aveva proposto a Paul Angouelvent, direttore delle *Presses Universitaires de France*, che aveva appena creato questa celebre collezione, di scrivere un «Que sais-je?» sulla contabilità. L'opera rinnova e chiarifica notevolmente la trattazione del soggetto. Dato che era sempre stato interessato agli insegnamenti di lungo periodo, Jean Fourastié aveva svolto ricerche di storia della contabilità, in particolare per capire le ragioni del paradossale uso dei termini di credito e di debito di cassa per designare un esborso e un recupero di denaro. Mostrò che le tecniche e la terminologia della contabilità e della partita doppia non si potevano spiegare correttamente senza ricorrere alla storia. Pubblicato nel 1943, il libro ebbe un grosso successo nonché costanti riedizioni per più di mezzo secolo [27].

Ma la vocazione di Jean Fourastié andava ben oltre. Aveva infatti fin da allora capito che la sua «linea di ricerca» era «la condizione umana». Questa vocazione si concretizzerà all'indomani della Liberazione con la pubblicazione di un libro che lo rivelò bruscamente, all'età di 38 anni, come uno dei maggiori ingegni del suo tempo.

Un libro-avvenimento sul sottosviluppo francese

Il libro che rivelò Jean Fourastié è un opuscolo. Si tratta in effetti di un «Que sais-je?» che portava il numero 191 della collezione. Scritto «durante gli ultimi mesi dell'occupazione tedesca, mentre tuonavano ancora le V 2 e i cannoni di Bastogne», il manoscritto del lavoro fu consegnato nel luglio 1945 a Paul Angoulevent [28]. Pubblicato nell'ottobre 1945, il libro si intitola *L'économie française dans le monde*. Jean Fourastié lo scrisse in collaborazione con Henri Montet, uno dei suoi colleghi al Ministero delle Finanze, molto ben informato sulle statistiche dell'economia francese [29]. In quel momento, tutti in Francia erano sotto lo *shock* per la disfatta del 1940 e l'occupazione nazista, e gli autori del libro volevano contemporaneamente capire perché la grande potenza vittoriosa del 1918 era implosa in tal modo e cercare le vie per una ripresa. «Ancor più – ricorda Jean Fourastié – il libro si sforzava di descrivere e di capire la potenza industriale che aveva potuto superare e surclassare quella tedesca: quella nord-americana» [30]. Da ciò derivava l'approccio che consisteva nell'individuare i principali problemi dell'economia contemporanea in una prospettiva comparatistica, confrontando la situazione francese con quella dell'insieme delle grandi nazioni. E la fonte principale per questo studio è l'esplorazione degli annuari statistici nazionali, «foresta inesplorata di cifre che, comunque, descrivono la vita dei popoli con più precisione e forza degli studi letterari dei migliori storici» [31].

Jean Fourastié aveva scritto la prima parte del lavoro, dedicato agli «elementi della potenza economica». Vi sviluppava idee talmente innovative che il libro fece l'effetto di una bomba nel paesaggio intellettuale e politico francese. Jean Fourastié poneva in primo piano, tra i fattori di ricchezza di una nazione, la struttura della sua popolazione attiva, la sua ripartizione «fra i grandi gruppi di attività», essa stessa conseguenza dei progressi del «*reddito*, o produttività». Prendendo l'esempio della Gran Bretagna, dove dal 1931 solo il 7% della popolazione attiva era occupato nell'agricoltura contro il 36% della Francia del 1936, osservava: «Proprio in questo è riscontrabile l'indizio che una nazione ricca non necessariamente è un paese cui molta gente lavora nell'agricoltura. Invece, è proprio l'esatto contrario ad essere reale». La struttura della popolazione era quindi per un terzo occupata in agricoltura, per un altro terzo nell'industria e per un altro terzo ancora nelle «altre professioni». E «gli economisti classici [celebravano] l'equilibrio e la felice armonia dei tre terzi, e la stabilità della nazione». Ma avevano proprio torto, dato che «una simile ripartizione [corrispondeva] in realtà ad un'economia relativamente povera». Jean Fourastié mostrava che «gli Stati Uniti [arrivavano] a nutrire la loro popolazione destinando all'agricoltura solo il 18% della loro manodopera» contro il 36% della Francia. Sottolineava inoltre che «il contadino francese produceva nel 1938 almeno tre volte meno del lavoratore agricolo americano», divario che oltrepassa «senza alcun dubbio quello da 1 a 5» nel 1945, e vi vedeva «il nodo centrale del problema agricolo francese».

«Lo scarso rendimento globale del lavoratore agricolo francese [costituiva] un pesante *handicap* per l'economia francese». E, in parallelo, nell'industria, gli enormi divari nel rendimento [portavano] a fare di un americano un uomo tre o quattro volte più produttivo di un francese». Fourasté evidenziava i trasferimenti di popolazione attiva fra i grandi settori dell'economia americana, e ne mostrava le positive conseguenze. Sottolineava anche che «l'enorme economia realizzata negli Stati Uniti sulla manodopera agricola era andata innanzitutto a beneficio dell'industria e così favorito le attrezzature, poi si era [trasferita] nel commercio e, infine, nelle professioni liberali, tutte attività che contribuiscono all'avvento di una forma superiore di vita civilizzata». Mostrava inoltre che questa «economia di manodopera agricola» aveva permesso un «sensibile innalzamento delle età scolastiche», a tal punto che «le professioni dell'insegnamento hanno visto in America più che raddoppiare i loro effettivi relativi mentre in Francia sono rimaste al punto in cui erano». In paragone, la Francia era un paese dove si lavorava molto perché non vi si lavorava in modo granché efficiente: il rendimento, in effetti e non a caso, «determinava tutta la vita economica». A questo punto, «il problema fondamentale del rendimento [era] quasi ignorato in Francia, nel momento in cui (...) comanda il potere politico, il livello di vita, la potenza militare e il problema sociale». In breve, la Francia dell'anteguerra aveva mantenuto «in un mondo in piena evoluzione, una struttura superata». Si imponeva una «correzione immediata», in mancanza della quale, fra dieci anni, «il livello di vita della Francia sarebbe stato uno dei più bassi al mondo» [32]. Così, la caduta della Francia era la conseguenza di un sottosviluppo francese creatosi fra le due guerre a causa di un declassamento della Francia in rapporto alle altre potenze occidentali nel campo della produzione.

Jean Fourastié si contrapponeva nettamente alla *lamentazione* dell'epoca sulla partenza dei contadini per la città. Posto di fronte fin dall'infanzia al fatto che suo padre non riusciva a trovare la propria collocazione nell'agricoltura, vedeva chiaramente che la politica dei governi susseguitisi, che mirava a mentenere gli uomini sulla terra, era un errore. Ciò infatti ritardava i progressi nella produttività agricola, faceva sì che molti contadini vivessero male e bloccava l'economia francese, impedendole di raggiungere quella delle altre nazioni moderne e relegandola a livelli di vita mediocri. Quanto alla struttura industriale francese, era «in gran parte di tipo artigianale» in tal modo che nel 1939, per ottenere un indice della produzione industriale appena superiore al suo livello del 1913, l'aliquota della popolazione attiva occupata nell'industria era in proporzione più alta in Francia che in Inghilterra o negli Stati Uniti, dove la produzione industriale era fortemente aumentata.

Molti grandi temi dell'opera di Jean Fourastié sono già presenti in questo opuscolo: le serie statistiche come base della scienza economica; la questione dei tre settori, anche se non denominati ancora *primario*, *secondario* e *terziario*; una teoria dell'evoluzione della struttura della popolazione attiva per effetto del progresso tecnico, con la fusione prima del settore agricolo e poi di quello industriale come mezzo di manifestazione del progresso economico; il ruolo centrale del progresso tecnico e della produttività, anche se viene soprattutto utilizzato il termine di rendimento; il fatto che i progressi in produttività permettono l'innalzamento dell'età scolare;

e, in genere, l'idea che sia il progresso economico – e solo esso – a causare quello sociale.

Fourastié alla Pianificazione: un importante protagonista della modernizzazione economica

La prima edizione de *L'économie française dans le monde* andò esaurita in meno di sei mesi. Nell'aprile 1946 appariva la seconda edizione, che portava la tiratura del libro a 15000 copie. Fin dalla sua uscita, nell'autunno 1945, questo libro, che rivoluzionava i modi di pensare sottolineando il relativo sottosviluppo francese e mostrava al paese esangue le vie del progresso economico, aveva attirato l'attenzione di due personaggi di primo piano: Léon Blum e Jean Monnet. «Léon Blum, che più di ogni altro si tormentava per il suo insuccesso del 1936-'38 e che più di tutti aveva sofferto per il nostro disastro del 1940, vi vide un programma di ripresa avveniristico, molto vicino a quello proposto da Jean Monnet al governo provvivvisorio del generale De Gaulle»[33]. Nei suoi editoriali sul grande quotidiano socialista "Le Populaire", Léon Blum salutò l'importanza dell'«ondata di idee nuove» portate da Jean Fourastié. Quanto a Jean Monnet, che stava creando il Commissariato generale alla Pianificazione, subito dopo aver letto *L'économie française dans le monde* chiamò Jean Fourastié al telefono, lo incontrò e gli offrì di far parte del piccolo gruppo allora riunito all'Hôtel Bristol. Jean Fourastié accettò con entusiasmo, e si stabilì che, pur continuando a stipendiarlo, il Ministero delle Finanze lo avrebbe messo, per un'importante aliquota del suo orario di lavoro, a disposizione del futuro Comissariato. Dal 1946, Jean Monnet lo inviò in missione in Svezia, e poi negli Stati Uniti, per studiarvi sul campo la questione del progresso tecnico e della produttività. Negli Stati Uniti, ebbe rapporti con Milton Friedman e Vasili Leontev, più tardi Premio Nobel per l'economia[34].

Ben presto, Jean Fourastié divenne il responsabile alla produttività[35]. Nel concepire il Commissariato alla Pianificazione, Jean Monnet voleva poggiare la politica di crescita economica da lui voluta per la Francia sulle basi di una reale conoscenza del «declino relativo» del paese. Jean Fourastié era l'uomo che gli serviva, come sottolinea lui stesso nelle sue *Mémoires*: «Non incontrai a Parigi, ad eccezione di

Sauvy e Fourastié, uomini capaci di avere una visione d'insieme della situazione economica francese». Jean Monnet riferisce che in quel momento la produzione industriale aveva appena superato del 20% il livello del 1938, ma Jean Fourastié gli dimostrò che ciò era avvenuto con effettivi più numerosi ed orari più lunghi, e che in realtà la Francia aveva «da poco recuperato la [sua] produttività d'anteguerra (...), inferiore a quella dei grandi paesi industriali». Interrogato sulle sue proposte, Jean Fourastié preconizzò di «far partire iniziative di informazione e di formazione che, a poco a poco [avrebbero cambiato] le mentalità». Il commissario generale alla Pianificazione adottò la sua idea di promuovere la nozione di produtività:

> Ebbe fiducia in Jean Fourastié, che aveva una visione chiara e di lungo periodo. La sua influenza, che non ha cessato di crescere fra i suoi lettori e allievi, rappresenta solo una parte dell'attività da lui svolta sulle generazioni chiamate a modernizzare la Francia. È attraverso la Pianificazione e le sue commissioni alla produttività che ha potuto far passare nella realtà la sua concezione di uno sforzo produttivo più utile, più razionale e più efficace che liberasse l'uomo dalle più penose schiavitù. Visto che essa è ormai un dato di fatto acquisito, oggi saremmo tentati di dimenticare questa liberazione, ma essa fu comunque una conquista degli anni '50, e Jean Fourastié ne tracciò il metodo a Rue de Martignac [36].

Di fatto, fu creato un Commissariato interministeriale alla produttività, presieduto da Jean Fourastié che, a partire dal giugno 1949, organizzò le prime missioni di studio sulla produttività, in gran parte finanziate dal piano Marshall. Erano piccoli gruppi di persone appartenenti ad una data branca professionale – quadri, operai, sindacalisti [37], funzionari, ecc. – che effettuavano un soggiorno di circa un mese negli Stati Uniti visitando imprese, incontrandovi i loro omologhi e comparando l'organizzazione e i metodi di lavoro, i risultati e i livelli di vita. Jean Fourastié così ricordò queste missioni, destinate a provocare un «confronto tra la mentalità stagnante dei francesi e quella progressista degli americani»:

> Nelle circostanze dell'epoca, nello stato di povertà e di razionamento della Francia, un viaggio negli Stati Uniti (...) era uno stordimento; i viaggiatori potevano vedere il paese "dalla cantina al granaio". Erano accolti a braccia ampiamente aperte... E si deve riconoscere che si trattava di fattori favorevoli e stimolanti per i francesi.

Vi furono in totale circa 500 missioni sulla produttività[38], che coinvolsero circa 4000 persone, di cui un migliaio erano operai. Tali viaggi erano preparati da riunioni di lavoro sotto forma di seminari, con relazioni e conferenze. Jean Fourastié ne pronunciò molte di persona. In questo periodo, simili seminari professionali erano in Francia una grande innovazione. Al ritorno dal viaggio, i membri del gruppo si riunivano per scrivere un rapporto sulla missione, che era poi stampato e divulgato nell'ambito delle singole professioni, in modo tale da diffondere al massimo grado l'idea di produttività[39].

Divenuto *Presidente* del Comitato alla manodopera[40], la stessa idea continuerà a guidare l'azione di Jean Fourastié. È nel 1951, mentre si stava preparando il II Piano (che doveva entrare in vigore l'anno dopo), che il successore di Jean Monnet, Étienne Hirsch, gli affida la presidenza di una delle principali commissioni per la modernizzazione della Pianificazione, quella alla modernizzazione della manodopera. Prima della sua creazione, come sottolinea Jean Fourastié, «In Francia non esisteva alcuna politica dell'occupazione. (...) Non c'era alcun organo per ideare l'occupazione a medio e lungo termine». Come le altre commissioni per la modernizzazione, anch'essa aveva una composizione tripartita: rappresentanti dei sindacati padronali e dei salariati; personalità prese in considerazione per le loro competenze (professori, specialisti in questioni industriali, ecc.); rappresentanti dei ministeri interessati. Ognuno di loro – ricorda Jean Fourastié – doveva, in conformità alla filosofia definita da Jean Monnet, «agire in quanto persona *senza impegnare la propria amministrazione o centrale sindacale* (...), sotto forma di discussione scientifica e informativa». Su richiesta dei sindacati dei salariati, Jean Fourastié manterrà per sedici anni, fino al 1967, la presidenza della Commissione alla manodopera, che si fece carico della piena occupazione dei *Trenta Gloriosi*.

Sempre alla Pianificazione, quando vi fu creata la Commissione alle attrezzature scolastiche, Jean Fourastié ne fu membro, così come anche della sottocommissione incaricata di prevedere il numero effettivo di allievi e professori. Come lui stesso ricorderà, non cessò di porre, in tali istanze, «il problema dell'adattamento dell'insegnamento alle necessità economico-sociali di una nazione moderna». E sosterrà ancora gli stessi punti di vista all'interno del Gruppo di riflessione per il 1985, costituito dal commissario generale alla

Pianificazione Pierre Massé e presieduto da Pierre Guillaumat, riunitosi a Rue de Martignac nel 1963-'64.

Il lavoro di previsione sull'occupazione svolto dalla Commissione alla manodopera richiedeva un incremento nell'informazione statistica sull'evoluzione delle strutture della popolazione attiva. Jean Fourastié interessò a tale problema Alfred Sauvy, creatore dell'Istituto Nazionale per gli Studi Demografici (INSD), e che era membro della Commissione alla manodopera alla Pianificazione. Lui creò per Jean Fourastié all'INSD una piccola cellula di ricerca, il Servizio Studi sulla popolazione attiva, e gliene conferì la direzione, sia pure a tempo parziale. Questo organismo dell'INSD e le sue pubblicazioni sulle strutture dell'occupazione [41] sono all'origine del Centro Studi sull'occupazione. All'INSD, Jean Fourastié ha lavorato anche a quello che lui definiva «il calendario demografico dell'uomo medio». Si trattava di evidenziare la mutazione nella condizione umana che deriva dalle profonde trasformazioni demografiche provocata, su scala scolastica, dal progresso tecnico.

Jean Fourastié partecipò a molti altri organismi, commissioni e comitati, di cui in questa sede si ricorderanno solo i più importanti. Dal 1948, rappresentò la Francia al comitato per le questioni scientifiche dell'OECE (Organizzazione Europea per la Cooperazione Economica) (la futura OCSE, Organizzazione per la Cooperazione e lo Sviluppo Economico) e ne divenne presidente. Fu anche, per quasi vent'anni, membro del Condsiglio Nazionale dei Prezzi (1949-1967) e, per più di dieci anni, membro dell'Alto Comitato per la popolazione e la famiglia, effettivamente presieduto dal Presidente della Repubblica (1956-1969). In seguito, presiederà il Gruppo di riflessione sull'insegnamento delle scienze umane ed economiche nell'ambito dell'insegnamento di secondo grado, creato nel 1976 dal Ministro della Pubblica Istruzione.

Un enorme lavoro al servizio della produttività e dell'occupazione fu svolto da Jean Fourastié. Rimasto per vent'anni a Rue de Martignac, dedicò un tempo ed un'energia immense a lavorare all'interno di strutture amministrative che miravano alla modernizzazione dell'economia francese e mondiale. Claude Vimont, che fu relatore generale della Commissione alla manodopera durante la presidenza di Jean Fourastié, scriveva alla fine degli anni '70: «Sono migliaia le ore di lavoro senza alcun compenso che Jean Fourastié ha consacrato al servizio della nazione. E, per di più, è stato o è membro di innumerevoli comitati, commissioni o gruppi di lavoro internazionali nel quadro dell'OCDE, della CECA, della CEE, dell'ONU e dell'UNESCO»[42].

Inoltre, Jean Fourastié ha trovato in questo lavoro una profonda soddisfazione: «I venti anni che ho trascorso al Commissariato alla Pianificazione sono fra i più felici della mia vita. Avevo la sensazione di collaborare ad un'opera feconda, utile non solo a tutti i francesi ma a tutti gli uomini». Era di fatto un modo di mettere in pratica il suo ideale giovanile di lavorare al servizio del pubblico promuovendo il progresso economico e quello sociale tramite le sue eccezionali competenze in materia. E poi questo era per lui il mezzo per far penetrare meglio nella realtà e far prendere in considerazione dai responsabili politici e amministrativi, così come dai *partners* sociali, le idee profondamente originali che faceva del resto già conoscere con il suo insegnamento e i suoi libri. Pensando alla sua azione alla pianificazione, scriveva con legittima fierezza:

> Ho fatto riconoscere da tutti i francesi, e contribuito a far conoscere a tutti gli europei, la nozione di produttività del lavoro; con l'aiuto di Claude Vimont, ho creato tecnici per la previsione dell'occupazione che, ben adattatisi alle condizioni del momento, hanno ridotto in venticinque anni la disoccupazione in Francia a percentuali molto scarse[43].

Un professore di economia diverso dagli altri[44]

Fin dal 1941, Jean Fourastié teneva corsi al *Conservatoire national des arts et métiers* e, dal 1945, insegnava a Rue Saint-Guillaume. Dopo l'uscita, nel 1947, de *La civilisation del 1960*, opera il cui carattere prospettico e l'annuncio del progresso economico-sociale di cui era portatrice fecero sensazione, il direttore dell'*Institut d'études politiques* gli chiese di tenere un corso sul contenuto di tale libro invece di quello sulla contabilità che in quel momento svolgeva. Così – e per più di vent'anni – Jean Fourastié tenne a *Sciences Po* un corso intitolato *Il progresso tecnico e l'evoluzione economica*[45]. Ancora nel 1947, Lucien Febvre, che stava creando la VI Sezione (economico-sociale)[46] dell'*École pratique des hautes études*, vi chiamò Jean Fourastié ad una direzione di studi, soprattutto a causa del suo libro *La contabilité*. Fu allora completamente distaccato dal Ministero delle Finanze, con la doppia funzione di incaricato di corsi al *Conservatoire des arts et des métiers* e di direttore di studi all'*École pratique des hautes études*. Nel 1951, divenne titolare e quindi «professore puro» – secondo la simpatica espressione dei figli – proprio quando tutto ciò era per lui solo una speranza: la sua professione era ormai l'insegnamento superiore [47]. Infine, nel 1959, Jean Fourastié fu eletto alla *cattedra* di economia e statistiche industriali del *Conservatoire des arts et des métiers*, la più antica cattedra francese di scienze economiche, creata nel 1819 per Jean-Baptiste Say. Parallelamente, Jean Fourastié era direttore al CNAM di un importante centro di ricerca, il Laboratorio di econometria.

Il suo insegnamento era caratterizzato da due importanti lineamenti: il primo era «il gusto del concreto» e il secondo «la preparazione dello studente alla riflessione e allo spirito critico». Come esempio pratico del suo gusto del concreto, per la lezione inaugurale del suo grande corso di economia del CNAM, Jean Fourastié chiese alla sua assistente, Anne Reverdy, fin troppo stupita, di portargli una lampadina, una camera d'aria da bicicletta e un corno da caccia [48]. Paralellamente, Jean Fourastié era un professore eccezionalmente aperto al dialogo e alla discussione. A *Sciences Po* fece partire, dal 1955, «sotto la copertura di un'ora di corso, sessioni di due ore: un'ora di corso classico cui ne seguiva un'altra di discussione», poiché voleva «sapere quanto gli allievi capivano e quanto criticavano» [49]. Era anche un professore molto attento ai propri allievi. Al CNAM, si prendeva un certo lasso di tempo prima dei corsi per ricevere quelli che volevano parlargli. E a *Sciences Po*, dove il suo uditorio era meno importante, invitava ogni giorno alcuni suoi studenti a passare una serata a casa sua, nel suo appartamento di Rue César Franck [50]. Era un ricevimento familiare, molto cordiale e caloroso, in cui faceva parlare i suoi studenti, interessandosi a loro fino a tarda ora [51].

Nel suo seminario all'*École pratique des hautes études*, che si teneva nei locali dell'IEP, a Rue Saint-Guillaume, Jean Fourastié faceva svolgere ai suoi allievi, sulla base del suo metodo, ricerche sull'evoluzione dei prezzi nel lungo periodo, partendo da archivi o cataloghi. In particolare, aveva costituito al *Conservatoire des arts et des métiers* la collezione completa dei cataloghi della *Manifacture française des armes et cycles* di Saint-Étienne dal 1892 al 1980, fonte inestimabile per la storia dei prezzi. Aveva saputo riunire attorno a sé un notevole gruppo di giovani ricercatori, come Claude e Rémy Alasseur (sorella e fratello), Michel Calamay, Jean Guilhem, Claude Fontaine e Anne Reverdy, così come sua figlia Jacqueline Fourastié. Ogni giorno o quasi, faceva stampare i loro lavori in un opuscolo pubblicato da Donat-Montchrestien, che così costituiva una vasta serie di documenti sull'evoluzione dei prezzi [52]. Sempre con alcuni suoi allievi dell'*École pratique des hautes études* pubblicò inoltre numerose opere che costituiscono un contributo molto importante alla storia e alla teoria dei prezzi [53].

Una personalità molto forte e ricca

Attorno al 1976 sua moglie, Françoise Fourastié, sciveva di lui:

È naturalmente portato ad una visione globale del mondo. (...) La sua preoccupazione dominante si riallaccia a quel che tocca in genere gli uomini, la loro vita e il loro destino. (...) È contemporaneamente più giovane e più cosciente, così come più giovane e molto più vecchio del resto degli uomini. Lo *stupore* fa parte della sua personalità; un nonnulla fa nascere in lui un fiume di domande. (...) Un semplice fatto senza importanza alcuna risveglia la sua curiosità, e allora cerca di capirlo, di descriverlo e di precisarlo. Osserva: consulta poi dizionari, libri e trattati. Consulta anche persone *a priori* competenti; vuole provare a conoscere tutto ciò che è stato scritto sulla questione nonché l'origine delle informazioni, risalire alla loro fonte e vagliarle criticamente l'una con l'altra. (...) Ha descritto l'unicità del pensiero chiaro in *Comment mon cerveau s'informe*; e, di fatto, può avere *solo un'idea per volta*, mentre certe persone possono avere, con più facilità rispetto a lui, numerose idee (più o meno vaghe) contemporaneamente. L'idea unica, quando lo domina, non è quella di tutti: è lei a condurlo alla ricerca, all'invenzione e alla verifica di un'ipotesi, di una descrizione e di una spiegazione, e non lascia la benché minima particella di cervello libera per altro [54].

Tutti quelli che l'hanno conosciuto sanno che Jean Fourastié, come molti individui davvero superiori, era un uomo dolce, buono, tranquillo, cortese, benevolo, attento agli altri e anche generoso. Tutto lo interessava, una gran quantità di cose lo stupiva, e lo diceva con molta semplicità. Era semplice, modesto, non cercava di brillare o di mettersi in primo piano. Non ne aveva del resto bisogno per essere ascoltato e rispettato. La superiorità del suo spirito si imponeva da sola, in modo del tutto naturale, senza far ombra a nessuno. In un incontro, in una conversazione, non cercava di imporre i suoi punti di vista all'interlocutore, neppure per parlarne, ma cercava invece di imparare qualcosa da lui. Quante volte coloro che avevano l'occasione di incontrarlo si sono sentiti dire: «Potete spiegarmi questo? Che ne pensate di quello?». La sua curiosità intellettuale, la sua intelligenza e l'importanza da lui data al giudizio altrui aiutavano il suo interlocutore a sentirsi intelligente. Interrogati da lui, era possibile scoprire che, dopo tutto, si aveva qualcosa da dire sul soggetto in questione.

Purtuttavia, l'amabilità di Jean Fourastié non era sinonimo di alcuna debolezza. Aveva invece una personalità molto forte. Possedeva una reale autorità naturale, che non aveva bisogno di manifestarsi per essere operante. Un semplice aggrottare di sopracciglia bastava ad assicurargli l'attenzione assoluta del suo grande anfiteatro [*] al *Conservatoire des arts et des métiers*. Jean Fourastié non si lasciava intimidire: tanto era aperto, nella sua ricerca della conoscenza del reale, a tutte le idee e a tutti i dibattiti, tanto era inflessibile la sua indipendenza di spirito.

Si è visto con quale coraggio rifiutò nel 1943 la nomina a membro di una commissione franco-tedesca per far partire il Servizio del Lavoro Obbligatorio nel settore delle assicurazioni, risoluto a dimettersi dalla funzione pubblica pur di non cedere. Testimonia inoltre della sua fermezza di spirito un incidente capitato a metà degli anni '60, durante la preparazione del V Piano (1966-'70). Per motivi politici la CFTC [**] manifestò la sua intenzione di respingere il rapporto generale elaborato dalla Commissione alla manodopera da lui presieduta, mentre il rappresentante del sindacato nella commissione lo aveva approvato. Il rapporto, infatti, «comprendeva uno studio scientifico sul problema dell'occupazione in Francia [55] che, a parere del presidente, poteva essere contestato solo con argomentazioni tecniche, sempre ammesso che ve ne fossero». Jean Fourastié si dimise, e la CFTC tornò sulla sua decisione [56].

---

* Denominazione di un'aula universitaria o para-universitaria molto in uso in Francia. *N.d.t.*

** *Confédération française des travailleurs Chrétiens*: Confederazione francese dei lavoratori cattolici, uno dei sindacati francesi. *N.d.t.*

La *cultura* di Jean Fourastié era molto vasta. La letteratura, e in particolar modo la poesia, occupa un posto importante nella sua opera, anche in quella economica. I poeti erano per lui «continuamente necessari alla vita quotidiana: una volta Musset, Racine, lo Hugo di *Contemplations*, Péguy, Baudelaire..., oggi (1976) La Fontaine, Ronsard, Nerval, Rimbaud, Baudelaire, Apollinaire, Éluard». Le allusioni e citazioni letterarie, le considerazioni sulla visione del mondo di questo o quello scrittore sgorgano naturalmente dalla sua penna, e sono la prova non solo del grande valore dei suoi studi umanistici a Juilly ma anche delle grandi letture fatte durante tutta la vita. Questa ricca cultura letteraria era profondamente interiorizzata, meditata, discussa, messa al servizio del suo pensiero, della sua riflessione, della sua volontà di scoprire il reale e di spiegarlo.

Lo stesso si verificava con la sua cultura artistica, anch'essa molto ricca. «La musica: nella [sua] giovinezza, Berlioz, Gounod, Bizet, Saint-Saëns, Lalo..., oggi [1976] Bach, Mozart e talvolta Mahler, Messiaen, Debussy, Ravel, Stravinsky» [57]. L'architettura, la scultura e la pittura contavano anch'essi enormemente per lui. Manteneva infatti con i monumenti e le opere artistiche un rapporto personale profondamente originale, dato che li integrava nella sua ricerca della conoscenza e della comprensione del metodo e dell'essere umano. Ben lungi dalle relazioni di seminario in storia dell'arte, Jean Fourastié dava alle opere d'arte una lettura del tutto personale, basata sulle sue conoscenze, sui suoi interrogativi e sulle sue osservazioni. Così, in collegamento con la sua ricerca sul prezzo reale dei vetri e degli specchi in epoche diverse, ha fatto ricerche con la moglie, nel campo dell'arte medioevale, sull'apparizione del vetro alle finestre dei castelli e delle case dei ricchi [58]. La terza edizione (1962) di *Machinisme et bien-être* è illustrata con un particolare dell'*Annunciazione* del Maestro di Flemalle (1428), che mostra vetrate fisse nella parte alta delle finestre a crociera della sala, mentre la loro parte bassa (la più importante) è fatta solo di imposte di legno massiccio che si aprono verso l'interno, e che tuttavia si scompongono in numerosi pannelli, di cui alcuni sono articolati, per permettere un'apertura parziale allo scopo di limitare l'entrata del freddo... ma anche quella della luce.

Alcune opere d'arte hanno avuto per Jean Fourastié un'importanza del tutto particolare. Lui «definisce [queste opere] capitali perché sono state e restano la spina dorsale della [sua] personalità» (1981). E precisa:

Le cito nell'ordine in cui le ho "scoperte".

– *L'amore sacro e l'amor profano* di Tiziano, al Palazzo Borghese. Queste due donne che sono la stessa donna, una nuda senza saperlo e l'altra vestita senza volerlo; oppure: una vestita per virtù e l'altra denudata per vizio? Due immagini, due "modelli", nel senso scientifico assunto da questa parola nel 1890, della stessa realtà. Vi vedevo, negli anni '30, il dualismo la complementarietà dell'istintuale e dell'intellettuale – che io oggi definisco, sapendo com'è il cervello dell'uomo: paleocefalo e neocefalo [59].

– *La sepoltura del conte d'Orgaz*, di El Greco, nella chiesa di Santo Tomé a Toledo. Il soprannaturale tanto vero quanto il reale, e il reale altrettanto vero del soprannaturale. Posso dire oggi: il surreale che coesiste con il reale; il surreale, reale e visibile nel lungo periodo quanto lo è il reale scientifico nel breve periodo. Il lungo periodo è reale, quindi, quanto il breve; ma, inoltre, decisivo.

– *La quinta delle Filippine*, di Goya, al museo di Castres. L'uomo privo di luci di lungo periodo; il neocefalo nella notte. La decisione nella nebbia e la burocrazia; non solo la decisione-avventura, ma la decisione-tragedia.

– *Il portale di Moissac*. L'immagine monumantale del Dio *cattolico*, del Dio trinitario, del Cristo e dello Spirito santo, uniti, confusi, compresi nel Dio creatore delle galassie [60].

Note al Capitolo I

1. J. FOURASTIÉ, *Les conditions de l'esprit scientifique*, Paris, Gallimard, coll. "Idées", n. 96, 1996, pagg. 247-248.

2. Cfr. *Jean Fourastié entre deux mondes. Mémoires en forme de dialogues avec sa fille Jacqueline*, Paris, Beauchesne, coll. "Valeurs et politique", 1994, pagg. 27-28; J. FOURASTIÉ, *Le long chemin des hommes*, Paris, Robert Laffont, 1976, pagg. 12-14.

3. Jean Fourastié insiste molto su questa distinzione fra povertà e miseria. Sottolinea quindi che il passaggio della massa del popolo dalla miseria alla povertà, da lui collocato in Francia durante il XVIII secolo, costituisce un inizio di progresso che ha permesso l'apparizione del proletariato, che ha potuto allora sopravvivere mentre prima periva.

4. Cfr. *Jean Fourastié entre deux mondes*, cit., pagg. 28-35; J. FOURASTIÉ, *Le long chemin des hommes*, cit., pagg. 16-18.

5. O. DARD, *Fourastié avant Fourastiè. La construction d'une légotomité d'expert*, in "French Politics, Culture & Society", 1, 2004, pagg. 3-5.

6. F. FOURASTIÉ, *Ce que Jean Fourastié doit au Quercy*, in *Jean Fourastié. 40 ans de recherches*, Paris, Dalloz, 1978, pag. 58.

7. J. FOURASTIÉ, *Lelong chmin des homes*, cit., pagg.14-16.

8. J. FOURASTIÈ, *Les 40000 heures*, Paris, Gonthier-Denoël, 1966, pag. 184; ID., *La grande métamorphose*, cit., pag. 63 e J. FOURASTIÉ, *Idées majeures*, Paris, Gonthier-Denoël, 1966, pagg. 143-144; ID., *Le long chemin des hommes*, cit., pagg. 15-16; ID., *Oraison funèbre pour la marraine de mon père*, in ID., *La grande métamorphose du XXe siècle*, cit., pagg. 23-26 e in ID., *Idées majeures*, cit., pagg. 135-139; J. FOURASTIÉ, *Essais de morale prospective*, Paris, Gonthier, 1966, pag. 27.

9. In un appunto, Jean Fourastié spiega: «Con la mortalità tradizionale, il bambino medio avrebbe perso a 14 anni uno dei due genitori».

10. Praderies è una comunità nella vallata del Lot, vicino a Douelle.

11. J. FOURASTIÉ, *Le long chemin des hommes*, cit., pag. 15.

12. Cfr. J. FOURASTIÉ, *Ce que je crois*, Paris, Grasset, pagg. 100-101 e pagg. 104-106. Cfr. Inoltre *Jean Fourastié entre deux mondes*, cit., pagg. 15-16.

13. J. FOURASTIÉ, *Le long chemin des hommes*, cit., pag. 16.

14. Cfr. *Jean Fourastié entre deux mondes*, cit., pag. 12, pag. 19, pag. 29 e pag. 30.

15. *Ibidem*, pag. 12.

16. J. FOURASTIÉ, *En Quercy: essai démographique*, Quercy Recherche, Cahors, 1986.

17. F. FOURASTIÉ, *Op. cit.*, pag. 61.

18. Madère e Cessac sono due frazioni nel territorio di Douelle.

Madère, appollaiata su un altopiano arido e ciottoloso, è oggi una frazione abbandonata con case in rovina ridotte a qualche pezzo di muro. Cessac, che si trova nella fertile vallata del Lot, è una frazione popolata prospera e graziosa. Tale contrasto spiega la scelta dei nomi di Madère e di Cessac per designare le due situazioni di Douelle all'alba e alla fine dei *Trenta Gloriosi*.

19. Cfr. *Jean Fourastié entre deux mondes*, cit., pag. 28, pag. 30 e pagg. 35-39; J. FOURASTIÉ, *Le long chemin des hommes*, cit., pagg. 17-19.

20. Questa linea a binario unico è stata soppressa attorno al 1970.

21. È noto che l'*École libre des sciences politiques* è divenuta, dopo la seconda guerra mondiale, l'*Institut d'Études politiques* (IEP) di Parigi.

22. Cfr. *Jean Fourastié entre deux mondes*, cit., pagg. 40-42, pagg. 61-69 e pag. 117.

23. Quando Jean Fourastié verrà eletto, nel 1967, all'*Académie des sciences morales et politiques*, proprio Maxime Malinski presiederà il comitato incaricato di offrirgli il suo spadino da accademico.

24. O. DARD, *Op. cit.*, pag. 6.

25. *Les arts ménagers*, Paris, PUF, 1950, coll. «Que sais-je?», ripubblicato, con il titolo *Histoire du confort*, 3ª ed. 1973; *Les écrivains témoins du peuple*, Paris, Ditis, 1964, coll. «J'ai lu», riedizione Paros, Hachette, 1986, coll. «Le livre de poche»; *Des loisirs pour quoi faire?*, Paris, Casterman, 1970; *Voyages et voyageurs d'autrefois*, Paris, Denoël, 1972.

26. O. DARD, *Op. cit.*, pagg. 11-16.

27. J. FOURASTIÉ, *La comtabilité*, Paris, PUF, 1945, coll. «Que sais-je?», ripubblicato, a partire dalla 18ª edizione (1988), in collaborazione con André Kovacs.

28. Cfr. J. FOURASTIÉ, *L'économie française dans le monde des années 1980*, 1980, pag. 5.

29. J. FOURASTIÉ - H. MOUTET, *L'économie française dans le monde*, Paris, PUF, 1945, coll. «Que sais-je?».

30. J. FOURASTIÉ, *L'économie française dans le monde des années 1980*, cit., pag. 5.

31. J. FOURASTIÉ - H. MOUTET, *L'économie française dans le monde*, 1ª ed., cit., pag. 6.

32. *Ibid.*, pagg. 26-33, pag. 37, pag. 41, pag. 63 e pag. 68.

33. J. FOURASTIÉ, *L'économie fraçaise dans le monde des années 1980*, cit., pag. 6.

34. Cfr. *Jean Fourastié entre deux mondes*, cit., pagg. 92-96.

35. Sul ruolo di Jean Fourastié come apostolo della produttività cfr. R. BONIAT, *Atala travaille chez Citroën: recherches sur l'américanisation de l'économie française après la Seconde Guerre mondiale*, dissertazione di DEA, Université de Franche-Comté, 2001 (inedito); ID., *Le concept de* *productivité en France de la Première Guerre mondiale aux années soixante*, in “Travail et emploi”, 91, luglio 2002.

36. J. MONNET, *Mémoirs*, Paris, Fayard, 1978, pag. 269, pag. 327 e pag. 338, cit., in C. VIMONT, *Jean Fourastié. Les liens entre la pensée et l'activité administrative*, in *Jean Fourastié, 40 ans de recherche*, pagg. 46-49.

37. «La CGT [sindacato egemonizzato dal Partito Comunista Francese-PCF], per ragioni di politica anti-americana (in quel momento era filo-sovietica e contraria al Piano Marshall) non volle partecipare. Ciò però non ha nuociuto molto al successo delle missioni e sul piano dell'informazione» (*Jean Fourastié entre deux mondes*, cit., pag. 99).

38. Sulle missioni di studio sulla produttività cfr. M. DRANCOURT, *Mémoires de l'entreprise*, Paris, Robert Laffont, 1993, pagg. 72-78; É. GONBERT, *La politique française de productivité de 1946 au début des années 1960*, Université de Paris-Sorbonne (Paris IV), 2000 (inedito); D. BARJO (a cura di), *Catching up with America. Productivity Missions and the Diffusion of American Economical and Technological Influence after the Second World War*, Paris, Presses de l'Université Paris-Sorbonne, 2002.

39. Cfr. *Jean Fourastié entre deux mondes*, cit., pagg. 97-100 e pagg. 142-143.

40. Cfr. *Ibid.*, pagg. 100-108, pag. 120 e pag. 133; C.VIMONT, *Op. cit.*, pag. 5.

41. Cfr. in particolare, J. FOURASTIÉ (a cura di), *Migration professionnelles. Données statistiques sur leur évolution en divers pays de 1900 à 1955*, Paris, PUF, 1957, coll. «Travaux et documents de l'Institut National d'études démographiques», cahier n. 31.

42. C. VIMONT, *Op. cit.*, pag. 54.

43. J. FOURASTIÉ, *Le long chemin des hommes*, cit., pagg. 21-22.

44. Cfr. *Jean Fourastié entree deux mondes*, cit., pagg. 116-120 e pagg. 247-250; A. REVERDY-BERTHET, *L'enseignement de Jean Fourastié*, in *Jean Fourastié, 40 ans de recherches*, cit., pagg. 81-84.

45. Con lo stesso titolo – *Le progrès technique er l'évolution économique* – la dispensa di questo corso fu pubblicata dalla casa editrice *Les cours de droit*. Ve ne sono state diverse edizioni dal 1951.

46. Divenuta poi l'*École des hautes études en sciences sociales* (EHESS).

47. Jean Fourastié riferisce che fu Jean Monnet, che doveva assumere a Lussemburgo la presidenza della CECA, a far creare per lui, all'*École pratique des hautes études*, la direzione di studi denominata *Contabilità, statistica ed economia*. Era infatti ansioso di veder divenire Jean Fourastié un universitario a tutti gli effetti mentre continuava la sua attività al Piano con i suoi successori. Cfr. *Jean Fourastié entre deux mondes*, cit., pag. 51.

48. Cfr. A. REVERDY-BERTHET, *Op. cit.*, pag. 82.

49. *Jean Fourastié entre deux mondes*, cit., pag. 119.

50. Una targa apposta sull'edificio di rue César Franck, 10, situato nel 15° distretto di Parigi, ricorda che lì abitava Jean Fourastié.

51. In occasione di una di queste serate, l'autore è entrato in contatto diretto con Jean Fourastié e la sua famiglia. Durante l'anno accademico 1963-'64, fece parte del piccolo gruppo di studenti di *Sciences Po* invitati a casa di Jean Fourastié. La conversazione si prolungò così a lungo che lasciò passare l'ora del suo ultimo treno per rientrare a casa. Molto gentilmente, Jean Fourastié lo invitò a restare a dormire.

52. Erano pubblicazioni comuni della V Sezione dell'*École pratique del hautes études* e del *Conservatoire des arts et métiers*. Questi opuscoli furono pubblicati con il titolo *Prix de vente et prix de revient. Recherches sur l'évolution des prix en période de progrés technique*. Formano una collezione di 14 volumi scaglionata dal 1948 al 1967, per un totale di quasi 2000 pagine.

53. Cfr. *ultra*, pag. 64, nota 15.

54. J. FOURASTIÉ, *Le long chemin des hommes*, cit., pagg. 23-25.

55. Si tratta del rapporto del fruppo di lavoro «Durata del lavoro», prsentato alla commissione nel giugno 1964 da Philippe Madiniet, e che aveva avuto un consenso generale (cfr. J. FOURASTIÉ, *les 40000 heures*, ed. 1972, pag. 72).

56. Cfr. C. VIMONT, *Op. cit*, pag. 54; *Jean Fourastié entre deux mondes*, cit., pag. 102.

57. J. FOURASTIÉ, *Le long chemin des hommes*, cit., pag. 76.

58. J. FOURASTIÉ, *Machinisme et bien-être*, Paris, Éditions de Minuit, 1962 (3ª ed.), pagg. 140-141. Vi si trova una lista di quadri fra i più interessanti per la storia del vetro.

59. Sulle nozioni di *paleocefalo*, di *neocefalo* e di *surreale* nel pensiero di Fourastié cfr. *infra*, pagg. 53 e sgg.

60. J. FOURASTIÉ, *Ce que je crois*, cit., pag. 113, cfr. inoltre, *Jean Fourastié entre deux mondes*, cit., pagg. 44-45. Già nel 1061, *L'amore sacro e l'amor profano* e *La giunta delle Filippine* erano riprodotti e commentati in J. FOURASTIÉ, *La grande métamorphose du XXᵉ siècle*, cit.

II

UNA STRABILIANTE VALANGA DI IDEE ORIGINALI

Nel 1949, dopo aver letto *Le Grand Espoir du XXe siècle*, Léon Blum scrive in uno dei suoi editoriali che si resta «quasi storditi dalla fiumana di idee originali da lui enunciate»[1]. Questo giudizio può applicarsi all'intera opera di Jean Fourastié, che si estende su un mezzo secolo, dagli anni '40 agli anni '80.

Ingegnere di formazione che aveva scelto la strada dell'attività amministrativa e poi quella dell'insegnamento superiore, specialista di contabilità e poi di politica economica, Jean Fourastié ha costruito parallelamente un'opera per la quale, di volta in volta, è divenuto statistico, economista, demografo, storico, antropologo, sociologo, moralista e filosofo. Ha infatti utilizzato instancabilmente questi diversi approcci per investigare il reale alla ricerca dei fenomeni economici, demografici e psicologici che hanno, nel corso dei secoli, profondamente trasformato la condizione umana.

Non è questa la sede per ricordare l'integralità di quest'opera[2]. In effetti, ad una quarantina di libri si aggiungono più di 150 articoli scientifici, così come un notevole numero di scritti apparsi in importanti organi di stampa. Jean Fourastié ha pubblicato, dal 1966, più di 200 articoli in "Le Figaro", e più di un centinaio in tre grandi settimanali: "L'Éducation nationale" (1949-1967), "Arts" (1961-1966) e "L'Express" (1968-1974). Furono inoltre dedicate a Jean Fourastié numerose trasmissioni radiofoniche o televisive. Nel 1967-'68, ebbe anche ogni mese un proprio programma televisivo, *Le quart d'heure de Jean Fourastié*.

Nel susseguirsi dei suoi libri e dei suoi articoli, la cerchia degli interessi di Jean Fourastié si ampliò notevolmente. Passò dai problemi dell'economia nazionale a quelli dell'insieme della scienza economica, poi alle questioni legate al livello e al genere di vita e, infine, all'insieme dei fattori che regolano il comportamento umano. Comunque, la vastità dei temi affrontati non pregiudica una grande coerenza dell'opera. Se si resta ai libri più importanti e più celebri, da lui voluti sempre accessibili al grande pubblico colto, essi possono essere classificati in tre grandi serie.

Una prima ondata di libri di economia fondamentali

Corrisponde per l'essenziale al periodo 1945-1959. Si tratta delle opere che vanno da *L'économie française dans le monde* a *Pourquoi nous travaillons*.

Apparso nel 1945, *L'économie française dans le monde*, il cui contenuto è stato prima ricordato, ebbe un grande e duraturo successo, superando le 100.000 copie. Tenendo evidentemente conto dell'evoluzione dell'economia francese e di quella mondiale, numerose ristampe apparvero per quasi mezzo secolo [3].

Nel 1947, Jean Fourastié pubblicò *La civilisation de 1960* [4]. Era un'opera prospettica, anche se il termine non era utilizzato e, del resto, all'epoca non esisteva. Jean Fourastié vi annunciava l'incremento del livello di vita e le trasformazioni del genere di vita in Francia nel corso dei quidici anni a venire. Prevedeva l'evoluzione dell'occupazione a seconda dei settori, ormai da lui denominati primario, secondario e terziario partendo da una terminologia ripresa da Allan B. Fischer e da Colin Clark. L'opera prediceva il declino del settore primario e lo spostamento della popolazione attiva verso il terziario, così come l'aumento del relativo livello di vita. Il successo di questo libro e l'interesse per il suo approccio fecero sì che fosse ripubblicato per quasi quarant'anni, superando anch'esso le 100.000 copie, al solo prezzo dell'adattamento del titolo, per divenire nel 1982 *La civilisation de 2001* [5]: e notevole pare il fatto che il testo del 1947 sia potuto restare immutato fino alla decima edizione inclusa, poiché le previsioni di Jean Fourastié puntualmente si verificavano. Gli bastava infatti « aggiungere, ad ogni edizione, le cifre degli anni trascorsi dalla precedente e che confermavano, in modo sempre più massivo, quel che all'inizio si presentava solo come ipotesi». Solamente per l'undicesima edizione, nel 1982, riterrà necessario riscrivere del tutto l'opera per tener conto che «i fattori economici, pur mantenendo un grandissimo peso, non possono più essere ritenuti, da soli, come gli unici a conferire all'attuale fase dell'umanità i suoi caratteri specifici».

Due anni dopo *La civilisation de 1960* appare *Le Grand Espoir du XXᵉ siècle*[6]. L'opera fu «concepita nel 1947, divenne oggetto di insegnamento al CNAM nel 1948 e venne pubblicata nel febbraio 1949»[7]. Il libro ebbe la prefazione del celebre André Siegfried e Jean Monnet, entusiasmato dal *Grand Espoir*, volle contribuire al suo successo. Scrisse infatti, da mettere sulla prima pagina del libro, la frase «Vivere meglio producendo meglio»[8]. *Le Grand Espoir* riprende, sviluppa, completa e organizza in modo sistematico le idee nuove già lanciate da Jean Fourastié. In questo libro, poi, appare uno dei principali strumenti del suo pensiero economico, la nozione di prezzo di un prodotto espresso in ore di lavoro. La linea direttrice dell'opera è l'impulso dato dal progresso tecnico ai principali aspetti della realtà economico-sociale: produttività, prezzo, struttura della popolazione attiva e sua trasformazione, trasformazioni della produzione e del consumo, redditi, aumento del livello di vita e modifica del genere di vita. *Le Grand Espoir* è il primo libro di Jean Fourastié in cui la produttività agricola è misurata per numero di persone nutrite da un agricoltore: per tutti gli anni '30, un agricoltore francese nutriva 4 o 5 persone, contro le 15 nutrite da un *farmer* americano. *Le Grand Espoir* è un vero e proprio trattato di economia politica, l'esposizione didattica completa di una «teoria generale dell'evoluzione economica contemporanea». Quest'ultima è stata poi talmente verificata dai fatti che Jean Fourastié, per le ristampe, ha dovuto solamente «aggiungere alle tabelle statistiche le cifre più recenti, che anche per eccesso confermano gli aspetti fondamentali del libro»[9]. Per quanto riguarda il testo, ha avuto solo infime modifiche o precisazioni. Nel 1973, poi, Jean Fourastié ha dato la versione finale del *Grand Espoir*, da lui denominata "definitiva": si tratta di un testo ripreso fino all'ultima edizione del libro (1989). *Le Grand Espoir du XXᵉ siècle* ha in effetti ottenuto un grandissimo successo. Ristampato per quarant'anni, ha avuto in Francia una tiratura di quasi 300.000 copie[10] nonché numerose traduzioni.

Se le *Grand Espoir* espone la teoria economica di Jean Fourastié, *Machinisme et bien-être*[11] pubblicato nel 1951, la conferma con ricerche storiche sul livello e il genere di vita, i prezzi e la produzione fin dal XVII secolo. L'opera ha, d'altronde, il sottotitolo

Niveau de vie et genre de vie en France de 1700 à nos jours, ed è pubblicato nella collezione "L'homme et la machine", appena fondata dal grande sociologo Georges Friedmann. In *Machinisme et bien-être* appaiono nuovi importanti temi del pensiero economico di Jean Fourastié, e in particolare i quattro successivi tipi di consumi operai; il prezzo reale del grano, fattore determinante della condizione umana in Occidente; la caduta del prezzo reale al m^2 del vetro e la costante tenuta, dal XVII secolo, di quello al m^2 della tappezzeria; l'evoluzione del costo dell'oggetto nuovo e della sua riparazione; la durata media della vita e la mentalità infantile, indicatore principale del progresso economico-sociale; l'inefficacia sociale delle redistribuzioni egualitaristiche della ricchezza.

Nel 1952 appare *La productivité* [12]. Jean Fourastié ritorna su un certo numero di punti, e in particolare sulla necessità, per migliorare i livelli di vita, di adattare la produzione in crescita all'aumento dei consumi, cioè di adeguare la struttura dell'occupazione alla nuova configurazione del consumo nata dal progresso tecnico. Numerose pagine di questo libro sono molto tecniche, poiché trattano definizioni e misure della produttività nella cui messa a punto Jean Fourastié ha avuto, sia al Commissariato alla Pianificazione che all'OECE, un ruolo importante. Tutta la seconda parte del lavoro è dedicata ai mezzi per incrementare la produttività.

Nel 1956, un nuovo libro prospettico, *Histoire de demain* [13], studia i grandi problemi economici e sociali dell'umanità futura, di cui uno dei più gravi è l'enorme crescita demografica dei paesi in cui lo stato della tecnica è rimasto tradizionale, cioè dei paesi che in quel momento erano definiti come sottosviluppati. Infatti, se la massa della popolazione aumenta più in fretta della produzione, il livello medio di vita, già molto scarso, diminuisce ulteriormente: da ciò deriva la necessità di porre fine a questa esplosione demografica. Il libro si volge anche all'avvenire dei paesi sottosviluppati, e mette l'accento sulla crescita indefinita dei bisogni e sulle inevitabili scelte fra livello e genere di vita. E, in particolare, sono esaminate prospetticamente le ferie degli adulti e la scolarizzazione di massa degli adolescenti.

Nel 1959, Jean Fourastié pubblica *Pourquoi nous travaillons?* [14]. Fin dall'inizio risponde, riprendendo Adam Smith: per consumare. Ma consumare impone anche di produrre, in modo che «lavoriamo per produrre». L'attitudine dell'uomo a consumare supera largamente la sua capacità di produrre, e da ciò deriva un inevitabile razionamento. Il salario, infatti, è solo un buono di razionamento. L'aumento della produzione consente di «ridurre il nostro razionamento». E il reddito medio francese *pro-capite* è uguale al salario di un medio operaio qualificato a Parigi.

Oltre a questi libri di economia accessibili al grande pubblico, Jean Fourastié pubblicò anche, dal 1958 al 1970, importanti opere specificamente dedicate alla questione dei prezzi. Sono lavori universitari, composti da innumerevoli serie statistiche e dal loro commento, rivolte agli specialisti. Questi libri presentano i risultati delle grandi ricerche di storia dei prezzi compiute da Jean Fourastié negli anni 1950-'60, e alle quali aveva associato i suoi studenti dell'*École pratique des hautes études*[15].

Scienza, morale, religione

Con l'inizio degli anni '60 si apre una nuova fase nella sua opera. I problemi di prezzo e produttività cedono allora gradualmente il posto, nei suoi libri, alle questioni antropologiche, sociologiche, filosofiche, psicologiche od etiche. Ciò è dovuto al fatto che la «grande speranza» economico-sociale che Jean Fourastié annunciava all'indomani della seconda guerra mondiale era ormai in piena realizzazione in Francia, a tal punto che per lui ciò poteva considerarsi «un caso chiuso»[16]. Ora si dedica al divenire dell'umanità, e mescola i temi della scienza, del suo metodo e del funzionamento dello spirito umano con le questioni morali e religiose. Sono campi di riflessione che non abbandonerà mai, e che perseguirà fino alla fine della vita.

In questo nuovo campo di ricerca, Jean Fourastié si è innanzitutto dedicato alle conseguenze mentali, morali e religiose del progresso tecnico, alle rotture causate dai moderni generi di vita in rapporto ai modi di vivere tradizionali, così come alla difficoltà per il cervello umano di afferrare il reale. Questi temi, che avevano già iniziato ad affiorare in conferenze e articoli, sono raccolti nel 1961 in un'opera di cui Jean Fourastié disse: «Fra tutti i libri che ho scritto, confesso che quest'ultimo è il primo». Il libro è *La grande métamorphose du XXe siècle*, il cui contenuto sarà ripreso in *Idées majeures*, pubblicato nel 1966[17]. *La grande métamorphose* è un'opera molto ricca, perfino copiosa. Vi si trova, in particolare, tutta una serie di importanti aspetti del pensiero di Jean Fourastié sullo spirito umano. È la prima tappa di un'ampia riflessione, destinata a proseguire in molti altri libri, e di cui qui sono esposti solo alcuni punti essenziali.

Innanzitutto, *l'idea unica* è *la «r di Garches»* [18]. Uno dei principali apporti de *La grande métamorphose* è l'aver evidenziato l'*handicap* dell'«idea unica»: il cervello umano è capace di avere solo un'idea chiara per volta, e da ciò deriva, di fronte all'infinita complessità del reale, una menomazione dell'uomo che spiega le difficoltà di comunicazione fra gli individui ed il tardivo avvio della scienza sperimentale. E tuttavia è proprio tramite l'idea unica che la scienza procede allo

spoglio della natura (...), in modo tale da evidenziare un fenomeno unico nell'usuale complessità dei fenomeni. L'esempio-tipo è il corpo semplice di Lavoisier: isolare il corpo semplice è un'operazione intellettuale che corrisponde al pensiero chiaro, la sperimentazione è l'incontro tra un fenomeno e un'idea: e tale accordo esiste solo se il fenomeno è semplice.

Si ricorderà, della stessa opera, la «r di Garches». Un americano residente in Francia ha raccontato a Jean Fourastié questa storiella:

Va abbastanza bene per me, qui, e credo di imparare un po' la lingua francese, ma c'è qualcosa che non riesco a capire: abito a *Gaches* (voleva dire Garches) alla periferia di Parigi; molto spesso devo rientrare a casa in taxi, e allora dico all'autista *Gaches*, ma non capisce. Glielo ripeto su tutti i toni, variando l'accento: *Gaches, Gaches...*; infine, quando l'autista finisce per capirmi, mi risponde perentoriamente – è l'americano che parla –: «Ah, Garches! Perché non lo ha detto prima!».

E Jean Fourastié osserva: «È certo che l'autista ha detto Garches e non *Gaches*, ma l'americano non ha sentito l'r». Jean Fourastié vede in ciò una chiarificazione delle «menomazioni congenite dello spirito umano». Così, si sente solo quel che ci si aspetta, poiché l'essere umano percepisce difficilmente ciò che non si accorda con il contenuto del suo cervello; da ciò, in materia scientifica, la difficoltà ad accettare idee nuove, che spesso non sono solo respinte, ma addirittura neanche percepite:

L'uomo vede i fatti, solo quelli che *gli interessano, quelli cui si è innanzitutto interessato*. In altre parole, il suo ragionamento razionale influisce sulla sua osservazione; l'idea che l'uomo si fà del reale modifica la percezione stessa del reale; il razionale depura il reale, e tale depurazione è tanto più pericolosa e tanto più difficile da svelare e ad ammettersi quanto più è incosciente...

La tipologia *Atala-Citroën* è ugualmente presente ne *La grande métamorphose*, sotto forma del celebre apologo «Atala lavora da Citroën» [19], sviluppato per la prima volta nel 1956 in una conferenza per la *Fédération française des travailleurs sociaux* [20] e brevemente rievocata nel 1959 a conclusione di *Pourquoi nous travaillons*. Atala, l'eroina di Chateaubriand, «rappresenta contemporaneamente l'umanità tradizionale», caratterizzata dalla mentalità magica, dall'affettività e dal sogno, «e l'immensa massa degli uomini viventi». Citroën «rappresenta l'*élite* intellettuale e lo spirito scientifico», gli uomini con spirito scientifco, promotori del progresso tecnico e dell'efficacienza economica, caratterizzati dalla freddezza del calcolo. Quindi, da un lato, «la persistenza della mentalità magica, sintetica e immaginifica delle classi operaia e contadina» (Atala) e, dall'altro, «la mentalità scientifica, analitica e materialista delle classi dirigenti» (Citroën). Dalla metà del XVIII secolo, Citroën rivoluziona il mondo occidentale con il progresso della produttività, trasformando profondamente l'esistenza di Atala. Lei «lavora nell'impresa Citroën senza sapere perché si trova in mezzo ad altre centinaia di Atala, che non sanno neanche loro perché sono là». Atala sente dentro di lei che il suo lavoro nella fabbrica Citroën «è qualcosa di artificiale (...) che le viene imposto da una minoranza che [la] tiene in stato di schiavitù ed utilizza il suo lavoro per arricchirsi». Cacciata dal progresso tecnico e dalla crescita demografica dal «quadro delle campagne tradizionali, miserabile ma stabile, [in cui] si sentiva una *persona*», Atala ormai si sente «un proletario accampato nella nazione». Non importa, quindi, se il livello di vita operaio è «incomparabilmente più alto», rispetto a quello della civiltà tradizionale, nel quadro della grande industria moderna in cui Citroën organizza il lavoro di Atala: lei ha perduto la «concezione del mondo» che dava un senso al suo lavoro, che suscitava l'entusiasmo nel lavoro. Tuttavia, in questo volgere degli anni '50 e '60, Jean Fourastié osserva un'evoluzione incoraggiante. A causa dell'aumento del livello di vita procurato da Citroën, «Atala va a scuola e vi resta sempre di più (...); la sua mentalità si trasforma; si *accampa* sempre di meno, e si interessa sempre di più». Per parte sua, «Citroën diventa cosciente dei problemi umani, e segue corsi di sociologia sui rapporti umani ed economici». E così, Citroën e Atala «forse si sposeranno». Al di là dell'incomprensione e dei conflitti fra Atala e Citroën, Jean Fourastié vuol credere all'imminenza del loro felice matrimonio, all'avvento di una società che riconcilii il calore e l'attitudine a durare della vecchia umanità con l'efficienza dell'economia moderna. Fin dal 1959, scriveva: «È chiaro che Citroën deve essere tanto forte, tanto saggio e tanto umano da sposare Atala senza renderla sterile».

Il tema di Atala e di Citroën sarà ripreso in numerosi libri di Jean Fourastié [21], e si arricchirà di nuovi aspetti, che tengono conto della recente evoluzione delle società occidentali. Nel 1976, Jean Fourastié scriverà che «non solo Atala lavora da Citroën, *ma ci vive*» [22]. In effetti,

> la sua vita quotidiana, il suo alloggio e la sua cucina appartengono sempre più a questo ambiente tecnico, scientifico, sperimentale e razionale, complesso, artificiale, calcolato tramite elaborazione al *computer* di migliaia di informazioni, che si contrappone sempre più all'ambiente naturale del vegetale e dell'animale, in cui l'uomo ha vissuto per decine di migliaia di anni.

Ciò ha effetti a breve termine

> molto favorevoli per tutti: Atala, grazie a Citroën, vive per un numero d'anni tre volte maggiore, mangia a sazietà e il suo livello di vita è stato moltiplicato per 6 o per 8, ha il riscaldamento, la luce e si cura; a 60 anni, ha ancora quasi tutti denti in bocca, mentre invece i suoi antenati...

Mentre Atala «viveva in miseria, lavorava duro e moriva in media prima di arrivare a 28 anni», Citroën «le ha dato il frigorifero, un'automobile e le ferie pagate». Ma, mentre Atala aveva «un ardore di vivere (...) totale» e «si nutriva di riti, di feste, di spensieratezza e di spontaneità», Citroën «le impone l'esattezza, il calcolo e l'efficacia... Il mondo di Atala era quello del sottosviluppo, ma il mondo sviluppato ed efficente di Citroën è freddo. Atala si vede imporre ormai di vivere in un ambiente tecnico, sottoposto a regole rigorosamente dettate da Citroën, che trasforma «l'ambiente naturale in cui viveva l'uomo in un "artefatto", l'*ambiente tecnico* nel quale la folla delle Atala prospera, prolifera e... va in bestia senza neppure sapere quel che le è successo». Del resto, «gli stessi dipendenti di Citroën, gli ingegneri, i quadri, sono spesso presi dalla frenesia nel presente, dalla nostalgia per il passato e dall'inquietudine per l'avvenire»: in effetti, «il fermento del maggio 1968» è passato da quelle parti. L'ambiente tecnico costruito da Citroën è efficente ma fragile, ed è «antinomico alla spontaneità». Mentre «i primi risultati sono stati splendidi», e sono stati raggiunti «gli obiettivi semplici e chiari, unanimemente e da millenni desiderati, di vincere la fame, le malattie e la povertà», Citroën non sa più molto bene in quale direzione procede.

> La novità è il fatto che Citroën, acquisendo enormi poteri sul reale, *ha perso quello di capire e di capirsi*. (...) Al di là degli obiettivi fin da oggi spezzettati e contestati del livello di vita, Citroën come Atala scopre solo un avvenire vago e ambiguo (...).

L'antitesi *vita istintiva-vita cosciente* è esposta ne *Les 40.000 heures*[23], opera pubblicata nel 1965. Jean Fourastié vi ha ripreso in modo prospettico – dopo aver partecipato al Gruppo di Riflessione per il 1985 – la sua riflessione sul mondo nuovo che nascerà dal compimento del *Grand Espoir*. Mentre i suoi primi libri trattavano del passaggio dall'economia di penuria a quella dell'abbondanza, considera ora quest'ultima come un dato di fatto acquisito, e si interroga sulla condizione umana profondamente trasformata che da questa sarà prodotta nel XXI secolo. Essa è dominata dalla stupefacente prospettiva della riduzione della durata del lavoro a 40.000 ore *pro-capite* – da cui deriva il titolo del libro –, mentre nell'umanità tradizionale, dove fin dall'infanzia si lavorava «dalla stella del mattino a quella della sera», un uomo che viveva fino a 65 anni lavorava in vita sua 200.000 ore, e per un consumo molto scarso. Di questa umanità futura, l'autore immagina le speranze ma anche i nuovi problemi, le nuove difficoltà e le nuove forme di sofferenza e di inquietudine. E insiste in modo particolare sugli «ospiti inattesi» del progresso tecnico e dell'aumento dei livelli di vita, cioè sui loro effetti perversi: e quindi, sull'accentuazione delle esigenze ugualitarie, sull'esasperazione delle rivendicazioni, sulle frustrazioni sull'astio sociale, sugli inquinamenti, sull'uniformità e sulla banalizzazione del mondo, sulle carenze estetiche, sulla solitudine e sui problemi affettivi, sulla costrizione degli uomini alla «vita cosciente e ragionevole», «più difficile della vita istintiva»[24].

L'anno dopo, Jean Fourastié riprende e sviluppa quest'ultimo punto in *Essais de morale prospective*[25]. Vi traccia un quadro sorprendente dell'umanità tradizionale, del suo comportamento (matrimoni combinati dalle famiglie per la preservazione del patrimonio) e delle sue credenze. Fa vedere anche che, in un mondo povero dove non vi era alcuna possibile vita per tutti, la morale popolare tradizionale, «eredità biologica e viscerale del millenario istinto di conservazione», che era una morale di dovere, di privazioni, di sacrificio e anche di durezza, era vicina all'istinto ed aveva la sua stessa funzione: assicurare la continuità della vita, della famiglia e del gruppo. Nel 1966, il comportamento familiare restava ancora tradizionale: e, mentre il prolungamento della durata della vita faceva durare i matrimoni in media 45 anni contro i 18 anni del periodo attorno al 1780, solo il 4% dei matrimoni era sciolto da un divorzio.

Jean Fourastié sapeva – e il Maggio 1968 lo proverà – che la morale tradizionale era minacciata dall'aumento del livello di vita, dall'arricchimento delle società occidentali e dalla conseguente trasformazione delle mentalità. Pone infatti il problema dell'elaborazione di una morale adattata ai bisogni dell'umanità futura, di una morale basata sull'«intelligenza sperimentale» per sostituire la vecchia morale che si basa sull'istinto. Anche perché, se l'istinto, che svolge il proprio ruolo in modo brutale, genera a breve termine molte sofferenze, ha tuttavia dato prova di efficacia nel lungo periodo: ha infatti permesso all'umanità di durare e anche di progredire. «Il problema è dunque quello di avere una riuscita migliore, a breve termine, dell'istinto, e di operare altrettanto bene nel lungo periodo». Ed è un compito arduo, poiché i valori che fanno progredire l'umanità non sono quelli che le permettono di durare. E perciò Jean Fourastié insiste sulla necessità di «recuperare i valori di durata»[26].

Il razionale non è il reale: questa fondamentale osservazione sarà in particolare ripresa, sempre nel 1966, in *Les conditions de l'esprit scientifique*[27]. L'opera torna sul fatto che lo spirito umano non è sperimentale, che è più incline a creare idee indipendenti dalla realtà che provenienti dall'obiettiva osservazione dei fenomeni: e da ciò deriva il tempo molto lungo occorso all'umanità per scoprire e cominciare a praticare il metodo scientifico sperimentale, che ha reso possibile il progresso, mentre da millenni esistevano uomini intelligenti e pensieri molto elaborati e complessi. Jean Fourastié insiste sul fatto che la razionalità rischia di allontanare dalla realtà. Senza dubbio, a causa dell'unicità dell'idea chiara, il cervello ha bisogno del razionale, senza il quale il pensiero andrebbe in frantunmi. Ma se il ragionamento è indispensabile alla scienza, tuttavia non basta: deve infatti essere continuamente corroborato dai risultati dell'esperienza. Il razionale non è il reale, e la fiducia riposta dall'uomo nei propri ragionamenti ha ritardato il progresso dell'umanità. Jean Fourastié deplora che l'insegnamento universitario non attiri più abbastanza l'attenzione su tutto ciò che l'uomo ha ignorato e continua ad ignorare del reale, così come sul modo in cui sono state fatte le invenzioni e le scoperte. Ciò dovrebbe essere, a suo avviso, oggetto di «lezioni sull'ignoranza», destinate a sviluppare nell'uomo medio lo spirito scientifico sperimentale.

Paleocefalo, neocefalo e surreale: tali questioni caratterizzano una nuova fase dell'opera di Jean Fourastié. Certamente, numerose idee dei libri precedenti vi si ritrovano, spesso sviluppate arricchite, in tutta una serie di libri importanti degli anni '70 e dell'inizio degli anni '80: *Lettre ouverte à quatre milliards d'hommes*[28]; *Faillite de l'Université*[29]; *Comment mon cerveau s'informe*[30]; *Le long chemin des hommes; Ce que je crois*[31]; *Le rire, suite*[32]. Ma queste opere contengono anche innumerevoli temi nuovi.

Schematizzando, Jean Fourastié ricollega al paleocefalo «sensibilità, sentimento, intuizione, istinto», e definisce il neocefalo come la parte del cervello «che permette il pensiero chiaro e la decisione riflessiva». Al vecchio encefalo, centro della vita negativa, istintuale e delle funzioni vitali, si è sovrapposto il neocefalo, che non solo comanda il primo ma ha anche attività proprie. Sono infatti il sogno, il razionale e lo sperimentale ad essere raggruppati da Jean Fourastié sotto l'appellativo di «surreale».

Quest'ultimo, prodotto dell'encefalo, costituisce lo strumento indispensabile alla percezione del reale, ma «lo filtra e deforma il poco che passa», accettandone solo quanto è conforme alle «immagini surreali» preventivamente formate dal cervello. «*Non è il reale ad essere percepito da noi, ma l'invenzione che il* nostro *neocefalo ci propone*, il surreale che il nostro cervello sovrappone agli stimoli provenienti dal reale». Da ciò deriva «per l'uomo la difficoltà della scienza sperimentale». Essa infatti richiede in partenza un'ipotesi, «cioè un'invenzione razionale», ritenuta verità dal cervello che l'ha generata, mentre invece lo è solo in casi eccezionalmente rari, «e che occorre umilmente e laboriosamente verificare tramite il senso», che «il modello faticosamente inventato dal cervello per descrivere il reale» giungerà a rappresentare quest'ultimo, benché in modo sempre approssimativo. Similmente, nell'immensa maggioranza dei casi, il neocefalo si preoccupa ben poco dell'adeguamento al reale della sua attività. Il «surreale spontaneo ed arbitrario» produce idee e azioni «*a priori* folli rispetto al reale». Sono appunto «le sfrenatezze del neocefalo», contro le quali l'umanità tradizionale aveva eretto «nella continuità dell'istinto» le barriere e le guide del costume, del rito, della morale e della religione. Ma tutto ciò è molto indebolito nelle attuali società occidentali, a tal punto che, nella sua vita privata, sociale e politica, l'uomo di oggi vive essenzialmente nella «spontaneità neocefala». Quest'ultima, poi, che «non si accorda né con l'efficacia sul reale, né con la felicità (...), incontra l'assurdo». Per sfuggire all'assurdo, l'uomo possiede due armi che «hanno superato la prova: sono il metodo scientifico sperimentale e la concezione *di un surreale in accordo con il reale*» [33].

Il fatto che *il reale non basti a spiegare il reale* costituisce un altro fondamentale tema del pensiero di Jean Fourastié. Egli sottolinea infatti che ciò che ha consentito la «millenaria sopravvivenza dell'umanità in una tragica condizione» fu «l'avere una fede, una credenza, una concezione del mondo in accordo con il reale e che trasfigurava il reale, che conferiva un significato alla vita, al lavoro, alla sofferenza, alla gioia, al piacere e al sacrificio». Ma la scienza ha rovinato le antiche credenze dell'umanità, ed è impotente a fornirne di nuove: «Il reale non basta a spiegare il reale». Per colmare «le enormi lacune della scienza e rispondere alle domande da essa lasciate senza risposta, per dare un significato all'universo e alla vita, e dunque per "basare" i valori», Jean Fourastié si volge alle religioni che «hanno animato fino ai giorni nostri i gruppi più avanzati dell'umanità nella conoscenza del reale», e innanzitutto alla «religione cristiana». La sopravvivenza dell'umanità esige più che mai una concezione del mondo che dia un senso alla vita così come alla morte, e questa concezione del mondo deve «unire la Rivoluzione alla scienza», e appoggiarsi su una «riconciliazione fra la scienza e la religione»: ed è ciò che da lui viene chiamata «la religione per il terzo millennio»[34].

Jean Fourastié continuerà fino alla fine della vita le ampie riflessioni sullo spirito umano, il cervello, la scienza, la morale e la fede nei loro rapporti con una condizione umana profondamente trasformata dai grandi mutamenti tecnici, economici e sociali del nostro tempo. Ma, parallelamente, nel 1977-'78, torna su questioni economiche in numerosi libri fondamentali.

I grandi libri di economia dell'apogeo

Si inscrivono nel *contesto della denuncia delle disuguaglianze e di utopismo socialista* degli anni '70, il che spiega il ritorno di Jean Fourastié ad opere di economia. È infatti il momento del Programma comune di governo che unisce, dal 1972 al 1977, i partiti di sinsitra. È il decennio in cui è stata preparata l'elezione di François Mitterrand alla presidenza della Repubblica, avvenuta poi il 10 maggio 1981, seguita da una marea socialista alle elezioni legislative. Con alla testa il partito socialista, la sinistra è andata all'assalto del potere nel corso degli anni '70, munita di un discorso ideologico marxisteggiante di cui uno dei temi principali era la fragorosa denuncia delle disuguaglianze francesi, falsamente ritenute di ampiezza eccezionale e scandalosa.

La Francia è allora facilmente accusata di essere uno dei paesi dove esistono più disuguaglianze al mondo: propaganda e disinformazione procedono speditamente. Nel 1974, *L'anti-économique*[35] di Jacques Attali e Marc Giullaume afferma che la Francia è il paese con maggiori disuguaglianze sociali tra quelli sviluppati, e ancor più di certi paesi sottosviluppati come l'India, il Brasile e il Messico. Se si crede agli autori, la Francia era cinque volte più dis-egualitaria della Gran Bretagna e due volte più dell'India. Ma fu presto chiaro che il documento dell'ONU sul quale era basata tale affermazione non dava alcuna affidabilità poiché mancava del tutto di rigore metodologico, come fu dimostrato sia dall'INSEE (*Institut National de la Statistique et des Études Économiques*) sia da Jean Fourastié[36]: Jacques Attali e Marc Guillaume emendarono allora il loro testo per la seconda edizione. Nel 1976 Gilbert Mathieu, riverito notista economico di "Le Monde", pubblica un articolo che conferisce alla

Francia la medaglia d'oro alla disuguaglianza [37]. Stavolta, la Francia era accusata di avere un tasso di disuguaglianza due volte maggiore della Germania e tre volte superiore a quello dei Paesi Bassi. Anche in questo caso, fu rapidamente provato che il documento dell'ONU che era servito di base all'articolo era viziato da un grave difetto metodologico [38]. Jean Fourastié osserverà nel 1978:

> Autori che avrebbero dovuto essere seri, centri di ricerca, e anche l'OCDE, hanno pubblicato, in anni recenti, cifre che facevano apparire la Francia come il paese con maggiori disuguaglianze, anche rispetto a molti paesi sottosviluppati (...). L'esame ha mostrato che le cifre fornite da questi autori non erano comparabili tra loro [39].

Nel 1975, Laurent Fabius, uno degli intimi di François Mitterand, pubblicò un libro che accusava la Francia di essere un paese con molte anormali disuguaglianze: «La maggior parte dei francesi – affermava – è vittima di una società piena di disuguaglianze». Per combattere la disuguaglianza, invocava un «necessario rovesciamento del capitalismo», obiettivo comune dei social-comunisti. Raccomandava l'instaurazione di un'economia socialista e pretendeva che ciò potesse esser fatto senza l'intervento di un regime totalitario e burocratico, sul modello sovietico. Proclamava la sua fede in una possibile riconciliazione fra socialismo e libertà grazie all'autogestione; annunciava la sostituzione delle imprese private con aziende autogestite in cui l'assemblea dei lavoratori avrebbe eletto i dirigenti, fissato i salari e controllato l'andamento dell'impresa [40]. Questo programma di un socialismo autogerente, i cui modelli erano reperibili nella Jugoslavia di Tito e nell'Algeria di Boumedienne, dure dittature del socialismo produttore di povertà, se visto retrospettivamente fa oggi sorridere, ma molte correnti della sinistra allora lo prendevano molto sul serio. Invocando in particolare l'obiettivo della «riduzione delle disuguglianze», Edmond Maire, segretario generale della CFDT (*Confédération Française Démocratique du Travail*) *, lanciava, nell'agosto 1981, all'indomani dell'arrivo al potere della sinistra, una vibrante arringa in favore dell'instaurazione in Francia di un'autogestione che avrebbe confi-

---

* Sindacato socialista. *N.d.t.*

scato ai capi d'impresa ogni potere unilaterale di decisione[41]: e ciò avrebbe trasformato le imprese private in aziende socialiste, oppure in «organizzazioni di lavoro», secondo la formula della costituzione jugoslava del 1963, con conseguente passaggio ad un'economia socialista.

L'esplosione delle rivendicazioni sociali degli anni '70 non era una sorpresa per Jean Fourastié. Nel 1965, ne *Les 40.000 heures*, osservava che, paradossalmente, la crescita del livello di vita si coniugava con un'atmosfera «di odio sociale». Notava che, mentre il livello di vita cresceva da vent'anni in modo notevole e costante, sindacati ed associazioni professionali non cessavano di denunciare il deterioramento del potere d'acquisto. Se si credeva agli studi dei sindacati, il potere d'acquisto del 1962 sarebbe stato inferiore a quello del 1938[42]. Lui, invece, sottolineava che questo mito della riduzione del potere d'acquisto era il prodotto di un'insoddisfazione e di una frustrazione che il progresso economico-sociale non faceva altro che esacerbare, poiché la brama di consumo, invece di calmarsi quando il livello di vita aumenta, è ancora più stimolata. E l'uomo medio «non ha in alcun modo la memoria che spingerebbe l'uomo tradizionale a meravigliarsi della nuova situazione, e ad ignorare o a minimizzare le nuove tensioni, in effetti trascurabili se paragonate a quelle vecchie». E ciò a tal punto che la rivendicazione non rientrava a causa dell'aumento del livello di vita, ma proprio all'opposto: «È sempre in vista della terra promessa che si manifestano le impazienze»[43].

Si imponeva quindi un *richiamo alla realtà economica* di fronte ai discorsi incantatori degli anni '70 sul crescente carovita, sull'aumento dei prezzi, sulla diminuzione del potere d'acquisto, sull'ampiezza e sull'erosione delle disuguaglianze, sullo sfruttamento dei salariati da parte del capitalismo e sulle benemerenze di un'economia socialista. Jean Fourastié era uno dei rari uomini a poter rispondere a tutte queste affermazioni in modo scientificamente fondato. Lo fece in alcuni articoli pubblicati su "Le Figaro" in cui dimostrava, in particolare, le illusioni e i rischi del Programma comune della sinistra[44]. Lo fece anche – e soprattutto – con numerosi importantissimi libri, scritti per lo più in collaborazione con sua figlia Jacqueline o con quella di Béatrice Bazil, nei quali ricordava i principali elementi della realtà economica, da lui evidenziata da trent'anni, e faceva il punto sui grandi soggetti di rivendicazione, come l'evoluzione dei livelli di vita, quella dei prezzi o, anche, la questione della disuguaglianza.

Nel 1978 usciva *La réalité économique*, con il sottotitolo *Vers la révision des idées dominantes en France*[45]. Questo libro nasce da una constatazione: «La maggior parte dei francesi ha solo una vaga idea delle realtà economiche e delle condizioni del progresso economico. La redazione ed il successo del Programma comune della sinistra, firmato nel 1972, ne è una chiara testimonianza». A questa pericolosa ignoranza Jean Fourastié risponde con questo «trattato elementare di scienze economiche» destinato non solo «al grande pubblico e agli studenti» ma anche «agli economisti diplomati, agli uomini politici, ai sindacati e agli imprenditori (...) così drammaticamente ignoranti di quanto dovrebbero sapere e che, in verità, la "scienza" economica non insegna loro». Jean Fourastié deplora «l'indigenza» di quest'ultima, «sia di origine liberale che marxista». Fin troppo basato sulla sola razionalità, l'insegnamento universitario dell'economia volta le spalle alla realtà «edificando modelli matematici altamente sofisticati incentrati sull'ignoranza o sul disprezzo delle realtà elementari»: e ciò a tal punto che i professori di economia e quelli che hanno usufruito del loro insegnamento commettono «i più gravi e più assurdi errori nella valutazione dei fatti più comuni della vita quotidiana». Da ciò deriva quindi in Jean Fourastié lo scrupolo di fornire «"modelli" esplicativi più chiari e certi di quelli di cui parlano, contraddittoriamente e confusamente, i fini economisti di tutti i partiti».

Jean Fourastié espone quindi quelli che «ritiene siano *i punti forti di una scienza economica elementare*», come li aveva già presentati ne *Le Grand Espoir* di cui *La réalité économique* costituisce per molti aspetti una ripresa ed un aggiornamento. Insiste infatti sul fondamentale carattere dell'«efficacia del lavoro di produzione» che condiziona tutto il resto. Sottolinea poi che, in Francia, il popolo, gli economisti e i dirigenti «vivono in base alle idee del XIX secolo» poiché si focalizzano sul vecchio dibattito in merito ai «problemi di ripartizione dei redditi» con particolare attenzione conseguenziale ai «programmi elettorali illusori e fallaci», mentre ci si dovrebbe «innanzitutto preoccupare di *ciò che manca per creare redditi*: la produzione»: e questo è un punto fodamentale dell'urgente e vitale revisione delle idee dominanti in Francia che Jean Fourastié vuol promuovere. Poiché «le realtà della fine del XX secolo rendono caduche le idee e i dibattiti del XIX secolo», invita i suoi contemporanei a prendere atto dei «vicoli ciechi della razionalità» e della «fine delle illusioni dell'intelligenza». Traccia quindi la seguente diagnosi:

> Non basta che un paese sia o divenga socialista perché i più poveri fra i suoi abitanti diventino ricchi. Al contrario, gli abitanti più poveri dei paesi socialisti – o sedicenti tali – sono e restano fra gli esseri umani più poveri. Invece, il decile [46] più ricco dei paesi socialisti è spesso a malapena più ricco di quello più povero dei paesi in cui l'impresa privata è autorizzata.

Jean Fourastié lancia un solenne avvertimento: «Il reale osservabile e il reale osservato non permettono più di sostenere che "il" socialismo dia *ipso facto* la felicitá al popolo e il potere d'acquisto ai salariati». Ed offre come guida ai suoi lettori una spiegazione dei meccanismi economici basata non sulla razionalità ma sulla «sperimentalità», sulla considerazione del reale e solo di esso [47].

Sempre nello stesso spirito di rigore scientifico, Jean Fourastié si è impegnato a *demistificare il discorso dominante sul tema del carovita*, dell'aumento dei prezzi e del calo del potere d'acquisto. Per far ciò, ha ripreso la sua dimostrazione, abbozzata fin dal 1948 ne *Le Grand Espoir du XXe siècle*, sull'evoluzione differenziata dei prezzi reali in funzione del gioco del progresso tecnico nella produzione delle diverse categorie di beni e servizi. Ha sintetizzato e attualizzato i risultati di circa trent'anni di ricerche sulla storia dei prezzi a lungo termine, che avevano originato grandi studi scientifici pubblicati, tra il 1958 e il 1970, in opere universitarie specializzate. Ne risultano libri ancora molto pieni di cifre ma di agevole lettura, accessibili al grande pubblico. Fin dal 1977, fu il caso di *Pouvoir d'achat, prix et salaires*; poi, nel 1984, di *Pourquoi les prix haussent*; e, infine, nel 1989, fu pubblicato in Germania, in base a repertori di prezzi tedeschi, un'opera che mostrava come anche in quel paese l'evoluzione dei prezzi a lungo termine fosse la stessa che in Francia [48]. In queste opere, Jean Fourastié evidenzia tre grandi forme di andamento dei prezzi reali che sono una funzione del grado variabile, e in certi casi nullo, dei progressi di produttività. I prezzi ad andamento primario decrescono ad un ritmo mediamente rapido. I prezzi ad andamento secondario crollano in modo spettacolare. Quanto ai prezzi ad andamento terziario, sono costanti nel tempo e nello spazio, a tal punto che, a seconda dei beni e dei servizi, e dell'andamento terziario, primario o secondario del loro prezzo reale, si vede il potere d'acquisto stagnare, crescere o addirittura involarsi: ed è il meccanismo del progresso economico-sociale.

Nel 1978, Jean Fourastié fece uscire un libro dedicato al *prodigioso aumento dei livelli di vita* ed alla non meno grande *trasformazione dei modi di vita* intercorsi nei tre decenni precedenti (1946-1975) in Francia e negli altri paesi occidentali. L'opera si intitola *Les Trente Glorieuses ou la révolution invisible*[49]. L'autore spiega in proposito nella presentazione:

> Durante i trent'anni appena trascorsi, la grande speranza del XX secolo si è realizzata in Francia senza che i francesi se ne siano resi conto. Si possono chiamare "Gloriosi" i trent'anni in cui il popolo francese è stato liberato dalle costrizioni della millenaria penuria, ha triplicato il suo livello di vita ed il potere d'acquisto dei salari più bassi nonché profondamente trasformato il suo genere di vita.

Purtuttavia, poca gente si è «chiaramente resa conto» di questo prodigioso progresso economico, e la maggior parte di coloro che ne avevano «una vaga coscienza» lo consideravano come un qualcosa «che procedeva per proprio conto», a tal punto che questo periodo, che avrebbe dovuto essere esaltante, è stato vissuto da molti in uno spirito di insoddisfazione e di rivendicazione. «Come ha potuto un grande popolo vivere nel grigiore, nell'inquietudine o nell'odio la splendida realtà della più lunga speranza dei suoi antenati?». Allora spesso tinte di marxismo, spesso e volentieri egalitarie, rivendicatrici o semplicemente con una considerazione del progresso come atto dovuto, le mentalità francesi spiegano

> tale fatto fondamentale (che stupirà i nostri discendenti ed avrebbe stupefatto i nostri antenati se avessero potuto saperlo) come questo glorioso periodo della storia, la soppressione della fame e l'accesso dell'uomo medio al *comfort* materiale abbia potuto esser vissuto nella rivendicazione dovuta all'odio sociale e, nel caso migliore, nella tristezza.

Così, come mostrava quindici anni prima ne *Les 40.000 heures*, Jean Fourastié non dissimulava che questo immenso progresso aveva avuto il suo rovescio della medaglia, e che era giunto assieme ad «ospiti inattesi» molto importanti. Inoltre, Jean Fourastié ricordava che gli altri paesi occidentali avevano avuto i loro *Trenta Gloriosi*, e che molti di loro, come il Giappone, la Svizzera e la Germania federale avevano ottenuto risultati ancora migliori della Francia. Infine, in conformità a quanto annunciava da tempo, sottolineava che questo periodo di progresso economico-sociale senza precedenti era chiuso per la Francia, e che si era giunti alla «fine dei tempi facili» [50].

Il libro fece epoca, ed il suo titolo è rapidamente passato nel linguaggio corrente per designare il periodo 1946-1975, che fu in Francia il grande momento dell'intensivo progresso nel livello e nel tipo di vita del popolo.

Jean Fourastié doveva però ancora scrivere un intero libro sul *grande mito delle disuguaglianze*, da lui già affrontato in molte opere. Tale libro fu, nel 1980, *Le jardin du voisin, les inégalités en France*, scritto con Béatrice Bazil. Contrapponendosi a tutte le banalità ed a tutte le idee acquisite, vi dimostrava scientificamente due cose: da un lato, che le disuguaglianze francesi non avevano nulla di anormale né di scandaloso in rapporto a quelle esistenti nello stesso momento negli altri paesi sviluppati; dall'altro, che si era verificata in Francia – come in tutti gli altri paesi che avevano saputo sviluppare un notevole progresso tecnico – una riduzione molto forte delle disuguaglianze durante i secoli XIX e XX.

La lista dei grandi libri di Jean Fourastié si chiude con *D'une France à une autre, avant et après les Trente Glorieuses*, apparso nel 1987 [51]. Unendo le differenti sfaccettature del suo pensiero, quest'opera costituisce in un certo senso la sintesi ed il coronamento della sua opera.

Un interrogativo etico

Jean Fourastié lo svela fin dal 1976, in *Le long chemin des hommes*, in cui scrive:

> I 75 anni appena trascorsi a partire dal 1900 hanno visto, per l'intera umanità – ma in Occidente in modo più preciso – realizzarsi una grande speranza e rivelarsi un grande fallimento.
>
> La grande speranza era di ordine economico. Era quella di far uscire

l'umanità dalla miseria e dalla fame endemica, di assicurarle una vita media all'incirca di 60 anni, di dare ad ognuno un livello e un genere di vita che gli uomini del 1900 giudicavano ideale. Tutto ciò, sognato e desiderato da migliaia di anni, è stato realizzato in Occidente in 75 anni.

Il grande fallimento consiste nel fatto che era più o meno implicitamente previsto dai nostri antenati che la realizzazione di questa grande speranza economica avrebbe automaticamente generato una società felice e portato la felicità agli uomini. Invece, ovunque, si vedono nascere grandi problemi in questa società ricca; vi si vedono lo zoccolaio (o ciabattino) perdere *le sue canzoncine e il suo deschetto* e purtuttavia rivendicare sempre più duramente remunerazioni sempre più alte. La profonda aspirazione dell'uomo ad essere ricco coesiste infatti con la delusione di esserlo divenuto... [52].

In breve, l'uomo medio divenuto ricco delle società economicamente sviluppate non è felice. Jean Fourastié scrive in proposito, ne *La civilisation de 2001*.

La più grave carenza della grande speranza del XX secolo consiste nel fatto che *l'uomo medio* ricco di oggi *non è più felice* dell'uomo medio povero di ieri, e forse lo è anche di meno. Ho vissuto la mia infanzia in un nucleo di contadini poveri, che lavoravano duramente dalle prime luci dell'alba al calar della sera, mal nutriti e con scarso riscaldamento, che dormivano in case mal chiuse su paglióericci che erano veri e propri nidi di pulci, colpiti in continuazione da malattie e lutti: eppure tutti cantavano dalla mattina alla sera. Vivo oggi in mezzo ad impiegati e funzionari che lavorano meno di 2000 ore l'anno su facili scartoffie, che godono di un alto livello di vita, sono ottimamente nutriti e hanno un'igiene perfetta, ai quali medicina e odontoiatria risparmiano per 9/10 secolari sofferenze e che sono circondati da tutte le meraviglie della tecnica moderna, dal *comfort*, dalla radio, dalla TV, dal frigorifero, dalla luce elettrica, dall'automobile e dal riscaldamento centrale...; eppure, vanno sempre di fretta, sono avidi, inquieti e pieni di rivendicazioni da porre...

Anche se non ho mai condiviso tali illusioni, devo dire che era legittimo sperare, nel 1950 ma anche prima, che un forte aumento del livello di vita (il raddoppiamento sembrava più che sufficiente, mentre invece di fatto abbiamo avuto più che una triplicazione), una profonda mutazione nel genere di vita e la sparizione non solo della miseria ma di ciò che allora era chiamata povertà (situazione giudicata conveniente per il contadino povero)..., avrebbero subito conferito ai francesi non solo la dignità ma anche la gioia e *la felicità*. Queste condizioni di miseria e di lavoro spossante, di malattie incurabili, di alte mortalità, di bambini che normalmente morivano di meningite o di difterite, di adolescenti colpiti dalla tubercolosi..., non erano forse considerate come gli unici ostacoli alla vera vita, alla vita libera, alla felicità?[53].

In toto, nei circa quaranta libri da lui scritti, Jean Fourastié ha mostrato che, da un lato, la Francia e gli altri paesi occidentali avevano ottenuto un grande successo in campo materiale, economico e sociale; ma che, dall'altro, erano in parallelo andati incontro ad un grande fallimento in campo sentimentale, morale e spirituale. L'opera di Jean Fourastié è dominata da questi due fenomeni fondamentali, di cui si è sforzato di scoprire tutti gli aspetti e fattori. Interamente centrato sugli sconvolgimenti della condizione umana causati dal progresso tecnico, il suo pensiero si presenta come un insostituibile strumento di lettura dei fenomeni economico-sociali passati, presenti e futuri, e come una lucida constatazione di una carenza accompagnata da un interrogativo etico.

Non si parlerà qui di questo secondo aspetto, poiché il presente lavoro mette l'accento sul pensiero economico di Jean Fourastié. Proprio lui, ne *Les Trente Glorieuses*, dà l'esempio di quest'indispensabile dissociazione:

> Non inizierò qui un corso di filosofia o di morale, ma tutti devono sapere che pongo, al di sopra della quantità, la qualità e, al di sopra della qualità, l'emozione, la sensibilità e la spiritualità. Il mio cuore è al Museo degli Uffizi a Firenze, all'Ermitage di Leningrado (San Pietroburgo) e sugli altipiani del Quercy; non è, invece, né alla Saint-Gobain né alla Renault. Ma, in questo caso, scrivo un libro di storia economica e di scienza economica: non posso parlare infatti contemporaneamente di tutto[54].

Purtuttavia, non va dimenticato che l'opera di Jean Fourastié costituisce un *corpus* unico, e che le diverse sfaccettature del suo pensiero sono strettamente legate tra loro.

Note al Capitolo II

1. L. BLUM, edotoriale in "Le Populaire", 6/XII-1949, cit. in *Jean Fourastié, 40 ans de recherches*, cit., pag. 115.

2. Una bibliografia delle opere di JEAN FOURASTIÉ è reperibile in *Jean Fourastié entre deux mondes*, cit., pagg. 305-310. Una lista più completa delle sue pubblicazioni, stabilita nel 1978 da C. HOULY-CYROT, figura in *Jean Fourastié, 40 ans de recherches*, cit., pagg. 139-165.

3. Dal 1967, il libro fu ripubblicato con la collaborazione di Jean-Paul Courthéoux. Poi, nel 1980, l'opera fu ristampata, stavolta senza collaborazione. L'undicesima edizione, completamente riscritta, si intitola *L'économie française des années 1980*. L'ultima edizione del libro (la tredicesima) è del 1988.

4. J. FOURASTIÉ, *La civilisation de 1960*, Paris, PUF, 1947, coll. "Que sais-je?".

5. Si susseguirono *La civilisation de 1975* (1953), poi *La civilisation de 1995* (1974) e, in ultimo, *La civilisation de 2001* (1982).

6. J. FOURASTIÉ, *Le Grand Espoir du XXe siècle. Progrès technique, progrès économique, progrès social*, Paris, PUF, 1949.

7. J. FOURASTIÉ, *Les Trente Glorieuses*, cit., pag. 189. Il testo del *Grand Espoir* è in data 11 ottobre 1948.

8. *Jean Fourastié entre deux mondes*, cit., pag. 79.

9. J. FOURASTIÉ, *Les 40.000 heures*, cit., pag. 23.

10. Dal 1963, *Le Grand Espoir* è pubblicato da Gallimard, nella collezione "Idées". Nel 1989, sempre presso Gallimard, ma nella collezione "Tel", appare un'edizione con le tabelle statistiche nuovamente aggiornate, con in più una postfazione di Jean Fourastié ed una prefazione di Jacqueline Fourastié, cui si deve anche l'aggiornamento statistico dell'opera.

11. J. FOURASTIÉ, *Machinisme et bien-être. Niveaux de vie et genere de vie en France de 1700 à nos jours*, Paris, Éditions de Minuit, 1951, 5^{a} ed., 1969. Qui citiamo dalla 3^{a} ed., del 1962.

12. J. FOURASTIÉ, *Productivité, prix et salaires*, Paris, OECE, 1957.

13. J. FOURASTIÉ - C. VIMONT, *Histoire de demain*, Paris, PUF, 1956, coll. "Que sais-je?".

14. J. FOURASTIÉ. *Pourquoi nous travaillons?*, Paris, PUF, 1959, coll. "Que sais-je?", 8^{a} ed. 1984.

15. *Recherches sur l'évolution des prix en période de progrès technique. Documents pour l'histoire et la théorie des prix*, séries statistiques réunies et élaborées par Jean Fourastié avec la collaboration de Claude Fontaine, Paris, Armand Colin, 1958-1961, 2 voll., coll. "Études et mémoires du Centre d'études économiques de l'EPHE"; J. FOURASTIÉ (a cura di), *L'évolution des prix à long terme*, Paris, PUF, 1969; *Documents* *pour l'élaboration d'indices du coût de la vie en France de 1910 à 1965* (avec la collaboration de Rémy Alasseur, Jacqueline Fourastiè, Jean Guilhem), Paris, Mouton, 1970, coll. "Études et mémoires du Centre d'études économiques de l'EPHEE".

16. J. FOURASTIÉ, *Les 40.000 heures*, cit., pag. 17.

17. J. FOURASTIÉ, *La grande métamorphose du XXe siècle. Essai sur quelques problèmes de l'humanité d'aujourd'hui*, Paris, PUF, 1961. L'opera verrà largamente riscritta, ma in pratica senza alcun cambiamentio nel contenuto, per essere ripubblicata con il titolo *Idées majeures. Pour un humanisme de la société scientifique*.

18. Cfr. J. FOURASTIÉ, *La grande métamorphose*, cit., pagg. 69-71 e pag. 149; ID., *Idées majeures*, cit., pagg. 173-184 e pag. 223.

19. Cfr. J. FOURASTIÉ, *La grande métamorphose*, cit., pagg. 45-52; ID., *Idées majeures*, cit., pagg. 75-86.

20. La conferenza si intitolava *L'entusiasmo nel lavoro è scomparso?*

21. Così, ad esempio, in *La réalité économique* (1978): «In venticinque anni, l'uomo dell'Occidente, spinto dalla Germania e dagli Stati Uniti, ha costruito in Europa un complesso ricco perché efficace, efficace perché artificiale, "sofisticato", che cioè risulta da un'alta tecnicità sperimentale, materialistica, analitica e utilitaristica (...). Un sistema – come spesso ho scritto – costituito da Citroën (l'ingegnere, gente della scienza) e in cui Atala (l'uomo medio non-scientifico) prospera e, alternativamente, si agita, si annoia e va in bestia... Il quadro (Citroën) valorizza la manodopera (Atala) senza che nemmeno la manodopera lo sappia e gliene sia grata».

22. J. FOURASTIÉ, *Le long chemin des hommes*, cit., pagg. 50-51, pagg. 122-124 , pag. 167 e pagg 194-195. Cfr. inoltre, *Jean Fourastié entre deux mondes*, cit., pagg. 146-147.

23. Cfr. J. FOURASTIÉ, *Les 40.000 heures*, Paris, Gonthier-Denoël, 1965, coll. "Médiations"; 14ª ed. 1972: è a quest'ultima che, salvo indicazioni contrarie, si rinvia.

24. J. FOURASTIÉ, *Les 40.000 heures*, cit., pag. 22 e pag. 225.

25. J. FOURASTIÉ, *Essais de morale prospective*, Paris, Gonthier, 1966; nuova ed., Gonthier-Denoël, 1968, coll. "Médiations".

26. *Ibidem*, pagg. 23, 38 e 158.

27. J. FOURASTIÉ, *Les conditions de l'esprit scientifique*, Paris, Gallimard, 1966.

28. J. FOURASTIÉ, *Lettre ouverte à quatre milliards d'hommes*, Paris, Albin Michel, 1970.

29. J. FOURASTIÉ, *Faillite de l'Université*, Paris, Gallimard, 1970, coll. "Idées".

30. J. FOURASTIÉ, *Comment mon cerveau s'informe*, Paris, Robert Laffont, 1974.

31. J. FOURASTIÉ, *Ce que je crois*, Paris, Grasset, 1981.

32. J. FOURASTIÉ, *Le rire, suite*, Paris, Gonthier-Denoël, 1983.

33. J. FOURASTIÉ, *Le long chemin des hommes*, cit., pagg. 51-83 e pag. 193.

34. *Ibidem*, pag. 213, pagg. 246-247 e pagg. 266-269.

35. Cfr. J. ATTALI - M. GUILLAUME, *L'anti-économique*, Paris, PUF, 1974, pag. 203.

36. Cfr. J. FOURASTIÉ, *L'anti-économique en question*, in "Revue d'économie politique", settembre-ottobre 1976.

37. Cfr. G. MATHIEU, *La France médaille d'or de l'inegalité*, in "Le Monde", 20-VIII-1976.

38. Cfr. J. FOURASTIÉ, *La jardin du voisin*, cit., pagg. 120-121. A proposito del caso della «medaglia d'oro alla disuguaglianza», Jean Fourastié afferma: «Nel 1976, l'OCDE pubblicò un opuscolo firmato da Malcolm Sawyer contenente uno studio sulla ripartizione dei redditi in certi paesi membri dell'Organizzazione. Da tale studio risultava che, secondo quattro criteri su sette, la Francia era, fra i dieci paesi paragonati, quello con più disuguaglianze (...). Ora, l'ampiezza di queste divaricazioni ha un'origine metodologica oggi ben identificata: le cifre prese in considerazione per la Francia sono di fonte fiscale, mentre per gli altri paesi sono state utilizzate inchieste effettuate direttamente presso famiglie. L'INSEE pubblicò un punto sulla situazione per il 1979 mostrando che, se dovunque si fosse utilizzato il secondo metodo, si sarebbe trovata la Francia al fianco dei paesi dell'Europa del Nord a maggiore uguaglianza, almeno in una situazione vicina a quella degli Stati Uniti, del Canada o dell'Italia, se non addirittura della Germania: in ogni caso, non nel plotone di coda della disuguaglianza. Certo, in una quantità sproporzionata di articoli si è data ampia pubblicità alle cifre di Sawyer».

39. J. FOURASTIÉ, *La réalité èconomique*, ed. 1978, pag. 193.

40. Cfr. L. FABIUS, *La France inégale*, Paris, Hachette, 1975, pag. 123, pagg. 136-137 e pagg. 154-155.

41. Cfr. E. MAIRE, *Et maintenant réussir le changement (I. Une espérance lucide)*, in "Le Monde", 25-VIII-1981, pagg. 1 e 20.

42. «Sul tavolo al quale scrivo ora ho un recente studio, opera di una grande centrale operaia, in cui si conclude che il potere d'acquisto, nel 1962, è inferiore a quello del 1957; vi ho aggiunto uno studio del 1959 "che constatava" che, nel 1957, il potere d'acquisto era inferiore a quello del 1954, uno studio del 1954 che valutava a circa il 10% il calo del 1954 rispetto al 1938». Jean Fourastié spiegava tali enormi verità con la difficoltà di ottenere risultati conclusivi studiando l'evoluzione dei redditi in un periodo troppo breve. In effetti, le variazioni osservate sono «deboli rispetto alle indeterminatezze dovute al calcolo», a tal punto che lo studio sul livello di vita «può farsi *solo a lungo termine* per evidenziare *movimenti di ampiezza molto superiore agli errori e alle indeterminatezze del calcolo*». (J. FOURASTIÉ, *Les 40.000 heures*, cit., ed.1972, pag. 51).

43. *Ibidem*, pagg. 33, 86 e 170.

44. Cfr. in particolare, *Programme commun: le prix des illusions* (4 articoli), in "Le Figaro", 16-V, 17-V, 18-V e 6-VI-1977, e *France: la crise des idées dominantes* (5 articoli), in "Le Figaro", dal 14-XI al 18-XI-1977.

45. J. FOURASTIÉ, *La réalité èconomique. Vers la révisione des idées dominantes en France*, Paris, Robert Laffont, 1978. Salvo eccezioni si fà riferimento a questa edizione.

46. Un decile è un decimo di una data popolazione classificata per ordine di ricchezza crescente.

47. J. FOURASTIÉ, *La réalité économique*, cit., pagg. 9-15, pagg. 297-298 e 356-357. Otto anni dopo, nel 1986, in un contesto radicalmente mutato, è apparsa una versione attualizzata e largamente rimaneggiata de *La réalité économique*, Paris, Hachette, 1986, coll. "Pluriel". Jean Fourastié è ormai tranquillizzato: la revisione delle idee dominanti è da tempo in corso, e l'esperienza della sinistra al potere» vi ha notevolmente contribuito poiché essa, messa di fronte alle realtà esistenti, ha rinunciato ad instaurare un'economia socialista, e a fare della Francia un paese socialista. Superato il primo impatto delle nazionalizzazioni, ha nell'insieme rispettato la libertà di impresa, capendo che proprio questa era il motore dell'economia. La sinistra al potere ha fin troppo largamente abbandonato la sua ideologia anticapitalistica, alla base delle «idee dominanti» degli anni '70.

48. Il libro era stato scritto con un giovane svizzero tedesco, J. SCHNEIDER: *Warum die Priese sinken. Produktivität und Kaufkraft seit dem Mittelalter*, Frankfurt-New York, Campus Verlag, 1989.

49. J. FOURASTIÉ, *Les Trente Glorieuses ou la révolution invisible*, Paris, Fayard, 1979; ried., Paris Hachette, 1979, coll. "Pluriel", e 2004 (con una prefazione di Daniel Cohen). Qui si fa riferimento all'edizione Fayard del 1979.

50. *Ibidem*, pagg. 191-194 e 253.

51. J. FOURASTIÉ, *D'une France à une autre France, avant et après les Trente Gòprieuses*, in collaborazione con Jacqueline Fourastié, Paris, Fayard, 1987.

52. J. FOURASTIÉ, *Le long chemin des hommes*, cit., pag. 61.

53. J. FOURASTIÉ, *La civilisation de 2001*, cit., pagg. 101-102.

54. J. FOURASTIÉ, *Les Trente Glorieuses*, cit., pagg. 230-231.

III

I PUNTI ESSENZIALI DEL PENSIERO ECONOMICO DI JEAN FOURASTIÉ

L'opera di Jean Fourastié è indispensabile tanto per la comprensione delle strutture del non-sviluppo economico tradizionale quanto per quella dei principali mutamenti causati in due secoli dal progresso tecnico ed economico. Inoltre, chiarifica in modo incomparabile le evoluzioni economiche più recenti e costituisce un prezioso strumento di anticipazione per il nuovo secolo.

La chiave del non-sviluppo economico tradizionale: la scarsa produttività

Un *numero molto limitato* di persone era *nutrito da ogni singolo produttore agricolo* [1], e ciò causava bassi livelli di vita. Proprio calcolando questo numero di persone nutrite da ogni occupato in agricoltura [2], Jean Fourastié ha evidenziato la scarsissima produttività [3] del lavoro umano nelle società pre-industriali. Questa scarsità del «rendimento fisico del lavoro umano» spiega il fatto che la maggior parte della popolazione attiva (almeno l'80%) lavorasse allora nell'agricoltura. Il mondo era solo un'immensa classe contadina, né poteva essere altrimenti, dato che ogni occupato in agricoltura aveva solo un'efficacia molto limitata a causa della rudimentarietà dell'attrezzatura e delle tecniche agricole. Jean Fourastié ha calcolato che in Francia, attorno al 1700, un lavoratore agricolo nutriva meno di due persone (1,7) e che, intorno al 1800, ne nutriva 2,1. In genere indica che, prima del XIX secolo, un lavoratore agricolo nutriva da 2 a 2,2 persone [4] e che, comunque, lo faceva «molto male», al minimo della sussistenza, con razioni giornaliere all'incirca di 1800 calorie. Invece, nel 1980, l'agricoltore francese nutriva «molto bene 30 persone», sulla base di 3200 calorie al giorno, e quello americano 85 persone. Nel 1990, in Francia, un agricoltore nutriva «pressappoco 40 persone, e negli Stati Uniti quasi 95».

Il tetto demografico nelle società tradizionali deriva dal fatto che il lavoratore rurale tradizionale, a causa della rudimentarietà delle attrezzature e dei suoi metodi, otteneva mediamente solo uno scarso raccolto per unità di superficie coltivata. Ora, la superficie coltivabile non era estensibile all'infinito, e quindi la demografia si trovava ad essere limitata dal livello di sussistenza [5], Nelle società tradizionali, la popolazione di un paese non poteva superare un certo numero, che derivava dalla superficie coltivabile e dalla produttività agricola. Ogni crescita eccessiva della popolazione inevitabilmente cozzava con questo tetto demografico, avendo come conseguenza il calo del livello di vita del popolo, cioè delle razioni alimentari: e ciò aveva una tragica conclusione, almeno fino al 1709, con le grandi mortalità dovute alla fame ed alle epidemie favorite dalla sotto-alimentazione. Nella Francia dell'*Ancien Régime* occorrevano da 1,5 a 2 ettari di terra coltivabile per assicurare la sussistenza di un essere umano. Ma, con le tecniche del tempo, la Francia poteva coltivare solo all'incirca 40 milioni di ettari, cosicché il tetto demografico francese nell'*Ancien Régime* oscillava tra i 20 e i 27 milioni di abitanti [6].

L'ineluttabilità di un'*alimentazione cerealicola* caratterizzava (e sempre caratterizza) le economie non-sviluppate che sono quindi in stato di tensione demografica [7]. In effetti, il suolo arrivava solo a malapena a nutrire la popolazione, ma lo faceva solo con una produzione cerealicola, dato che ciò era del tutto impossibile con la carne. Infatti,

> a pari numero di calorie, la produzione di carne esige una superficie da cinque a dieci volte maggiore di quella per la produzione di cereali. Se quindi si fosse voluto produrre massicciamente calorie più nobili come latte, carne e frutta, il *deficit* alimentare sarebbe stato ancora maggiore di quanto non fosse.

Ed ecco perché

> le popolazioni a maggior densità in rapporto alla tecnica da esse utilizzata [Francia del 1750, paesi balcanici, India e Cina di oggi (1977)...] devono

accontentarsi quasi esclusivamente di cereali, grano, mais e riso. I francesi dell'epoca, proprio come gli indù e i cinesi di oggi, non avevano alcuna idea del numero di calorie prodotte da un quintale di grano, di riso, di segale o di orzo. Tuttavia avevano adottato – o adottano ancora – le colture che consentono una densità massima della popolazione. Tale determinismo si impone a causa del meccanismo dei prezzi.

Inoltre, esisteva una gerarchia fra i cereali. Il grano ha, soprattutto nelle terre di bassa qualità, un rendimento per ettaro nettamente più basso dei cereali secondari, come la segale, l'orzo o l'avena, che perciò «sono sempre di regola meno cari del grano», cosicché quest'ultimo costituisce un lusso per il popolo. L'alimentazione popolare «tipo '700» era basata sulla «*segalata*, miscuglio di grano e altri cereali in proporzione variabile ma in genere composta da una metà di frumento e una metà di altri cereali».

Calo demografico ed aumento del livello di vita erano strettamente legati, e su ciò ha insistito Jean Fourastié. Nel passato preindustriale, le «variazioni nel numero della popolazione vivente su uno stesso territorio» hanno causato «ampie fluttuazioni nel livello di vita e quindi, innanzitutto, nelle sostanze alimentari». Scrive infatti in proposito:

> Le alte densità di popolazione danno territori interamente disboscati a colture intensive, grandi rendite fondiarie, una gerarchia politica e sociale dura, un paese che i viaggiatori descrivono come «prospero» e una campagna «ricca» ma, di fatto, una massa contadina povera se non addirittura miserabile. Invece, i paesi a scarsa densità di popolazione sono coltivati poco e male ma, dove le rendite sono scarse o nulle, il livello di vita dei contadini e dei salariati è alto, e la disuguaglianza demografica meno dolorosa.

In tal modo, tragedie umane e catastrofi demografiche che facevano enormemente calare la densità della popolazione e contemporaneamente sparire la tensione demografica causavano epoche di alto livello di vita popolare, cioè innanzitutto razioni alimentari abbondanti, in cui la carne aveva un ruolo importante.

> Per esempio, in una Francia svuotata di metà della popolazione dalle carestie, dalle epidemie e dalla guerra dei Cent'anni, il popolo francese recuperò, a partire dal 1440, un alto livello di vita, perduto poi nella misura in cui il coefficiente della popolazione risale al massimo compatibile con

le tecniche agricole dell'epoca (in Francia, in un anno medio, dal Medioevo al 1725, occorrevano 2 ettari agricoli per nutrire un uomo).

Cosicché, nei secc. XVII e XVIII, il pane costituiva di nuovo la base dell'alimentazione popolare tradizionale e, inoltre, l'acquisto del pane nutritivo assorbiva la quasi totalità delle entrate popolari. Jean Fourastié ha evidenziato questo fenomeno con il metodo dei prezzi reali.

La misurazione dei livelli di vita: il metodo dei prezzi reali

Lo studio dei prezzi è stato al centro dell'avventura intellettuale di Jean Fourastié: è innanzitutto alla conoscenza dei prezzi che ha dedicato la vita.

Invenzione geniale, il metodo dei prezzi reali [8] gli ha permesso di studiare l'evoluzione dei prezzi nel tempo, così come la loro differenziazione nello spazio, senza essere disturbato dalla diversità delle monete né dalle variazioni del loro valore. L'utilizzazione generalizzata di tale metodo sarebbe particolarmente preziosa per gli europei in questo momento, in cui il passaggio all'euro ha appena spezzato la continuità dei loro repertori statistici di prezzi e salari e fatto sparire il franco e la maggior parte delle altre monete europee.

Il metodo dei prezzi reali consiste nell'esprimere il prezzo di un dato prodotto tramite il salario di una categoria sociale di riferimento, costante nel tempo e nello spazio. Il «prezzo reale» [9] di un bene è quindi «il rapporto fra il prezzo monetario di questo oggetto ed il valore monetario del salario di riferimento, con prezzi e salari rilevati in una stessa epoca e in uno stesso paese» [10]. Jean Fourastié ha scelto come base di calcolo dei prezzi reali il salario orario [11] del «lavoratore maschio, adulto e non professionalmente qualificato» [12]. Così, nel 1971, quando in Francia il salario orario di un lavoratore era di 5,70 franchi e il pane costava 1,10 franchi al kg, il prezzo reale del kg di pane era di 1,10/5,70 = 0,19 del salario orario lavorativo.

L'utilizzazione del metodo dei prezzi reali necessitava – e ciò costituiva la sua grande difficoltà – la creazione di enormi strumenti statistici che procurò un immenso lavoro. Gli era infatti necessario stabilire, nel lunghissimo periodo, un suo repertorio di riferimenti –

il salario orario del «lavoratore di provincia» – e formare parallelamente il repertorio dei prezzi di cui voleva studiare l'evoluzione. In una trentina d'anni, Jean Fourastié ha riunito, con la collaborazione di gruppi di ricercatori da lui personalmente diretti [13], 3000 repertori di prezzi, che riguardavano la Francia in un lunghissimo periodo (dalla fine del Medioevo fin verso quella del XX secolo) ma anche altri paesi. Jean Fourastié ha voluto «osservare prima di ragionare». Ha basato il suo studio dei prezzi sull'«*osservazione* preventiva ed attenta dei fatti concreti», sull'

osservazione dei prezzi così come si è potuto registrarli, in epoche diverse, in listini ufficiali, in documenti contabili ufficiali, in ricevute, in archivi di imprese e in annuari statistici o, anche, più spesso, nei cataloghi delle grandi ditte per corrispondenza.

I repertori di prezzi così stabiliti costituirono la «base stessa» del suo lavoro di ricerca, che cercava di essere «diretto da uno spirito empirico». Parallelamente, inscriveva la sua grande indagine sui prezzi nel lungo termine, poiché

in materia di prezzi, solo l'evidenziarsi delle evoluzioni a lungo termine consente (...) di rivelare il vero senso dei fenomeni e di far apparire gli elementi strutturali preponderanti la cui azione procede in genere a rilento [14].

Il metodo dei prezzi reali presenta immensi vantaggi. Permette infatti di

liberarsi dal fenomeno monetario e di esprimere il valore di un bene o di un servizio in un'unità di misura diversamente più significativa ed evocatrice del reale di una somma di denaro: il prezzo reale di una merce o di un servizio esprime in effetti direttamente un'unità di tempo, se necessario il numero di ore di lavoro che il lavoratore deve fornire (...) per pagare tale merce o servizio. In seguito e contemporaneamente, i prezzi reali permettono di risolvere il problema più importante della storia dei prezzi, quello di poter comparare il prezzo di un'antica data e di un dato luogo con i prezzi di un'altra data e di un altro luogo [15].

Così, il prezzo reale di un bene (o di un servizio) esprime la durata del lavoro che il salariato di riferimento deve fornire per produrre o acquistare tale bene (o servizio). E ciò significa che i prezzi reali sono uno strumento senza equivalenti per la conoscenza e la spiegazione dei livelli di vita e dei generi di vita.

I livelli e i generi di vita rivelati dai prezzi reali

Grazie al metodo dei prezzi reali e dei repertori statistici a lungo termine di prezzi e salari, Jean Fourastié dà un spiegazione scientifica dei livelli e generi di vita dell'umanità tradizionale.

Un *alto prezzo reale del grano* significava una *sotto-alimentazione popolare*[16]. Nella Francia dell'*Ancien Régime*, un salariato che lavorava per circa 3000 ore l'anno consumava con la famiglia appena 12 quintali di cereali, il che corrispondeva a razioni di circa 750 grami di pane al giorno *pro-capite*. Di conseguenza, quando una serie di buoni raccolti permetteva che il prezzo reale del quintale di grano fosse inferiore a 100 salari orari lavorativi, il popolo viveva relativamente bene: un lavoratore poteva nutrire la sua famiglia con meno della metà del proprio salario. Quando i raccolti erano meno buoni, ed il prezzo del quintale di grano saliva al di sopra di 100 salari orari lavorativi, la vita era nettamente meno facile per il popolo. Al di là di 200 salari orari per quintale, la situazione alimentare del popolo diveniva precaria. Con un quintale di grano al costo di 250 salari orari, tutto il salario del lavoratore era assorbito dall'acquisto del pane. Quando, a causa di pessimi raccolti, il prezzo del quintale di grano toccava i 300 salari orari lavorativi, si entrava nei prezzi da carestia. Una famiglia del popolo non poteva quindi più acquistare o produrre tutto il pane che le necessitava per nutrirsi al minimo vitale: ed era la fame.

Se si pensa al XVIII secolo francese, il prezzo reale medio del quintale di grano fu di 202 salari orari lavorativi. Il miglior periodo del XVIII secolo fu quello fra il 1728 e il 1752, con una media di 170 salari orari lavorativi: fu *in toto* felice. Il peggior periodo del secolo fu quello tra il 1702 e il 1727, con un prezzo reale medio di 226 salari orari lavorativi per un quintale di grano.

I prezzi da carestia sfociavano in *catastrofi umanitarie*[17]. Nell'economia tradizionale, caratterizzata da una scarsa produttività e dall'assenza di progresso tecnico, «poiché la tecnica è costante, anche la produzione *massima* era una costante», a tal punto che il livello di vita del popolo si trovava ad essere condizionato dalla demografia.

Quando la produzione agricola raggiunge il suo massimo, l'aumento della popolazione divenne un generatore di miseria, se non addirittura di tragedia. In questo tipo di economia, il livello di vita popolare è strutturalmente determinato dal coefficiente della popolazione, e congiunturalmente dal fattore dinamico. «Un cattivo raccolto in un paese già sovrappopolato significava il crollo del livello di vita medio, la carestia e i *sacrifici umani* di cui parla con ampia documentazione Ernest Labrousse» [18].

In un'economia in stato di tensione demografica, e che solo a stento nutriva la popolazione, il popolo era sempre alla mercé dei cattivi raccolti nonché dei prezzi reali del quintale di grano che superavano i 300 salari orari lavorativi, il che significava la fame. Quando il tetto della popolazione che derivava dal livello di produttività e dalla superficie coltivabile totale si trovava ad essere superato, da ciò risultava «un regime di sotto-alimentazione che ineluttabilmente portava, in seguito ad uno o due cattivi raccolti, ad una carestia spesso seguita da epidemie. Il numero della popolazione calava allora bruscamente del 10-20% e oltre». Le carestie hanno talvolta provocato scene di cannibalismo. Nell'anno 1000 carne umana è stata venduta al mercato di Tournus, e la carestia ha causato in Francia casi di antropofagia fino al XVII secolo: da lì vengono i famosi orchi della leggenda, mangiatori di bambini. A lungo, queste grandi mortalità hanno ritmato la storia dell'Occudente, e ancor più a lungo quella del resto del mondo.

In Francia, l'ultima grande carestia fu quella del 1709, conseguenza di un terribile inverno che aveva dato raccolti particolarmente catastrofici. Il prezzo reale medio del quintale di grano fu, nel 1709, di 566 salari orari lavorativi, e ciò costituisce il culmine nei prezzi da carestia per il XVIII secolo. Ciò significa che un lavoratore non poteva neppure acquistare la metà del pane di cui aveva bisogno per nutrire la propria famiglia. La grande mortalità del 1709 fece 1,4 milioni di morti (su 22 milioni di abitanti). La scomparsa delle grandi mortalità, verificatasi in Francia durante il XVIII secolo, non porrà comunque fine alla sotto-alimentazione.

La sotto-nutrizione favoriva *mortalità e malattie*. La sotto-alimentazione caratteristica delle economie tradizionali in stato di tensione demografica, generatrice di un'alta vulnerabilità alle malattie, contribuiva enormemente alla durezza del «calendario demografico dell'uomo medio» nella civiltà pre-industriali. In Francia, verso il

1750, la durata media di vita era da 20 a 25 anni; la mortalità infantile era nell'ordine del 250-300%; e i matrimoni duravano in media da 17 a 18 anni; il numero medio di nascite era di poco superiore a 4:

Con un simile regime demografico, meno di un bambino nato vivo su due arrivava all'età di undici anni; meno di uno su tre giungeva a lasciare un discendente vivo; meno di uno su quattro arrivava a quarant'anni (...). Ma, per dare un giudizio sulla condizione umana tradizionale, occorre ancora aggiungere a questa drammatica mortalità una debolezza fisica ed uno stato di malattia opprimenti. Anche coloro che non morivano erano debilitati dalla sotto-alimentazione, da frequenti malattie epidemiche o di altro genere, dall'incessante timore da esse causato e da mali che colpiscono senza tregua, come il mal di denti. Si può dunque ben dire che mancava all'umanità tradizionale un elemento necessario alla sua pienezza: *l'uomo medio non poteva, in tale contesto, arrivare ad avere una vita completa*[19].

Non esisteva una vita possibile per tutti. Gli uomini del passato pre-industriale si trovavano in una situazione del tutto simile a quella delle altre specie, di quelle animali: sopravviveva solo un'infima parte dei bambini che nascevano. Nella società tradizionale, il semplice fatto di sopravvivere costituiva, di per se stesso, un privilegio:

Non esiste una vita possibile per tutti; (...) la materia limita, restringe e raziona la vita (...). Oppure avete un privilegio e la possibiltà di sopravvivere; non dico che certamente sopravviverete; se siete solo un piccolo artigiano, un piccolo proprietario o un piccolo mezzadro, le vostre speranze sono minime ma, infine, avrete qualche possibilità che un certo numero di vostri discendenti passino attraverso le carestie e le epidemie, e quindi salvino la vostra stirpe. Se non avete alcun privilegio, se siete un lavoratore a giornata, un «bracciante», un uomo che ha solo le sue braccia e il suo corpo, ineluttabilmente perirete, qualunque coraggio abbiate, dopo aver visto morire di consunzione, di epidemia o di fame vostra moglie e i vostri bambini. (...) Queste mogli, questi bambini, questi uomini senza lavoro, senza alloggio, senza nome, che errano nelle province in cerca di pane nero e di radici commestibili che i lavoranti cercavano affannosamente, e che si ritrovavano rigidi lungo i fossati delle strade o in qualche capanna di ramaglie (...), ossessionavano notevolmente la memoria e l'immaginazione del popolo per rendere buoni e docili i bambini e per conferire alla proprietà e all'economia il loro carattere feroce[20].

Tale situazione spiega e condiziona la *morale tradizionale*, della quale Jean Fourastié sottolinea il fatto che non era una morale borghese, e neppure cristiana. Era una morale molto antica vicina all'istinto, una morale di sopravvivenza in un'economia agricola senza progressi e dominata dalla penuria. La virtù suprema consisteva nel conservare i propri beni, condizione della propria sopravvivenza e di quella dei propri cari. Praticata da certi cristiani, tale morale si poneva contro molte aspirazioni cristiane.

La curva del prezzo reale del grano spiega la *fine delle carestie* nella Francia del XVIII secolo. L'onnipresenza della morte nella società tradizionale assumeva una dimensione particolarmente tragica e spettacolare al momento delle grandi mortalità. Tuttavia, in Francia – come si è visto – non vi fu più alcuna grande carestia dopo quella del 1709. In seguito, le grandi mortalità sono scomparse dalla Francia a causa del riscaldamento del clima che, nella seconda metà del XVIII secolo, accompagnava un abbozzo di progresso agricolo. Tuttavia, la crescita della produzione agricola che ne è risultata non ha giovato al livello medio di vita, ma è stata assorbita da un aumento della popolazione, dato che ha consentito un risollevamento del tetto demografico, a tal punto che la Francia è rimasta in una situazione di tensione demografica e di sotto-alimentazione cronica.

Tutto ciò può essere letto nell'evoluzione del prezzo reale del grano. Se il periodo dal 1702 al 1727 fu il peggiore del XVIII secolo, con un prezzo reale medio del quintale di grano di 226 salari orari lavorativi, la media degli anni fra il 1777 e il 1802 non è stata granché migliore: 211 salari orari lavorativi. Sussiste tuttavia una grande differenza tra questi due periodi. Fra il 1702 e il 1727, i prezzi erano molto varii attorno ad una media di 226, oscillando da 133,6 nel 1718 a 566,1 nel 1709. Invece, nel periodo dal 1777 al 1802, i prezzi sono molto stabilizzati attorno alla media di 211, con un massimale inferiore a 300 e un minimo di 188. E ciò spiega come mai questo periodo non abbia conosciuto un vera e propria carestia che avrebbe spezzato il movimento di incremento della popolazione.

> Questa stabilizzazione dei prezzi attorno alla media è stato un primo ed importante fattore di progresso sociale, poiché *ha evitato morti* umane per mancanza di viveri di sussistenza. (...) Ha eliminato le carestie ma non ha accresciuto il livello medio di vita[21].

Qui è riscontrabile una *realtà che annulla le teorie di Marx*[22]. Jean Fourastié osserva che il pensiero economico di Karl Marx si trova ad essere radicalmente falsato dalla sua ignoranza di tali realtà economico-sociali delle società europee di prima della rivoluzione industriale. Marx «parla del livello di vita della classe operaia nel XIX secolo e, per estrapolazione, del XX secolo», senza conoscere «le carestie e il prezzo del pane nel XVIII secolo». Se avesse conosciuto tali realtà, «avrebbe concepito una teoria del livello di vita ben diversa da quella che ha elaborato».

In termini chiari, se avesse avuto una conoscenza della drammatica condizione popolare tradizionale, sull'orlo della soglia di sopravvivenza, Marx, non avrebbe mai costruito né la sua teoria della pauperizzazione né la sua teoria del plusvalore. In effetti, avrebbe potuto commisurare, a dispetto delle sofferenze che causava, tutto quel che la rivoluzione industriale portava come miglioramenti, e ancor più come speranze, ad un proletariato che, un secolo prima, si trovava implacabilmente condannato ad una sotto-alimentazione cronica che era il prodotto della sovrappopolazione, per di più aggravata da asperità climatiche che causavano fin troppi cattivi raccolti.

Marx avrebbe capito che l'esistenza del proletariato nel XIX secolo, per quanto miserabile e sfruttato gli sembrasse, era in realtà un'acquisizione storica considerevole, nata da un lieve progresso economico ancora del tutto recente. Per la Francia, tale progresso fu la stabilizzazione dei prezzi reali del quintale di grano attorno alla media del secolo di 200 salari orari lavorativi nel periodo 1777-1802. Tale stabilizzazione «ha permesso, regolarizzando il potere d'acquisto dei salari, e pur senza modificarne la media, di aumentare il coefficente della popolazione; la fondamentale *povertà* del popolo è rimasta, ma la *miseria* è stata ridotta; il proletario ha potuto apparire, cioè sussistere, mentre prima periva».

Quanto alla *redistribuzione ugualitaria*, discende dalla mitologia. A dispetto delle apparenze e della idee inculcate, le enormi disuguaglianze sociali delle economie tradizionali hanno avuto un ben piccolo ruolo nella debolezza dei livelli di vita popolari. Un'azione redistributiva ugualitaria sarebbe stata impotente ad elevare il livello di vita del popolo. Jean Fourastié lo ha evidenziato con una dimostrazione da lui denominata il «fenomeno del maharaja»[23], poiché si applica all'India sottosviluppata degli anni '50. Ma avrebbe potuto operare la stessa dimostrazione per la Francia dell'*Ancien Régime*, facendo diventare il riso grano e il maharaja un duca.

Jean Fourastié ipotizza che, per elevare il livello di vita del popolo indù, allora miserevole, si decida di sopprimere gli enormi redditi dei principi locali. Ne deriverebbe certo un raddoppio del reddito nominale di ogni lavoratore. Ma, poiché la produzione di alimenti non crescerebbe, parallelamente si verificherebbe un rialzo del prezzo del riso che vanificherebbe il raddoppio del salario. Il prezzo reale del riso, espresso cioè in salari orari lavorativi, resterebbe pressappoco lo stesso, in modo che non vi sarebbe alcun miglioramento del «potere d'acquisto reale» della popolazione. Ed anche se la frazione della popolazione attiva al servizio del maharaja tornasse alla terra, la produttività agricola non ne uscirebbe granché migliorata, poiché le terre coltivabili sono già utilizzate. Perciò, «la scomparsa del maharaja è di per se stessa impotente a risollevare il livello di vita del povero indù».

Trasportando la sua dimostrazione nella Francia dell'*Ancien Régime*, Jean Fourastié scrive, a proposito della ricca aristocrazia e dell'alta borghesia:

> Inutile insistere (...) sul fatto che la confisca di questi sontuosi redditi non avrebbe migliorato il potere d'acquisto dei poveri. Innanzitutto, non è certo sopprimendo il loggione all'Opera del signor de Breteuil[24] che si produce il grano che manca al contadino. Inoltre, queste persone ricche erano solo alcune decine. Secondo Vauban, il numero totale delle famiglie ricche non superava le diecimila[25].

Jean Fourastié sottolinea il fatto che non esiste una soluzione a breve termine alla povertà del popolo. La sua eventualità si verifica solo nel lungo periodo: è l'incremento della produttività che farà calare il prezzo reale dell'alimentazione popolare e in correlazione farà aumentare le razioni alimentari.

L'esplosione della produttività del lavoro da due secoli a questa parte

Un termine come *produttività* era di per se stesso innovatore[26]. Prima di Jean Fourastié, in Francia il termine di produttività «non era utilizzato in "economia politica". Era solo una parola tecnica, da ingegnere». Tuttavia, Jean Fourastié ricorda che negli Stati Uniti «il *Bureau of Labor* del Dipartimento americano del lavoro [si inorgogliva] di aver calcolato e pubblicato fin dal 1899 repertorii di indici che consentivano di seguire la valutazione della produttività dell'industria». Già prima del 1930, studi individuali si erano concentrati sul problema della produttività. Poi, nel quadro del *New Deal*, fu creato il *National Research Project*, che realizzò il primo grande studio di misurazione della produttività, diretto in particolare da Fabricant, Evans e Silbermann.

In Francia, Jean Fourastié utilizzò il termine di produttività fin dal 1945, ne *L'économie française dans le monde*, come sinonimo di «rendimento del lavoro umano», e la definisce come «il volume dei prodotti ottenuti nell'unità di tempo e per operaio in un dato ramo dell'economia nazionale». Tuttavia, nella continuazione del libro, utilizza il termine più classico di rendimento. Lo stesso accade con la prima edizione del *Grand Espoir*, nel 1949, in cui Jean Fourastié continua ad utilizzare il termine «rendimento del lavoro umano». Ne spiega le motivazioni indicando che, se le economie anglo-sassoni esprimono l'idea di rendimento con il termine di *productivity*, e se lui stesso utilizza «la parola produttività per designare il fenomeno nella sua genericità», ha scelto di restare fedele in numerosi casi precisi al termine "rendimento del lavoro"». Riserva «più specificamente il termine di "produttività"» per esprimere il «rendimento fisico del lavoro espresso in valore monetario»: in compenso, parla di «rendimento fisico del lavoro umano». Tuttavia, «l'uso adottato in particolare dal Commissariato generale alla Pianificazione» era quello di utilizzare «la parola "produttività" nel senso molto generico in cui è utilizzata dagli anglo-sassoni, e che ingloba contemporaneamente il rendimento monetario e quello fisico del lavoro». Al momento stesso in cui pubblicava *Le Grand Espoir*, Jean Fourastié si apprestava a lanciare le prime missioni di studio sulla produttività, per le quali il termine andava inteso nel largo senso degli anglo-sassoni. Nulla di stupefacente, quindi, nel fatto che si sia presto convertito a tale terminologia nei suoi scritti di economia. Fin dal 1952, nel suo libro intitolato *La productivité*, mostra che «la produttività è il quoziente di una produzione tramite uno dei suoi fattori», a tal punto che si parla correntemente della «produttività del capitale e degli investimenti», ma precisa che «produttività senza altri appellativi significa produttività del lavoro».

Gli *effetti della tecnica sui rendimenti* sono stati evidenziati da Jean Fourastié[27]. Egli ha mostrato infatti che «l'incremento della produttività del lavoro [continuava] il fenomeno centrale» dell'evoluzione economica iniziata fin dalla rivoluzione industriale. Si tratta essenzialmente di una conseguenza fondamentale del progresso tecnico, che per lui è il fattore determinante di quello economico. Rimprovera alle «economie precedenti al 1930» di aver attribuito al capitale il merito del progresso economico» e di averlo reso «il fattore dominante della vita economica», a tal punto che «nella scienza economica classica, la nozione di "capitale" occulta il fattore progresso tecnico».

Jean Fourastié definisce il progresso tecnico come «una capacità di azione sempre più efficace acquisita dall'uomo con l'impegno intellettuale nei confronti degli elementi materiali», cioè come «il progresso scientifico incarnato nei fatti economici»[28]. Nei paesi dove è stato attivato, il progresso tecnico ha avuto effetti positivi tanto sui rendimenti naturali che su quelli prodotti dal lavoro umano.

Jean Fourastié ha evidenziato l'incremento dei redditi naturali[29] che risultano dal progresso tecnico. Si tratta dell'aumento della quantità di produzione realizzata con una data quantità di spazio agricolo o di materie prime. Per il grano, mentre il rendimento francese medio oscillava, nel XVIII secolo, fra i 5 e i 6 quintali per ettaro, nel 1980 era di 60 quintali per ettaro. Questo incremento del rendimento ad ettaro delle terre nel corso del XIX secolo e, soprattutto, del XX, è il chiaro risultato dell'utilizzazione di fertilizzanti, di arature più in profondità e di una selezione delle sementi. Allo stesso modo, il progresso tecnico ha notevolmente accresciuto la quantità di produzione industriale ottenuta con la stessa quantità di materie prime. Così, la quantità di carbone necessaria per produrre un kwh di elettricità, che era di 1,5 kg nel 1920, era calata a 380 gr nel 1948 per la migliore centrale.

Ma ancor più notevole è l'incremento dei rendimenti del lavoro umano, cioè della produttività. Per Jean Fourastié l'esempio fondamentale e spettacolare dei progressi di produttività compiuti nei paesi occidentali è quello del tempo necessario per mietere un'ara di grano (100 mq) in Francia. Nel 1800, occorreva un'ora con una falce, mentre nel 1850 15 minuti. Nel 1900, con una falciatrice-legatrice, 2 minuti. Nel 1920, 40 secondi con una falciatrice-legatrice a trazione meccanica. Nel 1945, 35 secondi con una mietitrebbiatrice che sopprimeva anche le operazioni di trebbiatura. Rispetto all'inizio del XIX secolo, il numero di ore di lavoro umano necessario per ottenere un kg di grano trebbiato è crollato. Occorrevano 2 ore di lavoro umano verso il 1800, e più di un'ora ancora nel 1900, mentre dalla fine degli anni '40 del '900 bastavano 10 minuti di lavoro, incluso il tempo necessario all'allestimento e alla consegna della mietitrebbiatrice[30].

Jean Fourastié fu il testimone oculare di questa esplosione della produttività innanzitutto nelle campagne, e in seguito in altri paesi:

> Ancora nel 1955 – come si è potuto vedere – sulle splendide colline che costeggiavano il lago di Como, uomini e donne tagliavano sempre con la falce piccole messi; i «campi», di qualche decina di m^2, non erano collegati da alcun sentiero. Coperti di sudore, cenciosi ed estenuati, mietevano ed ammucchiavano il prodotto di meno di una mezza ara di grano all'ora; occorreva loro quasi un'altra ora per «trebbiarlo» mentre, dall'alto della sua falciatrice-trebbiatrice automotrice, l'agricoltore della pianura padana falcia e trebbia oggi un'ara nel tempo di trentacinque secondi[31].

I progressi di produttività *differiscono largamente a seconda delle produzioni*[32]. Allo stesso modo del grano, Jean Fourastié ha studiato nel lungo periodo la produttività afferente a tutta una serie di prodotti agricoli, industriale e nel campo dei servizi. Ha constatato fra loro grandi disparità nell'evoluzione della produttività, conseguenza di un'influenza molto variabile del progresso tecnico, e quindi di una grande diversità del grado di miglioramento delle tecniche di produzione di tali diversi beni e servizi.

Nel settore agricolo o – come comunemente si dice – in quello primario, la produttività del lavoro ha conosciuto nell'insieme un notevole aumento, ma variabile a seconda delle produzioni. Non tutte hanno – e di gran lunga – beneficiato degli stessi progressi nella produttività del grano. Nondimeno, in Francia, la produttività del lavoro diretto in agricoltura è stato moltiplicato per 25 fra il 1800 e il 1980. E, negli Stati Uniti, almeno per 40 dal 1800, e per 10 dal 1895. Tali cifre corrispondono al rendimento lavorativo annuale *pro-capite*. Se si tiene conto della divisione per 2 della durata annuale del lavoro nelle campagne, la produttività oraria del lavoro agricolo si è trovata ad essere moltiplicata per 50 in Francia e per 80 negli Stati Uniti.

Nell'industria manifatturiera, o se si prefersice nel settore secondario, l'aumento della produttività è stato nell'insieme particolarmente notevole. Enormi progressi di produttività sono stati compiuti dall'inizio del XIX secolo, che era riuscito a rendere operativo il progresso tecnico. Jean Fourastié sottolinea che, per il solo periodo 1900-1979, la produttività del lavoro diretto nell'industria manifatturiera è stato moltiplicato per 7,3 in Francia, e per 6,6 negli Stati Uniti. Quest'ultimo paese partiva da un miglior livello di produttività, cosicché ha mantenuto un indice di produttività del lavoro nell'industria nettamente più alto di quello della Francia. L'evoluzione non è del resto stata parallela nei due paesi. Negli Stati Uniti, la produttività del lavoro nell'industria è stata moltiplicata per 3 dal 1900 al 1942, ed è stata più che raddoppiata dal 1949 al 1979. In Francia, il ritmo è stato diverso. Fra il 1900 e il 1949, l'indice di produttività del lavoro nell'industria non è neppure raddoppiato: ciò ha creato un periodo di semi-stagnazione il cui prolungamento avrebbe potuto portare al sottosviluppo. In compenso, nel periodo 1949-1979, la produttività industriale è più che quadruplicata in Francia: questi anni furono proprio i «Trenta Gloriosi».

Quanto al settore denominato terziario, nel senso dei servizi, è stato a lungo caratterizzato da una scarsità di produttività se paragonata all'agricoltura e soprattutto all'industria. La situazione, d'altronde, varia a seconda dei rami del terziario. In certi campi, la sensibilità al progresso tecnico era praticamente nulla, né progrediva la produttività. Lo stesso vale per l'acconciatura maschile o per gli spettacoli teatrali. Invece, in altri settori del terziario è intervenuta una certa crescita della produttività. In Francia, la produttività del lavoro nei servizi commerciali è aumentata di circa il 40% fra il 1959 e il 1979. Non è certo un dato trascurabile, ma resta tuttavia ben poca cosa se si pensa che, nello stesso periodo, l'aumento della produzione industriale francese è stato del 344%. In compenso – e di recente –, attività come il lavoro di ufficio hanno registrato un grandissimo incremento di produttività dovuto al progresso tecnico in cui l'informatica ha avuto un ruolo essenziale. Ciò parrebbe a prima vista contraddire le analisi di Jean Fourastié, che caratterizza il terziario con lo scarso o l'inesistente progresso tecnico, e quindi la conseguente mancanza di progressi di produttività. Ma non è così, poiché Jean Fourastié ha, fin dall'inizio, dato alle definizioni di primario, secondario e terziario un senso nettamente diverso dal loro significato usuale ed un contenuto naturalmente evolutivo, guidato dai cambiamenti di ritmo del progresso tecnico.

La produttività dirige la *terminologia primario-secondario-terziario in Fourastié*. Nel 1945, in *L'économie française dans le monde*, aveva distinto fra l'agricoltura, l'industria e i servizi pur senza definirli in altro modo. Solo nel 1946, in un celebre libro di Colin Clark, *The Conditions of Economic Progress*, pubblicato nel 1940 ma rimasto ignorato nell'Europa occupata, Jean Fourastié ha scoperto la terminologia primario-secondario-terziario. L'ha immediatamente resa nota, dedicando all'opera di Colin Clark un articolo apparso nella "Revue d'économie politique"[33].

Ma è solo diversi anni dopo, nel 1950, che saprà che la paternità di tale divisione in settori era in realtà dovuta ad Allen Fisher, che non cita Colin Clark[34]. Nel 1948, in *Le Grand Espoir du XXe siècle*, Jean Fourastié prende in prestito da Colin Clark la terminologia primario-secondario-terziario. Tuttavia, le conferisce un fondamento ed un significato diversi. In Colin Clark, il contenuto di ognuno dei tre settori deriva da una «definizione enumerativa e puramente formale». Così, «il settore secondario è definito come quello che raggruppa i settori industriali nominativamente enumerati: la metallurgia, il trasporto, le miniere...».

Invece, per Jean Fourastié, il settore primario raggruppa le attività «a medio progresso tecnico», il secondario quelle «ad alto progresso tecnico» e il terziario quelle «a scarso o inesistente progresso tecnico». Tale definizione fa sì che, "in pratica", nel 1949 e per molto dopo ancora, il settore primario corrisponda al «settore agricolo», che il secondario rappresenti il «settore industriale», e che il terziario raggruppi «ogni altra attività», a tal punto che, in questo periodo, le definizioni dei tre settori di Colin Clark e di Jean Fourastié « coincidono in modo del tutto soddisfacente». Ma ciò non impedisce che la loro «divergenza [sia] assoluta dal punto di vista dottrinario». Mentre in Colin Clark «il contenuto dei settori è fisso», in Jean Fourastié è «variabile nel tempo [anche se] in genere le brusche mutazioni sono rare». Nella sua suddivisione tripartita, «è il progresso tecnico a (...) classificare un'attività ascritta, in un dato momento, al settore secondario o al terziario». Per lui, «conta solo (...) la classificazione delle attività professionali in ordine crescente o decrescente ai progressi tecnici *di fatto realizzati* in un dato periodo». Fourastié ha infatti adottato «la divisione in tre settori solo per comodità di linguaggio e di descrizione statistica»[35]. Per Jean Fourastié primario, secondario e terziario sono «andamenti-tipo». Ritiene infatti che il grano, «benché in origine agricolo, abbia avuto quasi sempre un *andamento secondario*», e che un prodotto può mutare categoria per un progresso tecnico accelerato oppure rallentato[36]. Così, nel periodo 1830-1900, in cui «i progressi tecnici furono notevoli» nelle ferrovie, essi appartengono, per Jean Fourastié, al settore secondario. In compenso, per la lentezza dei loro progressi fra il 1900 e il 1930, tuttavia seguita da una ripresa, nel 1948 le classifica «in bilico fra il settore terziario e quello secondario»[37].

Fin dal 1948, Jean Fourastié annuncia un'evoluzione nella «struttura» del terziario, «poiché alcune professioni attualmente raggruppate tutte assieme fra le attività a scarso progresso tecnico, vedranno con assoluta certezza nuove scoperte scientifiche stabilire dissociazioni profonde». Da questo momento, prevede «che si manifesteranno progressi tecnici» in attività «in cui attualmente non se ne verifica alcuno», con la conseguenza che «certi mestieri usciranno dal terziario». Jean Fourastié avvisa però che «la tendenza generale nell'evoluzione del terziario» fa sì che «questi, nella misura in cui il tempo passa, perda di sostanza»[38]. Nella divisione in tre settori definita da Jean Fourastié nel 1948 e da lui sempre mantenuta, era dunque perfettamente concepibile che il lavoro d'ufficio, fino ad allora rimasto ai margini del progresso tecnico, e che perciò aveva un andamento di tipo terziario senza grandi progressi in produttività, potesse presentare un giorno, per l'irruzione di un intenso progresso tecnico, un andamento di tipo secondario, segnato da una forte crescita della produttività. Ed è proprio quanto si è verificato con la vera e propria rivoluzione portata dalla riprografia, dalla tecnologia burocratica e dall'informatica, che ha fatto esplodere la produttività del lavoro d'ufficio.

Si può certo rimpiangere l'adozione, da parte di Jean Fourastié, della terminologia primario-secondario-terziario per caratterizzare i diversi gradi della produttività a seconda dei mestieri poiché tale classificazione, che ha fortemente contribuito a introdurre in Europa, designa correntemente l'agricoltura, l'industria e i servizi. Ma, nel 1949, ciò non comportava praticamente alcun inconveniente, dal momento che le due tipologie avevano pressappoco lo stesso contenuto. «Ciò spiega il fatto che Jean Fourastié, pur differenziandosi dalla distinzione utilizzata da Allan Fisher e Colin Clark, non abbia sentito il bisogno di inventare termini nuovi per spiegare il suo pensiero»[39]. Più tardi, tuttavia, la situazione è cambiata, e ne è derivata una certa difficoltà terminologica, che non invalida però in alcun modo le osservazioni e le conclusioni di Jean Fourastié, ma che complica alquanto il compito del lettore. Così, per evitare ogni confusione, Jacqueline Fourastié ha proposto, nella sua prefazione all'edizione del 1999 a *Le Grand Espoir*, per classificare le attività economiche secondo il loro livello di produttività, di sostituire settore secondario con primo settore ad alto progresso tecnico (APT), settore primario con secondo settore a progresso tecnico medio (PTM) e, infine, settore terziario con terzo settore a progresso tecnico scarso (PTS). Ciò permette di definire una *scala di Fourastié* che misura l'intensità del progresso tecnico[40]. L'idea è sensata ma, poiché l'intera opera di Jean Fourastié fa riferimento alla triade primario-secondario-terziario, è difficile studiare il suo pensiero evitando tale terminologia, che tuttavia va sempre comunque distinta dalla sua usuale accezione: e ciò è abbastanza agevole.

E, comunque, un superamento della divisione tripartita causato dai nuovi progressi in produttività è stato annunciato da Jean Fourastié verso la fine della vita. Nella prefazione all'edizione del 1989 de *Le Grand Espoir*, constata: «I tre settori del 1950 si sono (...) frammentati in numerosi poli rivoluzionari». E aggiunge:

> Lo schema «primario-secondario-terziario» è rimasto valido dal 1950 ai giorni nostri e forse, ancor meglio, dal XVIII secolo fino ad oggi. Ma oggi (benché sia ancora utilizzato correntemente e a buon diritto tale strumento di analisi) si tratta tanto meno di seguire la caduta del primario, i soprassalti del secondario e il trionfo del terziario, quanto più di constatare l'*interconnessione* fra questi settori e la loro penetrazione quasi comune da parte di un progresso tecnico intenso e multiforme. Infine, come ho continuamente detto e pensato, occorre sempre meno ragionare per analisi tripartita ma prodotto per prodotto e *servizio per servizio* (...). Il lavoro umano va sempre più verso l'utilizzazione dell'informatica, la programmazione, l'uso del cervello e non più della mano. Così, un reparto di fabbrica differisce sempre meno da un ufficio di società di assicurazioni, o anche dalla cabina di un trattore agricolo[41].

Il prodigioso incremento della produttività

Esso deriva dall'aumento della produttività. Jean Fourastié non ha mai cessato di insistere sul fatto che l'enorme estensione della produzione nel corso dei due ultimi secoli è stata resa possibile dai grandissimi progressi in produttività generati dal progresso tecnico. Non ha mai neppure smesso di sottolineare che «gli economisti classici hanno ampiamente sottolineato il fattore tecnologico», e che non hanno «né previsto né compreso la crescita della produzione *pro-capite* della popolazione». E aggiunge:

> A maggior ragione, non hanno né previsto né compreso e neppure, proprio fino a questi ultimi anni, ammesso il fatto fondamentale dell'evoluzione contemporanea: la crescita del rendimento del lavoro umano. E invece è proprio tale crescita che, da sola, spiega il miracolo della simultaneità fra il miglioramento del livello e la riduzione della durata del lavoro. Esso *misura il progresso tecnico* allo stadio della produzione.

Ed è perché gli uomini sanno produrre meglio che sono capaci di produrre di più, ed è perché producono di più che possono consumare di più. «I progressi della ripartizione fra gli uomini del reddito nazionale sarebbero stati del tutto impotenti a migliorare in tali proporzioni il livello di vita di ogni cittadino». Il fantastico aumento del livello di vita prodottosi in un certo numero di paesi nei secoli XIX e XX ha quindi «come causa diretta la crescita della produzione» [42].

L'equazione fondamentale *Produzione = Consumo* viene instancabilmente ricordata da Jean Fourastié [43], e lui si difende, in questo caso, dall'accusa di esporre una banalità: «Non è certo più banale dire che la produzione è uguale al consumo che affermare che 2 e 2 fanno 4». Osserva poi che «si tratta in ambedue i casi di una definizione scientifica che l'umanità ha impiegato milenni a conquistare». Semplicemente, la scienza matematica ha decine di secoli di anticipo sulla scienza economica. D'altronde, «i dibattiti di quest'ultima hanno segnato più una regressione che un progresso sul semplice "buon senso" ancestrale».

Jean Fourastié ritorna in numerose opere su tale fondamentale equazione, di cui offre anche la seguente versione:

Consumo = Occupazione x Produttività = Produzione.

«La ricchezza di un paese non preesiste alla sua produzione – sottolinea –: *è la produzione stessa della nazione a costituire la sua ricchezza*». Frutto della loro «tecnica produttiva», la «ricchezza delle nazioni» risiede nella loro «produzione». Una nazione può consumare solo quanto ha prodotto oppure importato, finanziando tali importazioni con esportazioni di uguale valore.

Così, «alla base dell'equilibrio economico c'è *l'equilibrio fra produzione e consumo*». Jean Fourastié vi insiste: «Non si può concepire un equilibrio economico se non esiste parità – almeno approssimativa – tra la produzione e il consumo. Verso il 1935, Keynes ha detto pressappoco questo, e nessuno l'aveva detto prima di lui: e ciò spiega la sua influenza». Tuttavia, Jean Fourastiè ritiene che la concezione economica di Keynes, «fin troppo centrata sugli aspetti finanziari del fenomeno, abbia rivelato la sua insufficienza», ed esprime quindi la sua concezione dell'equazione:

> Quando dico equilibrio fra produzione e consumo, non lo intendo nel senso keynesiano del termine, che raccoglie tutti i prodotti considerando a parte, da un lato, i beni di investimento, e dall'altro quelli di consumo.
>
> L'equilibrio fra produzione e consumo è per me il *particolare* equilibrio fra la produzione di *ogni* prodotto e il consumo di *tale* prodotto, fra la produzione di *ombrelli* e il loro consumo, fra la produzione di *salame di Arles* e la sua consumazione... Occorre produrre il numero di penne che sarà comprato a seconda delle marche, il numero di formaggi a seconda delle diversità... Forse, se vi fossero meno varietà si comprerebbe meno, e ciò accentua le difficoltà nel trovare un equilibrio. Occorre che i produttori di tale crema di groviera possano venderla, perché altrimenti si accumula e andrà perduta. In certi casi, alcuni *stocks* possono esistere, ed assicurare un gioco fra la produzione ed il consumo; ma uno *stock* non può superare certi limiti, o le perdite possono essere notevoli. Allo stesso modo, gli scambi con le altre nazioni (il cosiddetto *commercio estero*) consentono un gioco fra il dettaglio della produzione e quello del consumo nazionale ma esso è limitato e, ad esempio, sottoposto all'obbligo, per la Francia che compra all'estero, di pagare quanto ha acquistato. Qualche paese infatti accetta di dare senza ricevere?
>
> Di conseguenza, l'adeguamento fra produzione e consumo deve essere quasi perfetto, e vertere su uno spettro quasi infinito di prodotti [44].

Jean Fourastié osserva nel 1978 che, nell'insieme, «tale equilibrio si realizza decorosamente (...) in tuti i paesi definiti "ad economia di mercato" in cui il consumatore ordina in ultima analisi la produzione per i suoi acquisti». In compenso, nei paesi socialisti, «in cui i meccanismi del *mercato* non esistono, la perequazione fra produzione e consumo funziona male». Da ciò derivano, in particolare, «i cinquant'anni di insuccessi» dell'Unione Sovietica. Là, come negli altri sistemi socialisti, il mancato adeguamento fra produzione e consumo non colpisce l'impresa, che continua ad eseguire il piano e a ricevere dallo Stato fondi a tale scopo; ma colpisce perniciosamente a lungo termine l'economia nazionale nel suo complesso; gravi errori nella pianificazione, gravi perdite in produttività, mediocrità nella crescita malgrado continui bollettini di vittoria; persistente mediocrità nel livello di vita, penurie endemiche, razionamento con "code" davanti ai negozi o con autorizzazioni amministrative per acquistare, ecc.».

Jean Fourastié è spesso tornato sul carattere fondamentale dell'equazione Produzione = Consumo:

> Si può accrescere il consumo solo a condizione di incrementare la produzione. Un'unione, un'impresa, una nazione – se si prescinde dal credito e dal commercio estero, non più utilizzabili all'infinito – devono creare un equilibrio fra produzione e consumo, e ciò vale prodotto per prodotto. Supponiamo che in un dato anno la nazione abbia bisogno di 50 milioni di ombrelli: occorre allora che questi 50 milioni di ombrelli siano prodotti o importati proprio quell'anno (in quest'ultimo caso, l'importazione va controbilanciata con esportazioni di altri prodotti di pari valore) [45].

Le *cifre della moltiplicazione della produzione* dipendono dai vari settori, dai periodi e dai paesi. In Francia, fra il 1800 e il 1980, grazie alla moltiplicazione per 25 della relativa produttività, il volume fisico della produzione agricola si è moltiplicato per 6 malgrado una fortissima diminuzione del numero dei lavoratori. Per il solo periodo che va dal 1895-1899 al 1979, il volume della produzione agricola francese è più che raddoppiato. Ma, nello stesso periodo, il volume della stessa produzione si è moltiplicato per 4 negli Stati Uniti. Ciò detto, le strutture della produzione agricola si sono trasformate. Certe produzioni sono aumentate in modo spettacolare, altre molto meno, ed altre ancora hanno subito un ristagno oppure sono regredite. Così, negli Stati Uniti, fra il 1899 e il 1938, mentre si trovava moltiplicata per 1,5 la produzione agricola totale, e quella della frutta a semi per 12, invece quella di cereali era pressapoco immutata e quella di foraggio per animali da tiro diminuita di 5 punti. Ora, «la caloria-farinaceo è prodotta con molto meno lavoro e terra» delle calorie fornite dai frutti, dal latte o dalla carne. Vi è stata *in toto*, in due secoli, «una crescita straordinaria e subitanea della produzione agricola in un mondo già sfruttato dall'uomo da migliaia di anni». Tale crescita è «una conseguenza diretta dello sviluppo della produzione industriale», che ha in particolare «fornito all'agricoltura macchine e concimi» [46].

La crescita della produzione industriale è stata ancora molto più forte di quella della produzione agricola. Ciò è il risultato di enormi progressi nella produttività come anche dell'aumento, almeno fino al 1970, del numero di lavoratori occupati nell'industria. In Francia, il volume della produzione industriale è stato moltiplicato per 60 fra il 1800 e il 1980, mentre la produttività agricola si trovava ad essere moltiplicata per 6 e quella dei servizi per 10 o 20. La conseguenza di ciò è stato lo sconvolgimento della struttura della produzione in rapporto a com'era, «verso il 1800, nei paesi civilizzati». La produzione agricola rappresentava allora, come valore, circa il 66% della produzione globale di beni e servizi, contro circa il 16% per quella manifatturiera ed altrettanto per «la produzione di servizi commerciali, intellettuali e di polizia». Invece, alla fine dei *Trenta Gloriosi*, Jean Fourastié constatava il primato della produzione industriale su quella totale dei paesi sviluppati [47].

Jean Fourastié ha evidenziato la diversità attraverso il tempo del ritmo di crescita della produzione industriale francese. Sulla base di 100 nel 1938, l'indice del volume di tale produzione era stato di 66 nel 1898, di 109 nel 1913 e di 133 nel 1930. Si era quindi verificato un raddoppio della produzione industriale francese tra il 1898 e il 1930. Tuttavia, nel 1938, si è ricaduti nettamente al di sotto del 1913. Il fatto è che si lavorava molto meno ore all'anno, a causa della crisi e della settimana di 40 ore istituita dal Fronte Popolare, mentre la produttività era aumentata solo del 16%. La produzione industriale francese è in seguito caduta ancora più in basso (84 nel 1946) a causa dell'occupazione tedesca, ed ha ritrovato solo nel 1947 il suo livello, già molto basso, del 1938. In compenso, nel 1974, l'indice si trovava ad essere a 499. La produzione industriale francese si è dunque moltiplicata per 5 durante i *Trenta Gloriosi*, in cui «il ritmo di crescita della produzione industriale (...) fu all'incirca del 6/7% annuo» [48]. Ciò si spiega con il fatto che la produttività industriale era 3,6 volte più alta nel 1975 che nel 1938, e che il coefficiente dell'occupazione industriale era stato nettamente accresciuto.

Jean Fourastié ha anche fatto apparire la differenza nel ritmo di crescita della produzione industriale fra i diversi paesi sviluppati. Così, mostra che nel periodo di un secolo che separa il 1981 dal 1881-1885, la crescita della produzione industriale in Francia fu meno rapida che negli Stati Uniti, ma più veloce che in Inghilterra. La produzione industriale di tale paese si è moltiplicata per 5: innanzitutto una triplicazione tra il 1881-1885 e il 1950, in seguito un aumento del 60% fra il 1950 e il 1970, ed una quasi stagnazione tra il 1970 e il 1981. In Francia, nello stesso periodo, la produzione industriale si è moltiplicata per più di 12: moltiplicazione per più di 3 fra il 1881 e il 1885 e il 1950, e poi per quasi 4 tra il 1950 e il 1981. Tuttavia, è negli Stati Uniti che l'intensità della crescita nella produzione industriale è stata più forte, poiché era pressappoco aumentata per 40 dall'inizio degli anni '80 dell'800 e il 1980. Già nel 1950, la produzione industriale americana si trovava ad essere moltiplicata per 12, ed ancora per più di 3 fra il 1950 e il 1981.

La trasformazione della struttura attiva della popolazione causata dalla produttività

Il meccanismo del movimento dell'occupazione è al centro del pensiero di Jean Fourastié[49]. Nel 1948, ne *Le Grand Espoir*, deplorava il fatto che gli economisti avessero, «disgraziatamente per la loro scienza, trascurato (...) lo studio della ripartizione della popolazione attiva a partire dalla fine del XVIII secolo» proprio quando tutti i dati statistici erano disponibili. Lui stesso, invece, metterà l'accento su tale problema. Ricorda infatti che, prima della rivoluzione industriale, tutte le nazioni avevano una percentuale oscillante fra il 75 e l'85% della loro popolazione attiva occupata in agricoltura, mentre il resto lo era negli altri due settori. Nel corso dei secoli XIX e XX, nei paesi che avevano conosciuto uno sviluppo economico, tale ripartizione si è trovata ad essere sconvolta dai progressi nella produttività, del resto diseguali a seconda dei settori e variabili nei periodi.

In modo pionieristico, Jean Fourastié ha esposto il meccanismo dello sconvolgimento della struttura della popolazione attiva. Ha mostrato che si trattava di una fondamentale conseguenza del progresso tecnico. Infatti, la crescita della produzione da esso provocata ha permesso un aumento del consumo che, allo stesso tempo, si è fortemente diversificato. Si è innanzitutto verificata la saturazione dei bisogni in derrate alimentari e poi quella delle necessità in prodotti manifatturieri, dato che l'aumento del consumo si spostava sull'acquisizione di servizi. La trasformazione della ripartizione della popolazione attiva rappresenta il mezzo di adattare la crescente produzione al consumo in aumento, poiché infatti «*la struttura della produzione* deve, in un grande paese, sapersi adattare alla *struttura del consumo*, cioè alle entrate dell'uomo medio»: e in ciò si ha «una legge importante». Ma vi è unicamente «*un fattore di perequazione*, ed uno solo, l'occupazione». Jean Fourastié non ha infatti mai smesso di insistervi:

> In periodo di progresso tecnico, il volume globale della produzione nazionale *pro-capite* aumenta costantemente. Quindi, il consumo *pro-capite* cresce globalmente, e muta strutture in seguito alla diseguale elasticità degli andamenti primari, secondari e terziari. Perciò, anche l'occupazione deve mutare strutture, cioè il numero dei lavoratori occupati nella fabbricazione (di un dato prodotto) deve incessantemente variare per adattare la produzione ai bisogni del consumo.

Jean Fourastié ha raccolto la sua dimostrazione in una celebre equazione «che lega imperativamente l'occupazione O nella produzione di un prodotto al consumo C di quest'ultimo e alla produttività *p* del lavoro in questa produzione. Tale equazione è la seguente:

Occupazione = consumo/produttività, o, per semplificare: $O = C/p$

Scriveva nel 1959:

> Tale fondamentale equazione spiega il movimento dell'occupazione da cent'anni, e in particolare lo *spopolamento delle campagne*...
>
> In effetti, i popoli la cui tecnica agricola è povera sono obbligati ad immettere nell'agricoltura la quasi totalità della loro manodopera e tuttavia sono mal nutriti. Ma, man mano che il progresso tecnico si sviluppa, il consumo nel settore primario, prima in crescita, tende a raggiungere il suo limite massimo. Quindi, l'occupazione deve decrescere.
>
> All'opposto, nel terziario la voglia di consumo cresce più rapidamente del progresso tecnico: l'occupazione cresce allora costantemente.

Nel settore secondario, la situazione è dapprima più fortemente evolutiva che nel terziario, in seguito alla maggior urgenza dei bisogni, ma a partire da un dato momento gli effetti del progresso tecnico bastano (ampiamente) a soddisfare la domanda di consumo, tuttavia di per se stessa in forte crescita: l'occupazione raggiunge quindi il suo limite massimo in attesa di iniziare a decrescere [50].

Tale è lo schema dell'evoluzione nella struttura della popolazione attiva per effetto del progresso tecnico presentato da Jean Fourastié fin dal 1947-'48. Tale schema spiegava le trasformazioni già avvenute, e annunciava quelle a venire, poi effettivamente prodottesi.

La *caduta dell'occupazione agricola* costituisce un elemento dello sviluppo economico. All'indomani della II Guerra mondiale, Jean Fourastié ha fatto sensazione spiegando che lo spopolamento delle campagne, allora unanimemente deplorato e che si tentava inutilmente di combattere, era inerente allo sviluppo economico, annunciando che lo «sgonfiamento del settore primario» [51] si sarebbe accentuato contemporaneamente al progresso economico. Di fatto, la parte della popolazione attiva occupata in agricoltura è calata in due secoli per effetto del rialzo della produzione causato dal progresso tecnico. Quest'ultimo poi ha permesso che un numero sempre più ristretto di lavoratori bastasse a nutrire la popolazione. Mentre l'agricoltore tradizionale nutriva a malapena da 2 a 2,2 persone, già nel periodo 1895-'99 un agricoltore americano nutriva 7,6 persone ed uno francese 4,3. Tali cifre sono rispettivamente divenute 14,8 e 5,1 persone per il periodo 1935-'39, 38 e 10 per gli anni 1960-'61, 95 e 40 verso il 1990. Di conseguenza, la percentuale di popolazione attiva agricola è divenuta infima. Si è verificato uno sgonfiamento del settore primario nel senso abituale del termine. Esso rappresentava negli Stati Uniti il 75% della popolazione attiva nel 1920, il 37,4% nel 1900, il 14% nel 1950, l'8% nel 1960 ed il 3,6% nel 1980. Con tale ordine di percentuale, Jean Fourastié riteneva che vi fosse la tendenza a giungere ad un tasso minimo di agricoltori pressappoco incomprimibile. In Francia, dove i progressi in produttività sono stati comunque meno forti, la riduzione degli effettivi nel settore primario è stata più lenta. Formando il 75% della popolazione attiva nel 1801, il 53% nel 1856 e il 42% nel 1901, ne rappresentava ancora il 36% nel 1946. Solo con i *Trenta Gloriosi* si è davvero sgonfiato: 14% nel 1970, 8,9% nel 1980 e 6% nel 1990.

Qui si ha un fenomeno economicamente positivo. Dal 1945 e da *L'économie française dans le monde*, Jean Fourastié ha certamente sottolineato che lo sgonfiamento del settore primario era un fenomeno assolutamente generale nei paesi sviluppati e che costituiva allo stesso tempo un elemento dello sviluppo e un indice del suo grado. Non ha cessato quindi di ricordare che i paesi che impiegavano una grande porzione della popolazione attiva in agricoltura erano poco sviluppati, e dunque poveri e a basso livello di vita. Jean Fourastié ha evidenziato tale processo per paesi europei che avevano compiuto notevoli progressi nello sviluppo durante gli anni dal 1960 al 1980. Così l'Italia, che nel 1968 contava ancora il 22% della sua popolazione attiva in agricoltura, ne aveva solo il 14% nel 1981. Era ancora molto per un paese occidentale, ma questa forte caduta dell'occupazione agricola era il corrispettivo di anni di sviluppo economico intenso e di spettacolare arricchimento della società italiana.

Jean Fourastié ha dimostrato che un paese non può svilupparsi ed arricchirsi senza un'enorme diminuzione della proporzione di lavoratori agricoli nella sua popolazione attiva. È un fenomeno economicamente positivo, che ha permesso alle popolazioni dei paesi sviluppati di accedere ad un'alimentazione abbondante, varia e a buon mercato. Ciò ha significato la fine della carestia e della sottoalimentazione caratteristiche delle società pre-industriali.

La nostalgia della ruralità perduta non è purtuttavia stata trascurata da Jean Fourastié. Benché economicamente e socialmente positivo, tale esodo rurale e tale sradicamento di una gran parte dei contadini è stato umanamente un fenomeno doloroso, da lui mai sottovalutato. Fin dal 1948, rievocava «il dramma (...) che consiste nel passare da una masseria isolata del Quercy, in cui il genere di vita era lo stesso dai tempi di Virgilio, all'inorganica periferia di una grande città del Nord». L'esodo rurale fu tuttavia infinitamente meno tragico della sotto-alimentazione mortifera, delle epidemie e delle grandi mortalità delle società rurali tradizionali. Ma questa realtà non impedisce la nostalgia della civiltà contadina, di cui ora è facile dimenticare la rudezza e le sofferenze per ricordarne solo la stabilità e il calore umano, l'idea di una vita sana e la virtù dei prodotti naturali. Tuttavia – sottolinea –, «il latte "naturale" delle vacche "naturali" causa la tubercolosi e la vita "sana" di una volta faceva morire un bambino su tre prima del suo primo compleanno.

E, dei due che restavano, nelle classi povere uno solo superava, in Francia (...) attorno al 1800, l'età di 25 anni» [52].

Per quanto riguarda la *lievitazione dell'occupazione industriale*, Jean Fourastié *annuncia fin dal 1948 il suo riflusso*. Quando esce *Le Grand Espoir du XXe siècle*, «la maggior parte degli economisti e degli "uomini di penna" crede ancora che l'industria assorba sempre più lavoratori e che il mondo futuro sarà un'enorme fabbrica». Jean Fourastié appare come un mentitore contro quasta idea dominante. Interrogando le statistiche, constata che «le professioni secondarie sono al loro culmine nel 1920 negli Stati Uniti, con il terzo del totale» della popolazione attiva, che «da allora tale settore segna il limite massimo malgrado la lievitazione dovuta alla guerra», e annuncia che l'avvenire produrrà «un ineluttabile sgionfiamento nel settore secondario» [53]. Senza alcun dubbio, l'industria è stata però innnanzitutto la grande beneficiaria dello sgonfiamento del settore primario, a tal punto che si è creduto a lungo che il principale risultato del progresso tecnico e dello sviluppo economico fosse quello di svuotare i campi per riempire le fabbriche. A causa di ciò, si è verificato per un periodo molto lungo una crescita costante della percentuale della popolazione attiva occupata nell'industria. Ma, come aveva previsto Jean Fourastié, la decadenza di questo tasso non ha tardato ad iniziare. Dagli anni '70 del '900, le fabbriche si svuotano a loro volta.

Negli Stati Uniti, la percentuale della popolazione attiva impiegata nell'industria, che era al 12% nel 1820, è salita al 29% nel 1900 e al 33% nel 1920. Per effetto della Grande Depressione, è ridiscesa al 28% nel 1937 e risalita al 31% nel 1940 per culminare di nuovo al 33% nel 1970 e ridiscendere al 29,5% nel 1980. In Francia, l'evoluzione è stata comparabile: il 10% all'inizio del XIX secolo, il 30% nel 1901, il 40% nel 1970 e il 35,8% nel 1980 [54]. Come sottolinea Jean Fourastié, tanto in Francia che negli Stati Uniti si osserva la stessa curva nell'occupazione industriale: innanzitutto una forte e rapida crescita nel corso del XIX secolo, poiché la sua percentuale si moltiplica per 3 in un secolo; in seguito, una lenta e assai debole crescita dal 1900 al 1970 e, infine, una decrescita iniziata negli anni '70. Nella Francia del 1990 vi era ormai solo il 29% di cittadini attivi nell'industria, cioè meno che nel 1945 [55].

La crescita della popolazione terziaria fu prevista fin dal 1948 da Jean Fourastié. Lui annunciava che il settore terziario sarebbe stato il grande beneficiario dello sconvolgimento nella struttura della popolazione attiva per effetto del progresso tecnico. Di fatto, ha evidenziato, in Francia come negli Stati Uniti, un raddoppio nella percentuale dell'impiego terziario nel corso del XIX secolo, e poi un nuovo raddoppio fra il 1900 e il 1980. Partito da una percentuale della popolazione attiva del 15% nel 1820, il terziario rappresentava, nel 1900, rispettivamente il 33,6% negli Stati Uniti e il 28% in Francia. Nel 1980, costituiva il 67% della popolazione attiva americana, e il 55,3% di quella francese. Gli Stati Uniti erano quindi un po' in anticipo sulla Francia[56] in questa crescita del settore terziario, destinata a continuare e a raggiungere un livello molto alto.

Già negli anni '40, Jean Fourastié annunciava che l'uomo si sarebbe liberato dal lavoro industriale come si era «liberato (in larga parte) del lavoro agricolo», e che «nulla [sarebbe] meno industriale del genere di vita nato dalla civiltà industriale». Da quel momento, prevedeva un aumento della «popolazione terziaria» fino all'80% di tutta quella attiva, senza escludere che potesse toccare il 90% o addirittura il 95%. Questo enorme gonfiamento del terziario sarebbe stato il risultato ultimo del processo di incremento della produttività causato dal progresso tecnico. E quest'ultimo avrebbe inoltre provocato importantissime migrazioni della popolazione attiva «all'interno del terziario, da una professione terziaria all'altra»[57].

Jean Fourastié ha sempre insistito sul fatto che questo vasto trasferimento della popolazione attiva verso il settore terziario – nel senso dato a questo termine, di lavori a progresso tecnico scarso o nullo – risultava dalla combinazione fra la struttura delle domande di consumo degli individui e la diversità dei livelli di produttività nelle diverse attività produttive. Dato che il consumatore era molto presto saturo di prodotti alimentari, e lo diveniva meno in fretta ma comunque si saturava di prodotti manifatturieri, un'alta o molto alta produttività può lasciar sussistere solo un piccolo numero di lavoratori nel settore primario e secondario. In compenso, Jean Fourastié insisteva fin dal 1948 sugli «insaziabili appetiti di terziario manifestati dal consumo». Certo, annunciava anche che certi mestieri al momento terziari sarebbero stati a loro volta colpiti dal progresso tecnico, e che di conseguenza sarebbero usciti dal settore terziario per raggiungere i «mestieri a grande progresso tecnico» e quindi a bassa occupazione. Ma, a dispetto di tale risicatura del terziario da parte del progresso tecnico, pronosticava che «l'eccesso di popolazione attiva» da esso liberato avrebbe trovato «il suo impiego nel terziario residuo», laddove i progressi di produttività restavano scarsi o nulli. Dalla prima edizione del *Grand Espoir*, prevedeva che finché sarebbero esistiti «mestieri a scarsissimo progresso tecnico ed una sufficiente domanda dei loro prodotti», il gonfiamento degli effettivi del terziario era destinato a continuare fino al momento in cui, trovandosi «tutti o quasi» nel terziario, la progressione sarebbe fatalmente terminata»[58]. Fin dagli anni '40, Jean Fourastié aveva dunque annunciato la caduta dell'occupazione agricola a vantaggio di quella industriale, e poi lo sgonfiamento di quest'ultimo in favore dei servizi, ultimi beneficiari di tutta questa evoluzione per il fatto che, se vi è saturazione di bisogni in prodotti alimentari e manifatturieri, «l'appetito di servizi a scarso progresso tecnico è illimitata». Alla vigilia della morte, nel 1990, traccia la seguente conclusione: «Oggi la teoria è verificata: vi è il 6% di cittadini attivi in agricoltura, il 29% nell'industria (...) e il 65% di cittadini attivi nei servizi. La tendenza continua...»[59].

L'evoluzione nelle diverse categorie di prezzi reali

Basandosi sulle sue grandi ricerche statistiche, Jean Fourastié ha condotto uno studio completamente innovativo sull'evoluzione a lungo termine dei prezzi reali di un ingente numero di prodotti. Ha così dimostrato l'influenza del progresso tecnico – o della sua assenza - sui prezzi nel corso dei secoli XIX e XX. Ed ha aggiunto a queste comparazioni tra i prezzi nel tempo paragoni del tutto chiarificatori nello spazio, che in tal caso evidenziano il legame fra il progresso tecnico (cioè, in definitiva, l'incremento della produttività) e il calo dei prezzi reali.

L'importanza determinante del prezzo di costo è una capitale scoperta di Jean Fourastié[60]. L'evoluzione storica dei prezzi di vendita dei prodotti di largo consumo deriva fondamentalmente da quella dei loro prezzi di costo, e il profitto ha qui solo un ruolo estremamente secondario. Per i prodotti di consumo comune, non è il profitto a determinare il livello dei prezzi di vendita, ma proprio il prezzo di costo. Jean Fourastié ne dà un esempio sorprendente. Se il prezzo di 1 kg di pane era di 0,16 salari orari lavorativi nel 1976, ciò non dipende dal fatto che il profitto sarebbe stato nel XVII secolo di

2,8 salari orari lavorativi per divenire poi quasi nullo alla fine del XX secolo, ma semplicemente perché il prezzo di costo del kg di pane è calato in due secoli da circa 2,7 a un po' meno di 0,16 salari orari lavorativi. Allo stesso tempo, se il prezzo del kg di pane è a Praga di 1 salario orario lavorativo nel 1975, non è a causa dei profitti, inesistenti nell'economia socialista della Cecoslovacchia di quel periodo, ma proprio perché i prezzi di costo lì sono ancora quelli della Francia intorno al 1900: che sono poi quelli di un paese europeo un tempo prospero, ma che nel 1975 aveva accumulato quasi un secolo di ritardo tecnico ed economico nei confronti della Francia, dovuto alla socializzazione della sua economia, a sua volta conseguenza del suo scivolamento verso un regime comunista.

Quindi, il prezzo di vendita di un prodotto può seriamente e durevolmente calare solo se si abbassa il suo prezzo di costo. Ma, per questo, occorre che la fabbricazione di tale prodotto esiga meno ore di lavoro umano, cioè che la produzione sia più efficace, e che vi sia un progresso nella produttività. Ora, come ha mostrato Jean Fourastié, i progressi nella produttività sono molto diseguali a seconda delle categorie di produzione, in modo che per i prezzi, espressi in salari orari lavorativi, esistono due grandi tipi di produzione a lungo termine. Vi sono, da un lato, i prezzi che sono calati in modo notevole, oppure enormemente: sono quelli ad andamento primario[61] e secondario[62]. E poi sussistono, dall'altro, i prezzi che sono solo scarsamente calati nel corso di due secoli, e sono quelli ad andamento terziario[63]. Jean Fourastié insiste ancora sul fatto che la pur necessaria categorizzazione non deve far dimenticare che «il prezzo *di ogni articolo* ha una storia propria, dipendente da una tecnica propria».

Jean Fourastié osserva che

> molti prodotti alimentari, soprattutto se si considerano i loro prezzi di vendita al dettaglio, hanno un andamento (...) più da prodotti terziari che da primari: ad esempio, la frutta come la pesca, la fragola e l'uva da tavola beneficiano solo di scarsi progressi tecnici nella produzione...

Ritiene infatti che «il prodotto primario-tipo sia la patata, la cui produttività è cresciuta solo lentamente fra il 1800 e il 1960 (40% in 160 anni) (...) e il cui prezzo decresce più scarsamente di quello della grande maggioranza dei prodotti (circa 10 salari orari al quintale all'inizio degli anni '60 contro 25 nel 1800)». E sottolinea che «il grano e gli altri cereali hanno un andamento notevolmente secondario».

La caduta dei prezzi del grano e del pane costituisce un fenomeno particolarmente spettacolare[64]. In Francia, come negli altri paesi europei, il prezzo il cui calo ha cambiato nel modo più fondamentale la vita degli esseri umani è quello del grano, base tradizionale dell'alimentazione popolare: «Tutta la storia economica si collega al prezzo reale dei cereali e dell'alimentazione». Ora, in Francia il prezzo del quintale di grano, che era in media di 200 salari orari lavorativi nel XVIII secolo, è calato a 72 nel periodo 1901-1910, a 36 in quello dal 1931 al 1940, a 14 in quello dal 1961 al 1970, a 6,6 nel 1975, a 4,9 nel 1980, a 4 nel 1984 e a 3 salari orari lavorativi nel 1990[65]. Ciò deriva dal fatto che il tempo di lavoro necessario per produrre un quintale di grano passava da 200 ore nel XVIII secolo e all'alba del XIX, a meno di 3 ore alla fine del XX. Ne è derivato, in meno di due secoli, una caduta del prezzo del grano. Jean Fourastié indica che il prezzo alla produzione del quintale di grano in Francia si è diviso per più di 19 fra il 1880 e il 1975, e che il suo prezzo di vendita si è diviso per più di 50 fra l'inizio del XIX secolo e il 1984.

Il grano è il prodotto agricolo il cui prezzo è maggiormente calato, poiché è quello maggiormente meccanizzatosi nel suo processo produttivo. La produzione del grano ha beneficiato di enormi progressi di produttività che ne hanno fatto il campione nel calo dei prezzi.

Quest'enorme calo dei prezzi del grano ha naturalmente provocato quello del prezzo del pane.

Fino all'inizio del XIX secolo, il prezzo del pane al kg era vicino a quello del kg di grano, poiché con una data pesatura di grano si faceva sempre un peso superiore di pane. Nel XVIII secolo, il prezzo del kg di pane era in media dal 2 al 2,5 salari orari lavorativi. Tale prezzo era caduto nel 1976 a 0,16 salari orari lavorativi, per cui nel 1978 ad un lavoratore bastava lavorare circa 10 minuti per comprare un kg di pane, mentre occorrevano 2 o 2,5 ore di lavoro nel XVIII secolo: il kg di pane diveniva così quasi gratuito.

Jaen Fourastié ha analizzato in dettaglio le grandi tappe di quest'enorme calo del prezzo del pane. Il prezzo del kg di pane a Parigi era ancora, all'inizio del XIX secolo, superiore a due salari orari lavorativi, con un massimo di 2,83 nel 1802 e di 2,85 nel 1828, e con un minimo di 1,67 nel 1822. Il 1847 fu ancora un anno difficile con il kg di pane a 2,7 salari orari lavorativi. Ma, dopo tale data, passa al disotto di 2 salari orari lavorativi. Durante le eccezionali annate 1850 e 1851, risultato di una felice congiuntura climatica, il kg di pane cade a 1,38 salari orari lavorativi, prezzo talmente basso da non essere stato toccato da due secoli, ma per poi risalire a 2,4 durante la cattiva annata 1856. Dopo di ciò, tuttavia, il prezzo del kg di pane a Parigi sarà sempre inferiore a 2 salari orari lavorativi[66], con *records* sempre più bassi: 1,27 nel 1895 e 1,13 nel 1902, per poi risalire a 1,27 nel 1914. Quindi, all'inizio del XX secolo, il prezzo del kg di pane a Parigi resta ancora un po' superiore a 1 salario orario lavorativo. Il pane rimane «una componente essenziale della condizione operaia», e il socialismo continua a porre «la gratuità del pane, "ad ognuno secondo i propri bisogni", al primo posto nel suo programma rivoluzionario». Ma, dopo il 1920, il prezzo del kg di pane cade definitivamente al disotto di 1 salario orario lavorativo, conseguenza del crescente progresso tecnico di cui beneficia la produzione del grano. Il prezzo del pane si colloca innanzitutto fra 0,65 e 0,75 salari orari lavorativi, con ancora qualche spinta al rialzo. L'annata 1926 è l'ultima in cui il prezzo del kg di pane si avvicina ad 1 salario orario lavorativo (0,91). Poi, a partire dal 1935, il prezzo del pane ruota attorno a 0,5 salari orari lavorativi. Per il periodo 1940-1948, i prezzi «sono fittizi, poiché il pane era allora drammaticamente razionato» a causa della guerra, dell'occupazione tedesca e delle loro conseguenze. Ma, a partire dal 1950, si trova di nuovo pane in libera vendita a prezzi al kg sempre più bassi: 0,36 salari orari lavorativi nel 1950, 0,26 nel 1960, 0,21 nel 1965 e 0,16 nel 1975. Se i regimi alimentari non avevano nel frattempo subito alcuna evoluzione, al lavoratore del 1975 sarebbe bastata un'ora di lavoro al giorno per nutrire tutta la famiglia, mentre due secoli prima un lavoratore guadagnava appena il pane necessario alla sopravvivenza della famiglia lavorando 10 ore al giorno. Jean Fourastié osservava che il grande sogno socialista del XIX secolo e dell'inizio del XX, il pane gratuito, sarebbe stato fin troppo facilmente realizzabile negli ultimi decenni del XX secolo, ma che non interessava a nessuno. In effetti, «la rivendicazione socialista del *pane gratuito* è scomparsa dal vocabolario politico proprio dal momento in cui diveniva facile soddisfarlo».

Il pane al kg diveniva troppo basso per restare vendibile. Il suo prezzo era caduto talmente in basso che i fornai smettevano di venderlo. Jean Fourastié osserva nel 1977 che il «gran pane a peso» era scomparso dalle panetterie nel corso degli anni '70. In effetti, con un margine di remunerazione del fornaio del 30% e con il kg di pane venduto a 0,16 salari orari lavorativi, aveva solo 0,05 salari orari lavorativi, (quindi, il valore di 3 minuti di lavoro) «per impastare, cuocere, pesare e vendere al dettaglio 1 kg di pane grande», cosicché questo pane, che era allora sempre legalmente in vendita, costava al fornaio più di quanto gli faceva guadagnare. I fornai hanno di conseguenza orientato la loro produzione su forme di pane più sofisticate, a prezzi di costo e di vendita maggiori, e quindi più remunerativi. Solo in tal modo un certo numero di fornai poteva sopravvivere. In effetti, sussiste una «frazione "terziaria" della fabbricazione locale del pane e della vendita al dettaglio fatta dai fornai» che deve essere abbastanza remunerativa perché altrimenti i fornai chiuderebbero. E Jean Fourastié osservava che tale dimensione terziaria nella produzione del pane si avvicinava all'«incomprimibile». E questo significa che ha impedito al prezzo del pane di continuare a cadere e di seguire fino in fondo la caduta di quello dei cereali[67]. Tuttavia, resta il fatto che, anche se la *baguette* o il pane di campagna sono nettamente più cari al kg del pane grande a peso, i loro prezzi testimoniano del prodigioso calo del prezzo del pane avutosi da due secoli a questa parte.

I prezzi degli altri prodotti alimentari hanno avuto *andamenti diversificati*[68]: alcuni sono caduti, mentre altri hanno conosciuto solo un moderato calo.

Fourastié indicava che in Francia i prodotti il cui prezzo al dettaglio era calato di meno erano la patata, alcune categorie di carne (cosciotto) ed alcuni pesci (razza). Fra il 1875 e il 1974, il prezzo reale delle patate si divideva per 2 (passando da 0,27 a 0,14 salari orari lavorativi), e il prezzo reale del cosciotto per 3 (passando da 10,2 a 3,1 salari orari lavorativi).

All'opposto, il prezzo reale di altri prodotti calava in modo incredibile. Fra il 1875 e il 1974, il prezzo reale dello zucchero si divideva per 28, passando da 7,10 a 0,23 salari orari lavorativi. Nel 1875, un operaio doveva lavorare più di 7 ore per comprare 1 kg di zucchero, mentre gli bastavano 14 minuti di lavoro per farlo nel 1914. Tale era il risultato dei grandi progressi fatti nella coltura delle barbabietole e soprattutto nell'industria zuccheriera. Prima di questo, lo zucchero era un prodotto di gran lusso. Jean Fourastié se ne ricordava, proprio lui cui nell'infanzia la nonna contadina dava talvolta la domenica, in premio, un pezzetto di zucchero bagnato nell'acqua del pozzo. Nello stesso periodo 1875-1975, il prezzo dell'olio di arachidi si divideva per 20, passando da 8,90 a 0,43 salari orari lavorativi [69]. Quanto alle paste alimentari e al vino ordinario, il loro prezzo reale si divideva nello stesso periodo per 10 [70].

Per quanto riguarda la carne da macelleria, fra il 1910 e il 1974 il prezzo reale medio del kg dei pezzi di bollito si divideva per 5, mentre quello del kg di filetto solo per 2, conseguenza di una maggiore domanda di «carni da cucinare alla griglia o arrosto, preparate e cotte più rapidamente, e di maggior prestigio» [71]. Ma, nell'insieme, le disuguaglianze fra i prezzi delle carni sono la conseguenza di quelle del progresso tecnico nella loro produzione.

Fourastié offre di tutto ciò un quadro particolarmente chiarificatore con l'esempio dei prezzi comparati del pollo e del coniglio [72]. Per secoli, il pollo era un prodotto di lusso, ma non altrettanto il coniglio: un pollo valeva per tradizione una giornata lavorativa, quindi 12 salari orari; un coniglio costava quasi due volte meno, cioè 7 salari orari lavorativi, e questo valeva ancora nel 1910. Tale differenza di prezzo derivava dalla differenza fra il tempo lavorativo umano necessario alla produzione di un pollo e di un coniglio. Quanto al prezzo del kg di bistecca, nel 1910 era di 6,6 salari orari lavorativi. Verso la metà del XX secolo, i prezzi del pollo e del coniglio avevano subito un leggero calo, ma il loro rapporto all'incirca di 2 a 1 restava invariato. Nel 1949, a Parigi, il kg di pollo e quello di coniglio valevano rispettivamente 7 e 3,8 salari orari lavorativi. Il pollo restava una derrata di lusso, più cara della bistecca, il cui prezzo reale restava praticamente immutato, poiché nel 1949 valeva 5,85 salari orari lavorativi al kg. Poi si verificò la meccanizzazione dell'allevamento del pollo, causa di un'alta produttività. Di conseguenza, dal 1949 al 1975, il prezzo reale al kg si divideva per 10, cadendo a 0,7 salari orari lavorativi. Contemporaneamente, a causa di un notevolmente minore progresso tecnico, i prezzi reali del kg di coniglio e di quello di bistecca si dividevano solo per 2, il che equivaleva rispettivamente a 1,5 e 2,5 salari orari lavorativi. Ne derivava un rovesciamento della gerarchia di prezzi delle carni. Per i progressi tecnici realizzati a partire dagli anni '50 nella produzione del pollo, quest'ultimo diveniva meno caro della bistecca a partire dal 1954, e del coniglio a partire dal 1960. Nel 1975, il prezzo reale di 1 kg di coniglio era raddoppiato rispetto a quello di pollo. In totale, dal 1910 al 1975, il potere di acquisto del salario si moltiplicava per 2,2 per quanto riguarda la bistecca e per 16,4 per quanto concerne il pollo. Fourastié sottolinea che tali fatti talmente essenziali per l'aumento del livello di vita non si spiegano assolutamente «con avvenimenti politici, giuridici o istituzionali» ma «con considerazioni tecniche», e che sono riscontrabili «in tutti i paesi in cui la produzione del pollo si fa con tecniche meccanizzate».

Quanto ai *prodotti manifatturieri*, Fourastié osserva che i loro prezzi reali hanno in genere un *andamento secondario*, cioè che hanno subito un *enorme calo* a causa del progresso tecnico e dell'aumento della produttività da esso causata. Tuttavia, alcuni prodotti manifatturieri sfuggono a tale regola, ed hanno un andamento terziario [73].

Un esempio tipico di prezzo ad andamento secondario che cala per effetto del progresso tecnico si trova in quello della comune bicicletta. Il suo prezzo reale si è diviso per più di 20 fra il 1895 e il 1974. Nel 1895, il suo prezzo era di 800 salari orari lavorativi, il che corrispondeva nel 1974 al prezzo di un'utilitaria. Nel 1925, il prezzo della comune bicicletta era di 200 salari orari lavorativi, e nel 1957 era caduto a 95, e a 37 nel 1974. Tuttavia, il movimento di caduta si è fermato qui. Il prezzo reale della bicicletta comune in seguito è leggermente risalito a 42 salari orari lavorativi nel 1976, e a 50 nel 1987. Il fenomeno si deve al fatto che il calo del prezzo reale sarebbe stato ancora più forte se il modello fosse rigorosamente rimasto lo stesso, e quindi se la bicicletta comune non fosse stata largamente migliorata durante gli anni con notevoli perfezionamenti tecnici: le sue prestazioni sono infatti state aumentate a tal punto che la bicicletta meno costosa ha avuto la tendenza a trasformarsi, negli anni '80, in prodotto di lusso, con un prezzo dall'andamento ormai terziario [74].

Se si prende un prodotto industriale ad altissimo progresso tecnico e dall'esistenza antica come il vetro, la caduta del prezzo diviene vertiginosa [75]. Occorre dire che il punto di partenza era straordinariamente elevato, e da questo deriva il carattere spettacolare della *Galerie des glaces* al castello di Versailles. All'alba del XVIII secolo, il prezzo di un bello specchio era quello di una proprietà agricola. «Si vendevano ettari di terra per avere uno specchio sul caminetto del salone del proprio castello»[76]. Nel 1702, uno specchio di 4 m^2 erano allora «i più grandi che si potessero produrre» – costava più di 40.000 salari orari lavorativi, il che significava che sarebbero occorsi 10 anni lavorativi di un lavoratore per pagarlo. «Nella costruzione dei bei palazzi dell'epoca, gli specchi costano di regola quanto la struttura e la copertura». Ora, nel 1835, il prezzo dello specchio di $4m^2$ si era diviso per 6 a causa di un certo progresso tecnico, ma era ancora di 6500 salari orari lavorativi, e quindi valeva quasi 2 anni di lavoro di costui. Nel 1884, il prezzo dello specchio di $4m^2$ era sceso a 800 salari orari lavorativi, nel 1950 era calato a 100, nel 1972 a 22 e nel 1990 valeva solo 7 salari orari lavorativi. Per quanto riguarda gli specchio di $4m^2$ il potere d'acquisto dei salariati si è moltiplicato, in rapporto all'inizio del XVIII secolo, per quasi 2000 nel 1972 e per quasi 6000 nel 1990.

Fourastié fornisce altri esempi di spiccati andamenti secondari, con disparità a seconda del grado di progresso tecnico. Fra il 1910 e il 1974, il prezzo della matita nera si è diviso per 10, e quello della lampadina elettrica per 15. Nel 1950, il prezzo del m^3 d'acqua a Parigi era 147 volte meno alto che nel 1856[77]. Tale prezzo molto basso ha permesso un'abbondante utilizzazione dell'acqua, di cui non aveva mai usufruito prima la popolazione parigina, e anche un suo spreco. Tuttavia, la caduta del prezzo dell'acqua termina verso il 1950, e tende a tornare ad un andamento terziario[78]. Quanto al m^3 del gas di città a Parigi, costava nel 1975 circa 50 volte meno che nel 1840[79]. Nel 1975, il prezzo reale medio del kwh di elettricità a Parigi era 100 volte meno caro che nel 1890 e 10 volte meno che nel 1925. Lo stesso vale per il prezzo reale di 1 kg di gomma, che si è diviso per più di 100 fra i primi anni del '900 e il 1975[80]. In quanto concerne le automobili, mentre una Renault 11 CV valeva 25.000 salari orari lavorativi nel 1914, e ancora 7.800 nel 1930, «una vettura che svolgeva più compiti di una Renault del 1930» valeva solo, alla fine degli anni '70, 2.000 salari orari lavorativi. E ciò significava una moltiplicazione per più di 10 del potere d'acquisto dei salari nel campo delle vetture, con la conseguenza che il numero delle automobili è passato in Francia dalle 100.000 nel 1914 ai quasi 15 milioni intorno al 1980.

Lo stesso fenomeno si ritrova anche con le radio, le televisioni e gli aspirapolvere. Più di recente, Fourastié ha evidenziato la rapidissima caduta del prezzo reale delle calcolatrici elettroniche. Mostra che «una piccola calcolatrice tascabile, che al momento della sua uscita sul mercato francese, attorno al 1971, costava all'incirca come 45 kg di bistecca, e che ne valeva 10 ancora nel 1974, non ne valeva neanche più 1 ma solo i suoi 9/10 nel 1982[81].

Alcuni prodotti manifatturieri hanno un prezzo reale ad andamento terziario, rimasto stabile oppure aumentato. Fourastié spiega che può trattarsi di prodotti fuori moda, sostituiti progressivamente ma non del tutto con articoli più moderni, in tal modo che la loro fabbricazione non viene fatta in grandissima serie e quindi resta semi-artigianale. Nei repertori statistici elaborati da Fourastié era questo il caso – ad esempio – della falce o del vetro per lampade a petrolio. Può trattarsi anche di prodotti sempre molto richiesti e fabbricati in grande quantità, ma la cui fabbricazione esige tante cure e rifiniture da essere assimilabili ai prodotti artigianali: per Fourastié ne sono un esempio i vetri e gli strumenti musicali. Infine, ci sono i prodotti manifatturieri, la cui quantità è tanto prodigiosamente aumentata che il loro prezzo resta elevato a dispetto di un notevole progresso tecnico. Fourastié cita il caso del biglietto di viaggio in un vagone ferroviario di terza classe fra il 1850 e il 1949. In questo periodo, il prezzo reale del biglietto di terza classe è notevolmente aumentato, ma con il passaggio da una ben poco confortevole carretta scoperta con sedili ad un vagone chiuso, riscaldato e con corridoi e gabinetti. Il guadagno in *comfort* ed in sicurezza ha controbilanciato l'aumento della produttività dovuto al progresso tecnico, con il risultato di un prezzo reale ad andamento terziario.

Per quanto riguarda *i prezzi degli altri prodotti e servizi*[82], nei decenni dal 1940 al 1970, in cui si svolge l'essenziale delle ricerche di Fourastié, hanno avuto un *andamento terziario*, e quindi hanno manifestato una *grande stabilità nel tempo* a causa di un'assenza o quasi di progresso tecnico.

> Il servizio terziario-tipo è quello offerto da una persona ad un'altra con un lavoro a tempo definiti, per esempio un'ora di donna di servizio o 2000 ore di cameriera; i servizi offerti da un cameriere di caffè o di ristorante, o da un "autista" di taxi...

Tuttavia, proprio come Fourastié annunciava fin dal 1949, le «attività a scarso progresso tecnico» non sono tutte rimaste tali. Per effetto di «nuove scoperte scientifiche», alcune di esse hanno conosciuto notevoli progressi in produttività. Infatti, solo nelle professioni rimaste refrattarie al progresso tecnico restava l'andamento tipicamente terziario della stabilità dei prezzi reali.

Jean Fourastié offre come esempio tipico di prezzo ad andamento terziario quello del «taglio di capelli maschile ordinario, eseguito a forbice». In Francia, dal 1900 al 1976, il suo prezzo reale resta praticamente costante, molto vicino al salario orario lavorativo [83]. Tale stabilità si spiega con la quasi totale assenza di progresso tecnico in questo campo. Occorre sempre e certamente lo stesso tempo per tagliare i capelli di una persona con lo stesso strumento. Tuttavia, osservava Fourastié, da un lato, tale prezzo era artificialmente mantenuto un po' basso dal *Contrôle des prix* e, dall'altro, era «difficile nel 1979 ottenere da un barbiere il taglio di capelli senza alcuna aggiunta». Notava che gli «*shampoos*, i tagli con il rasoio, le lozioni... sono mezzi che il parrucchiere usa per aumentare il suo reddito», in tal modo che, per effetto dell'ingegnosità dei parrucchieri, e anche dell'aumento del potere d'acquisto della popolazione, pronta a pagare servizi più sofisticati, «la regola centenaria e finora universale dell'uguaglianza fra il prezzo del taglio di capelli maschile ed il salario orario *lavorativo*» tendeva ad essere sostituita dalla «regola che ogni essere umano versa al suo parrucchiere un'ora *del suo salario*».

Uno dei prezzi ad andamento ancor più decisamente terziario è quello della tappezzeria d'arte, dal momento che non ha conosciuto alcun progresso tecnico e nessun aumento di produttività. «Gli operai licciai della *Manifacture des Gobelins* lavorano oggi con gli stessi metodi degli artigiani del XVIII secolo, almeno in quanto riguarda le tappezzerie di alto liccio». Quindi, di conseguneza, il prezzo reale del m^2 della tappezzeria ad alto liccio è rimasto invariato dal XVIII secolo: da 2.000 a 6.000 salari orari lavorativi, a seconda della finezza del punto.

Jean Fourastié moltiplica gli esempi di prezzo ad andamento terziario. Mostra in particolare che, in modo generale, ogni riparazione ha un prezzo ad andamento terziario (prezzo reale stabile), mentre il prezzo d'acquisto di un oggetto nuovo ne ha più spesso uno secondario (prezzo reale in forte calo). Ciò incita «il consumatore a gettare più che a far riparare».

Per quanto riguarda il settore alberghiero, Fourastié ha mostrato che il prezzo reale delle camere d'albergo di terza categoria si è diviso per 2,5 fra il 1913 e il 1976 a causa di un certo progresso di produttività che ha permesso una riduzione nel personale. In compenso, il prezzo reale delle camere d'albergo di gran lusso, a causa del mantenimento di un servizio cui occorre un personale numeroso, non ha subito praticamente alcun calo ed ha quindi «un andamento tipicamente terziario».

Per il fatto che include il prezzo degli alimenti, la ristorazione non è puramente terziaria. Ma il posto del terziario vi è notevole, salvo che in quella rapida a libero servizio (*self-service*), progettata appositamente per ridurre l'occupazione e quindi aumentare la produttività. Nella ristorazione classica, il servizio in cucina come in sala è a produttività praticamente costante e quindi a prezzo reale invariato. All'opposto, il prezzo reale degli alimenti ha conosciuto un calo spesso molto forte. Nel 1830, cosa normale in un paese molto poco sviluppato, l'essenziale del prezzo di una camera d'albergo era costituito dal costo del cibo. Un pasto mediocre era correntemente pagato 20 salari orari lavorativi. Il calo nel prezzo reale di molti alimenti ha causato una certa caduta nel prezzo reale dei pasti. Intorno al 1910, i pasti negli alberghi meno reclamizzati nella guida *Michelin* costavano ancora quasi 10 salari orari lavorativi, ma solo meno della metà di questo nel 1976. E la parte del servizio superava di gran lunga quella del cibo nel prezzo pagato, come caratteristico dei paesi sviluppati.

Pur costituendo una parte importante dei servizi, il commercio era tradizionalmente refrattario al progresso tecnico ed all'aumento della produttività. Ma, a partire dagli anni '60, la tecnica del *self-service* e quella della vendita su catalogo, che trasferiscono all'acquirente una notevole parte del lavoro commerciale, hanno permesso notevoli aumenti in produttività. La distribuzione integrata permette, a pari volume di vendita, l'occupazione di un numero molto minore di persone. Fourastié ha dimostrato la fatalità di tale soluzione per la vendita dei prodotti il cui prezzo reale è molto calato e con i quali il commercio al dettaglio ormai non sopravvive. Con un margine commerciale del 30%, quando un paio di scarpe normali da uomo valeva 25 salari orari lavorativi, il commerciante di scarpe incassava il valore di 7,5 ore lavorative mentre, con i prezzi del 1976, percepisce solo quello di 1,5 ore. Lo stesso vale per un normale libro in vendita, che nel 1910 rendeva al libraio 3 salari orari lavorativi, mentre nel 1975 quella di un libro tascabile medio gli rende solo 10 minuti di salario medio lavorativo. E ciò a tal punto che, nel commercio al dettaglio, produttori e commercianti hanno interesse «a proporre ai clienti prodotti cari». Fourastié riteneva «che forse sarebbe meglio accettare un'argomentazione realista» del margine commerciale dei «prodotti normali» [84].

Ancora più tardi, a partire dalla fine degli anni '70, un notevole progresso tecnico ha interessato interi settori dei servizi. Fourastié osserva nel 1984 che «certi servizi beneficiavano da alcuni anni di progressi di produttività accelerata, e in particolare grazie allo sviluppo e alla diffusione dell'informatica». In particolare, la produttività del lavoro d'ufficio si è spettacolarmente moltiplicata a causa dell'irruzione della tecnologia burocratica (fotocopie, calcolatrici, ecc.), dell'informatica e della telematica. Purtuttavia, nel 1984 Fourastié ritiene che «questo movimento di "industrializzazione" dei sevizi» è ancora troppo recente perché sia possibile dare un giudizio sul calo dei prezzi reali da essa eventualmente causato. Inoltre, il carattere immateriale di tali «servizi moderni» rende il loro contenuto di difficile identificazione poiché fluttuante, a tal punto che «è difficile seguire l'andamento dei loro prezzi». La determinazione dell'«unità stabile del servizio reso» è problematica, e non «riscontrabile nei rilevamenti statistici». E proprio per questo Fourastié ritiene che «i progressi tecnici realizzati nei servizi» abbiano avuto ancor più, come risultato, «il miglioramento della *qualità*» di tali servizi e il «contenimento dell'inflazione nel loro costo», che il calo del loro prezzo di costo.

La causa di ciò sta nel fatto che «i progressi tecnici realizzati nei servizi creano certe economie ma comportano simultaneamente alcuni problemi un tempo sconosciuti». Tuttavia, Fourastié non esclude che in avvenire il progresso tecnico crei un effetto di più marcato calo sui prezzi dei «servizi moderni». Comunque, ritiene che il settore terziario nel senso abituale del termine, il «vecchio blocco terziario», debba essere suddiviso in numerosi gruppi «a seconda della loro attuale permeabilità al progresso tecnico». Ed è solo infatti nella parte del terziario, in cui interviene solo «l'attività di una persona, senza ricorrere ad alcun capitale o a nessun materiale (o, almeno, lo si fa in modo trascurabile)» – ciò che Alfred Sauvy denomina «servizi puri» che si è certi che perdureranno i prezzi reali ad andamento terziario» [85]. Si tratta quindi del «terziario residuo», annunciato da Fourastié fin dal 1948, reliquia del terziario classico nel momento in cui buona parte di quest'ultimo avrebbe raggiunto i mestieri ad elevato progresso tecnico.

Con le *differenze fra i prezzi reali secondo il grado di sviluppo dei paesi*, Jean Fourastié ha completato il suo studio diacronico sull'evoluzione dei prezzi reali da due secoli ad oggi per effetto del progresso tecnico con un paragone sincronico dei prezzi reali in paesi avanzati in modo disuguale in materia di progresso tecnico e quindi di produttività.

Il suo primo paragone dei prezzi fra «paesi in cui il progresso tecnico non è giunto allo stesso grado», data dal 1948 [86]. Constata che «le disparità rilevate nel rendimento del lavoro si ritrovano nei prezzi. *Le disparità nei prezzi reali sono quindi considerevoli nel secondario, forti nel primario, deboli o nulle nel terziario*». Basandosi su cifre della fine del 1947, Fourastié confrontava innanzitutto i prezzi reali in Francia, paese allora relativamente sottosviluppato, e negli Stati Uniti, il paese sviluppato per eccellenza. Il prezzo reale del taglio di capelli era identico (1 salario orario lavorativo), proprio come il prezzo di una poltrona all'Opera (7 salari orari lavorativi). In compenso, il prezzo reale di un frigorifero piccolo era 6,6 volte più alto in Francia che negli Stati Uniti, ed il prezzo reale «di un'automobile tipo Citroën 11 CV» vi era 5 volte più caro [87]. In prezzi reali, un'automobile di 11 CV era in Unione Sovietica 10 volte più cara che negli Stati Uniti, ed in India 15 volte più costosa. E così concludeva: «Questi fatti osservati sono razionalmente evidenti se si pensa ai progressi tecnici realizzati in questi diversi paesi».

Negli anni '70, Fourastié ha realizzato un nuovo paragone fra i prezzi reali nel mondo sulla base delle cifre del 1974. Stavolta ha utilizzato come base di calcolo dei prezzi reali il salario orario di una donna di servizo [88]. Appaiono di nuovo grandi e grandissime disparità nello spazio fra i prezzi reali alimentari e industriali, spiegabili con le differenze nel livello del progresso tecnico nei diversi paesi considerati: Stati Uniti, Francia, Germania, Unione Sovietica, Egitto e India. Il grande cambiamento sta nel fatto che la Francia non si colloca più, come nel 1947, a metà distanza fra lo sviluppo e il sottosviluppo. I *Trenta Gloriosi* sono passati di là, e la Francia del 1974 saliva nel gruppo dei paesi veramente sviluppati.

Proprio come nel 1947, per i prodotti alimentari come pane, latte [89] e uova [90], le «diversificazioni fra i prezzi reali [erano] forti» nel 1974 tra i paesi sviluppati e il resto del mondo. Il prezzo reale di una dozzina di uova era basso a New York, a Bonn [91] e a Parigi, anche se toccava quasi il doppio del suo prezzo nelle due altre capitali occidentali. In compenso, tali prodotti erano molto cari in India, Egitto e in Unione Sovietica. Rispetto a quello di New York, il prezzo reale della dozzina di uova era di quasi 16 volte più alto a New Delhi, più di 8 volte al Cairo, e di quasi 7 volte a Mosca. Quanto al litro di latte, era al Cairo e a Mosca circa 4 volte più caro che a Parigi e a New York, e quasi 17 volte più caro a New Delhi. Queste grandi differenze nel prezzo reale delle uova e del latte corrispondevano a quelle di produttività nelle agricolture prese in esame. I prezzi reali di questi prodotti alimentari facevano apparire una produttività agricola estremamente scarsa in India, molto scarsa in Egitto, e in compenso molto alta in Francia e ancor più in Germania federale e negli Stati Uniti. Quanto all'Unione Sovietica, i suoi prezzi alimentari rispecchiavano una scarsa produttività agricola, conseguenza della socializzazione della sua economia, che in questo campo l'apparentava ai paesi sottosviluppati o in via di sviluppo.

Per i prodotti alimentari, le «differenziazioni fra i prezzi reali [restavano] incredibili» tra i paesi ad alto progresso tecnico e il resto del mondo. Nel 1974, in prezzi reali, il kwh di elettricità era 10 volte più caro a New Delhi e al Cairo che a New York, 5 volte più caro a Mosca, e appena più caro a Parigi che a New York [92]. Soprattutto, l'auto da 1.500 cm^3 era circa 25 volte più cara a Mosca che a New York, 23 volte più cara al Cairo, 20 volte di più a New Delhi, e solo un po' più di due volte più cara a Parigi che a New York [93]. Più ancora che per i prodotti alimentari, tale paragone mondiale fra i prezzi reali dei prodotti manifatturieri faceva apparire un divario molto forte fra paesi sviluppati e non sviluppati, conseguenza di una grande differenza di efficacia fra le tecniche di produzione. E l'Unione Sovietica, nell'ambito dei beni industriali di produzione, aveva prezzi reali da situazione di sottosviluppo.

Infine, «i divari fra i prezzi reali [erano] scarsi nelle attività terziarie (parrucchiere, giornali)». Un lavoro di parrucchiere, con taglio, *shampoo* e rasatura, aveva nel 1974 pressappoco lo stesso prezzo reale a New Delhi, Parigi, Bonn e New York [94]. E per i giornali quotidiani, le differenze fra le sei capitali esaminate non superavano un rapporto di 1 a 4 [95].

Nel mondo, i prezzi reali sono quindi abbastanza analoghi da un paese all'altro per i servizi e i prodotti in cui il progresso tecnico non si verifica o conta poco. E ciò significa che i prezzi reali ad andamento terziario sono pressappoco gli stessi dovunque. In compenso, esiste un certo divario fra i paesi sviluppati e quelli non svuluppati sui prezzi reali dei prodotti alimentari, e ancor più su quelli dei prodotti manifatturieri. I prezzi reali che, a causa del progresso tecnico, hanno manifestato nei paesi sviluppati un andamento primario o secondario, cioè hanno avuto un forte o fortissimo calo, sono rimasti ad un livello alto o molto alto nei paesi insufficientemente sviluppati, e ciò ha avuto per conseguenza alti livelli di vita nei paesi sviluppati e bassi livelli negli altri.

La causa di tale grande disparità risale alle tecniche produttive. Per tutta la sua opera Jean Fourastié non ha mai smesso di insistervi, Vi tornava ancora alla vigilia della morte, nel 1980:

> Ci si lamenta della miseria dei paesi poveri. Ma raramente si dice che essa deriva dalla loro mancanza di capacità produttiva; essi producono poco, e sono nella situazione in cui era la Francia nel 1750 e nel 1850.
>
> Quel che causa la povertà dei paesi poco sviluppati è la mancanza di tecniche efficaci di produzione su scala individuale, delle imprese e nazionale: i tre aspetti vanno infatti di pari passo. Difficile, quindi, far subire loro un'evoluzione.
>
> Noi stessi abbiamo impiegato diverse centinaia di anni per evolverci, ma gli attuali paesi in via di sviluppo impiegheranno meno tempo poiché hanno davanti a loro un modello da seguire [96].

D'altronde, osserva che già nel decennio '80 «certi paesi molto poveri (...) hanno fatto quanto fece il Giappone attorno al 1900; sono "decollati", entrati sulla strada del progresso economico, ed iniziano a contare come nazioni se non ricche almeno agiate» [97]. Cina, in particolare, il caso di Singapore, della Corea del Sud e di Taiwan. La lista dei paesi entrati in un processo di sviluppo accelerato è ai giorni nostri nettamente più lunga, e comprende la Cina, proprio come aveva annunciato Jean Fourastié venticinque anni fa [98].

I soli prezzi costanti nel mondo, qualunque sia il livello tecnico di un paese, sono quindi quelli reali di beni e servizi che dovunque non abbiano conosciuto alcun progresso tecnico. Sono i prezzi reali ad andamento terziario, fra cui uno dei migliori esempi è il taglio ordinario di capelli maschile, a forbice. Da un secolo, vale in tutti i paesi un salario orario lavorativo, e ciò resta vero dovunque continua ad essere praticato. Quindi, il lavoratore di un paese sviluppato versa all'anno al suo parrucchiere lo stesso numero di salari orari di quello di un paese non sviluppato. L'enorme differenza fra loro sta nel fatto che il lavoratore di un paese sviluppato può comprarsi ben più alimenti e vestiti, così come elettrodomestici, un'automobile, ecc., beni cui in genere quello di un paese non sviluppato non ha accesso.

L'alto costo del terziario caratterizza i paesi a *grande progresso tecnico*. Se il prezzo reale del terziario è dovunque lo stesso, i prezzi terziari espressi in denaro, «quando sono convertiti ad un tasso di cambio fisso», presentano grandi disparità a seconda che il paese sia sviluppato o meno. Alla fine del 1947, un taglio di capelli o un'ora di servizi costavano, espressi in franchi francesi dell'epoca, 5 volte più caro negli Stati Uniti che in Francia [99]. All'inizio del 1961, dato che la Francia nel frattempo si era notevolmente sviluppata, un taglio di capelli espresso in nuovi franchi francesi [100] a New York costava solo 3 volte di più che a Parigi. In compenso, poiché la Costa d'Avorio era un paese poco sviluppato, il taglio di capelli, sempre espresso in moneta francese, costava ad Abidjan 8 volte meno che a New York e quasi tre volte meno che a Parigi. All'opposto, i prezzi monetari dei prodotti manifatturieri erano nel 1961 da 2 a 4 volte più alti ad Abidjan che a New York [101].

Fin dal 1948, Jean Fourastié evidenziava la realtà fondamentale che «il terziario, il cui prezzo reale espresso in salari orari (lavorativi) è lo stesso in tutti i paesi del mondo, appare caro nei paesi ad elevato progresso tecnico». Il terziario è caro nei paesi sviluppati «rispetto ai prezzi praticati per questo stesso terziario nei paesi a scarso progresso tecnico». E ciò perché in un dato paese esiste una certa omogeneità di remunerazioni dei lavoratori a pari grado di competenza, qualunque sia il livello di produttività della loro attività in modo che, in un paese ad elevato progresso tecnico, il prezzo dei servizi è alto «rispetto ai prezzi secondari e primari di questi stessi paesi», il cui scarso livello è il risultato di una forte produzione che assicura ai lavoratori corrispondenti un'alta remunerazione. Nel 1948, Fourastié spiega che, se i servizi sono cari negli Stati Uniti, paese ultra-sviluppato ad elevato progresso tecnico, ciò avviene «perché il parrucchiere a New York, che non lavora certo più rapidamente di quello delle Indie, deve esser pagato almeno altrettanto dell'operaio metalmeccanico di Chicago, che costruisce una Ford in

800 ore di lavoro». E lo stesso fenomeno vale per la donna di servizio. Proprio per tale ragione, infatti, «in un paese ricco, le casalinghe non hanno cameriera e lavano i piatti da sole». Jean Fourastié scrive ancora:

> Il domestico di una grande casa di New York ha uno stipendio che in Francia gli permetterebbe di averne uno anche lui. Così si piega contemporaneamente il fatto che la dattilografa americana abbia un frigorifero in cucina mentre in Francia il consigliere di Stato non lo ha [102], e che il più umile funzionario coloniale francese possa aver avuto in Senegal tre o quattro domestici mentre la moglie dell'ingegnere americano apre da sola le sue scatolette [103].

L'aumento della produttività agricola e industriale in un dato paese fa incrementare l'insieme del potere d'acquisto dei salari popolari, compresi quelli per mestieri a scarso o nullo progresso tecnico. Ciò avviene a detrimento del potere d'acquisto delle classi agiate e medie per quanto riguarda i servizi terziari. Espresso in salari orari di salariati domestici, lo stipendio annuo di un dirigente ministeriale francese si è diviso per 10 in questo secolo, fra il 1870 e il 1976 [104]. Ciò spiega «l'abbandono dei servizi domestici nelle classi agiate e medie durante i secoli scorsi, e la loro quasi scomparsa oggi nei paesi ricchi». All'opposto, «il potere d'acquisto del salario orario lavorativo della domestica si è moltiplicato per 10 in questo secolo rispetto a quello degli alti funzionari» [105]: almeno per quanto riguarda i prodotti alimentari o manifatturieri poiché, per quanto attiene alle attività nel campo dei servizi, senza progressi in produttività simili a quelli del proprio lavoro, il potere d'acquisto della lavoratrice domestica è certamente rimasto pressappoco invariato.

Nello stesso paese, la remunerazione dei lavoratori del terziario si allinea grosso modo a quella di quelli dei due altri settori. Quando si tratta di un paese a forte progresso tecnico, in cui i lavoratori industriali e agricoli hanno un'alta produttività e, quindi, un alto potere d'acquisto, il lavoratore dei servizi gode anche lui di un alto potere d'acquisto. Quando si tratta di un paese a basso livello tecnico e quindi a scarsa produttività della maggior parte dei lavoratori dei settori primario e secondario, quest'ultimo ha solo un ridotto potere d'acquisto, e ciò causa la debolezza del potere d'acquisto dei lavoratori del terziario. Nei paesi non sviluppati, il terziario è a buon mercato se paragonato alle derrate alimentari e ai prodotti manifatturieri, mentre l'opposto avviene in quelli sviluppati, in cui il terziario è molto caro rispetto ai prodotti alimentari e industriali.

Il fortissimo aumento dei livelli di vita nei paesi sviluppati

Contrariamente alle apparenze, «non è l'aumento dei salari a far salire il potere d'acquisto, ma la tenica produttiva, l'organizzazione e la *produttività* del lavoro». L'incremento dei livelli di vita si spiega con il progresso tecnico, che causa un'alta produttività del lavoro e quindi un'elevata produzione ed un forte calo del prezzo reale dei prodotti esaminati, ed ha come conseguenza l'aumento del potere d'acquisto. Ora, il grado di calo del prezzo reale, e quindi l'aumento del potere d'acquisto, è ampiamente variabile da un prodotto all'altro in funzione del livello di produttività. «Il miglioramento del potere d'acquisto appare molto variabile a seconda del consuno di riferimento: *è direttamente legato agli effetti del progresso tecnico*», Jean Fourastié ha mostrato che in Francia, a seconda dei prodotti presi in considerazione, «il potere d'acquisto dei salari si è (...) moltiplicato, dal 1925 al 1974, con coefficienti variabili da 1,2 a 37» [106].

Calo dei prezzi reali e aumento del potere d'acquisto [107].

Al calo dei prezzi reali corrisponde in simmetria l'aumento del salario reale [108], che consiste nella quantità di derrate di cui esso consente l'acquisto. Prendendo l'esempio del grano, Fourastié ha mostrato che la caduta del prezzo reale del grano, cioè del suo prezzo espresso in salari orari lavorativi, si era tradotta in uno spettacolare aumento del salario orario operaio, e quindi di quest'ultimo espresso in kg di grano. Per la Francia e gli Stati Uniti, Fourastié indica le principali tappe dell'esplosione del salario operaio espresso in grano [109]. In Francia, negli anni 1750-'60, il salario orario reale operaio corrispondeva ad 1,1 kg di grano. Nel periodo 1876-1885, in Francia equivale a 3,3 kg di grano, e negli Stati Uniti a 3,6 kg. Nel periodo 1930-'35, il salario orario reale dell'operaio equivale a 7,8 kg di grano in Francia, e a 21 kg negli Stati Uniti. Poi, a partire dagli anni 1936-'39, che sono quelli del Fronte Popolare, il salario reale orario operaio regredisce in Francia, cadendo a 6 kg di pane, mentre l'ascesa continua negli Stati Uniti, mentre si deve aspettare il 1953 perché riprenda in Francia. Nel 1980, il salario orario reale è salito fino a 48 kg di pane negli Stati Uniti contro i 28 in Francia. Ma Fourastié osserva che la differenza è minore di quanto lascerebbero credere queste due cifre, data l'importanza in Francia del salario indiretto[110]. Ritiene infatti che, nel 1980, il salario reale espresso in grano si sia in Francia moltiplicato per 40 in due secoli, mentre lo è stato per 48 negli Stati Uniti: in ambedue i casi, si ha un fantastico aumento del potere d'acquisto.

Tuttavia, nessuno utilizza per i propri bisogni personali e familiari simili quantità di grano. A partire dal momento in cui i suoi bisogni in prodotti cerealicoli sono soddisfatti, l'individuo potrà destinare ad altri consumi il resto del suo reddito. Ora tale resto, quasi inesistente due secoli fa, ne è divenuta la parte essenziale. «*Tutto il processo di miglioramento del livello di vita di un popolo sta qui*: elevare il livello di vita significa superare la strozzatura delle sussistenze cerealicole». Tale è il meccanismo dell'incremento dei livelli di vita e della diversificazione del consumo.

In effetti, il vertiginoso aumento del salario reale operaio non si esprime solo in kg di grano, ma anche in polli, biciclette, specchi, elettrodomestici, radio e televisioni, automobili, cioè in tutti i prodotti i cui prezzi reali sono caduti. In compenso, nessun aumento appare quando si esprime il salario reale operaio in tagli di capelli, ore di donne di servizio o m^2 di tappezzeria di d'Aubusson, cioè in servizi il cui prezzo reale è divenuto stabile.

La trasformazione della struttura dei consumi popolari

L'aumento del salario reale e, quindi, del potere d'acquisto, a causa del progresso tecnico e dell'incremento della produttività da esso causato, ha profondamente trasformato la struttura del consumo popolare nel senso di una sempre maggiore diversificazione.

Storicamente, le popolazioni occidentali sono passate dal XVIII secolo in poi attraverso quattro grandi tipi di consumo operaio[111]:

– Esiste un consumo popolare a base di cereali poveri e di segalata, cioè di un miscuglio d'orzo o di segala con frumento. Tale fu il caso della Francia del XVIII secolo. Le razioni alimentari erano da fame, oscillanti all'incirca fra le 1500 e le 1800 calorie al giorno, e il popolo era perpetuamente alla mercé della carestia. L'acquisto del pane, o in campagna del grano per farlo, assorbiva almeno i 2/3 del bilancio operaio, di cui le spese alimentari costituivano almeno i 3/4.

– Si è poi passati ad un predominio non più dei cereali poveri ma del pane bianco, infinitamente più apprezzato dalla popolazione. Ciò fu reso possibile dal fatto che ormai si produceva grano in quantità sufficiente a nutrire la popolazione. L'alimentazione era ancora molto sommaria, e le razioni alimentari ridotte al minimo, ma la carestia era esclusa e si mangiava pane bianco. Tale miglioramento del livello di vita si verifica in Francia attorno al 1800 ma, ciò detto, fin verso il 1830 più della metà del bilancio delle famiglie era ancora destinato all'acquisto del pane.

Un nuovo miglioramento nel consumo popolare si verifica in Francia a partire dagli anni '60 dell'800. Si tratta del progressivo passaggio ad un terzo tipo di consumo, che comprende spese alimentari sempre più variate: carni, legumi e frutta si aggiungono al pane.

– Poi, con il XX secolo, si è progressivamente passati ad un quarto tipo di consumo popolare. Il bilancio operaio si va sempre più spostando su spese non alimentari. Al termine dei *Trenta Gloriosi*, Jean Fourastié scriveva: «Schematicamente: il frigorifero, l'automobile e la lavatrice hanno occupato, nel bilancio operaio, il posto del pane quotidiano» [112]. Vi si potrebbero ora aggiungere il video registratore, il DVD, la macchina fotografica digitale, il viaggio in volo *charter*, ecc.

Si è quindi verificata un'importantissima evoluzione storica, durante la quale un paese come la Francia è passato in meno di due secoli «dalla segalata al frigorifero». Con l'aiuto delle statistiche, Jean Fourastié ha scientificamente dimostrato l'immensa ampiezza di tale evoluzione. Ma questo nipote di contadini era il più adatto a conferire a tale prodigiosa evoluzione tutta la sua concreta dimensione grazie ai suoi ricordi di infanzia a contatto con la realtà di una classe contadina ancora fin troppo prossima alla povertà popolare e tradizionale, da cui la parte sviluppata dell'umanità è uscita solo di recente:

Occorre quindi capir bene che, in quel paese avvantaggiato che era la

Francia, l'80% dei nostri antenati viveva con un tozzo di pane e una cipolla al giorno. Ho visto io stesso mio nonno partire per i campi per tutta una giornata con le sue provviste; mattina e sera, mangiava in più una zuppa come la fanno nel Quercy. Diceva di essere il primo uomo della sua stirpe a mangiare a sazietà anche fuori dei giorni di nozze; io sono quindi il terzo, e un certo numero di francesi ancora vivi condividono la mia sorte [113].

All'inizio di tale evoluzione, nella Francia del XVIII secolo, tuttavia in campo agricolo il più ricco dei paesi europei, la sottoalimentazione era cronica. L'uomo medio aveva molte difficoltà a sopravvivere con la sua famiglia. Nel periodo dal 1830 al 1930 si ebbe un corrispondente sviluppo del consumo alimentare. In cent'anni, il consumo di grano *pro-capite* e annuo è aumentato del 40% e quello di patate più che raddoppiato. E questi «alimenti dei poveri», che nel 1830 rappresentavano «più di 3/4 della spesa totale per il cibo» ne costituivano ormai solo il 10% attorno al 1980. Ad essi infatti si sono aggiunti nel consumo popolare derrate a lungo rimaste «alimenti da ricchi» come la carne e lo zucchero. Il consumo annuo di carne, che «non superava alcuni kg nell'Europa civilizzata di prima del 1800», giungeva in Francia a 100 kg a testa nel 1965, mentre quello di latte era di più di 300 litri per abitante [114]. Le derrate tradizionalmente nobili (carne, pesce, pollame, latticini, frutta, ecc.) hanno prevalso nell'alimentazione popolare sulle derrate alimentari più ordinarie (prodotti a base di cereali, patate, ecc.) [115].

Ora, parallelamente, le spese alimentari, che fino al 1830 rappresentavano più della metà dei bilanci, ne sono divenute la parte minore. Fourastié ne dà una misurazione in cifre. Mentre nel 1800 il cibo assorbiva dall'85 al 90% del reddito medio, «tale proporzione era caduta intorno al 50% negli Stati Uniti attorno al 1885 e in Francia intorno al 1910»: l'evoluzione è poi continuata con lo stesso tempo di vantaggio negli Stati Uniti. In Francia, la parte nel consumo totale della spesa per l'alimentazione e le bevande, che era ancora del 44,2% nel 1949, era caduta al 37,7% nel 1959, poi al 25,9% nel 1974 e al 25% nel 1980. E ciò benché «il volume fisico degli acquisti» alimentari si fosse raddoppiato in 25 anni [116]. Il notevolissimo aumento e miglioramento del consumo alimentare si è quindi unito ad una sua forte diminuzione nel bilancio delle famiglie.

Tale è la conseguenza del grande calo dei prezzi reali dei prodotti alimentari, e in correlazione all'aumento del salario reale dei lavoratori espresso in derrate alimentari. La spiegazione di tale evoluzione sta nel progresso tecnico e in quello di produttività da esso permesso in materia di produzione alimentare. Il risultato è un capovolgimento integrale rispetto alla situazione del XVIII secolo. In tale epoca, più dei 3/4 del reddito popolare erano assorbiti dalle spese alimentari, e quindi da acquisti di cereali. All'opposto, nel 1980 i 3/4 del consumo totale delle famiglie erano costituiti da spese non alimentari.

Fourastié sottolinea che, fra tali spese [117] che ormai costituivano la principale voce del bilancio delle famiglie, alcune presentavano un coefficiente sempre più alto. Tale il caso dell'abitazione, la cui parte nel consumo totale è raddoppiata in Francia fra il 1949 e il 1974 [118]. Tale aumento della percentuale del bilancio medio destinato all'abitazione corrispondeva nell'insieme ad un progresso tecnico nelle condizioni di alloggio. La parte di spese di trasporto e di comunicazione è ugualmente raddoppiata tra il 1949 e il 1974 [119]. La percentuale della spesa totale destinata alla cultura e agli svaghi è invece aumentata di meno fra il 1949 e il 1974, ma la tendenza era indubbiamente al rialzo. Così, la parte di spese per vestiario nel consumo totale si è trovata divisa per 2 fra il 1949 e il 1974 [120], Ma, in ogni caso, il volume fisico del consumo è aumentato in modo molto forte. Quando si è verificato in parallelo un calo della percentuale nel consumo delle famiglie, esso era dovuto alla contemporanea diminuzione dei prezzi reali causata dal progresso tecnico. Tale il caso del vestiario, il cui volume di consumo è aumentato del 92% del 1959 al 1974, così come nei trasporti e nelle comunicazioni (compreso l'utilizzo dei veicoli privati), il cui volume si è quasi moltiplicato per 3 nello stesso periodo.

Tale aumento molto forte del volume fisico di consumi non alimentari, nel momento stesso in cui la loro parte calava sensibilmente nel bilancio delle famiglie, è stato dovuto all'incremento particolarmente rapido del livello di vita medio in Francia durante il periodo dei *Trenta Gloriosi*.

Un livello di vita moltiplicato per 10 in meno di due secoli [120]

Jean Foutastié lavorava a quantificare il vertiginoso aumento del livello medio di vita in Francia nel corso dei secoli. Ha calcolato l'evoluzione del reddito nazionale reale *pro-capite*, ottenuto dividendo il reddito nazionale reale per il coefficiente totale della popolazione. Ha mostrato che, rispetto al 1700, il reddito reale *pro-capite* era aumentato di più di 1/3 nel 1829-'35, più che raddoppiato nel 1900, più che triplicato nel 1913 e più che quadruplicato nel 1929. Ma, nel 1938, era fortemente regredito, e nel 1946 caduto al di sotto del livello del 1913. Dopodiché, la curva ascendente riprende. Nel 1949, infatti, il reddito reale *pro-capite* si avvicina al suo livello del 1929, lo supera ampiamente nel 1959, ne rappresenta più del doppio nel 1970 e nel 1975 è 2,5 volte più alto.

In totale, il reddito medio *pro-capite*, cioè il livello medio di vita [122] cresceva in Francia di circa 12 punti dall'inizio del XVIII secolo al 1975. E, se si scompone tale evoluzione per periodi, si constata che all'inizio si è avuta una moltiplicazione per 1,5 durante il lungo secolo che divide il 1700 dal 1830, poi per 2,5 in un secolo fra il 1830 e il 1939 e infine, dal 1949 al 1975, una moltiplicazione del livello di vita per quasi 3 in meno di trent'anni durante i *Trenta Gloriosi*.

Partendo stavolta dall'inizio del XIX secolo, e facendo un paragone con il reddito reale *pro-capite* del 1976, Jean Fourastié ha evidenziato una moltiplicazione per 10 del livello di vita in Francia nell'arco di meno di due secoli.

E, considerando adesso il «potere d'acquisto del salario orario reale lavorativo», Fourastié mostra che si è moltiplicato per 3,3 dal 1850 al 1950, e poi ancora per 3 dal 1950 al 1973: ossia, una moltiplicazione per 10 in poco più di un secolo. Scrive: «si tratta del più enorme balzo di tutti i tempi».

Un uomo medio ricco [123]

In questo caso, si parla proprio della popolazione delle nazioni economicamente avanzate. Fin dal 1965, Jean Fourastié scriveva: «L'uomo medio diventa ricco». E aggiungeva:

> Il lettore noti che scrivo *ricco*. Per un momento avevo pensato di scrivere *agiato* o *benestante*, di richiamare la nozione di *minimo vitale*... Ma ho pensato all'impressione che di noi avrebbero i nostri antenati;

immagino le reazioni di Nicolas Lachaux[124], insegnante nella *Franche Comté* [negli anni '30 dell'800] se si fosse trovato davanti l'automobile, il frigorifero, la televisione, i mobili e i vestiti dei suoi posteri. Ho pensato al contrasto fra l'Europa e l'India, la Cina e i 2/3 del mondo attuale. Per questo ho scritto *ricco*.

Di tale uomo medio, Jean Fourastié scrive – sempre nel 1945 – che «il nuovo *homo oeconomicus* oggi prende nettamente forma». Precisa: «Si può quasi dire che ha già marcato il suo carattere essenziale: l'avidità. L'indefinita crescita dei bisogni umani conferisce fin da oggi alla nostra epoca i suoi caratteri principali e condiziona fortissimamente la società di domani». Basandosi su «tutte le indagini sul consumo realizzate nei paesi progrediti», constata:

I bisogni, invece di placarsi quando il livello di vita aumenta, si sviluppano in senso opposto (…). In particolare, si osservava che bastava un periodo medio di due anni perché un nucleo familiare, promosso da un livello molto inferiore, adottasse le norme del suo nuovo *status* per poi trovarlo insufficiente o, almeno, *inferiore alle sue facoltà* normali di consumo.

Per Jean Fourastié, «tale indefinita brama di consumo» si riallaccia all'«istinto di progresso» pur costituendone «una delle due varianti meno nobili». In ogni caso, questo «elemento tanto importante del carattere economico dell'uomo (…) fa continuamente indietreggiare nel divenire la società opulenta definita dalla formula: "a ciascuno secondo i suoi bisogni"».

Un aspetto essenziale della situazione di tale uomo medio ricco è che, di fronte a quest'immensa tavolozza delle possibilità di consumo offertegli, «viene costretto a fare delle scelte: *e, più alto è il suo livello di vita e più deve scegliere*». In tal modo, anche se il desiderio di consumo «è il motore, almeno in teoria, del progresso economico (…) assume necessariamente forme diverse da quella del lavoro produttivo». In effetti, «la soddisfazione che dovrebbe risultare dalla crescita del livello di vita» spesso fa posto alla «frustrazione per quanto si sarebbe potuto scegliere, per ciò che altri hanno avuto ma che non è stato possibile scegliere». A tal punto che «l'attuale periodo di crescita del livello di vita è (…) molto meno felice (...) di come l'avrebbero immaginato i nostri padri e di quanto non pensino i nostri contemporanei dei paesi sottosviluppati». Fourastié osserva che l'uomo medio arricchito dal progresso tecnico «non giudica (...) la sua situazione guardando al passato», che «ignora del tutto il razionamento e (...) la dura situazione dell'uomo tradizionale». E sottolinea che «l'uomo nuovo» ritiene «il progresso compiuto come un fatto intrinseco, "naturale", e in ogni caso fuori questione». Divenuto ricco grazie ai progressi di produttività, l'uomo medio «non solo si dimentica ma addirittura ignora il passato». Arriva quindi a considerare «le costrizioni esistenti (...) tanto dure quanto l'uomo tradizionale riteneva tali le proprie». E si preoccupa solo «dei suoi attuali bisogni, dei suoi desideri e della sue aspirazioni». Ma Fourastié sa bene che non si deve sperare di porre fine ad un movimento di rivendicazione salariale ricordando agli scioperanti «che la massa dei loro antenati viveva di cipolla e pane di segala».

D'altronde, Fourastié osserva che l'arricchimento della società, «conseguenza diretta della ricchezza dell'uomo medio, contraddice e limita tale ricchezza»: esiste infatti un «razionamento della *ricchezza individuale provocato da quella collettiva*». In effetti, «i mezzi per agire [dell'uomo medio ricco] sono grandi [e i suoi] margini di tolleranza sono deboli», a tal punto che che l'uomo medio ricco «limita» fortissimamente se stesso. Da ciò deriva un inevitabile «*razionamento da regolamentazione* [che] assume in genere e necessariamente la forma di proibizione». Quindi, per un non trascurabile numero di persone, tali onnipresenti proibizioni (...) sono aggressioni e traumi». Parallelamente, «la società ricca» tende ad offrire all'uomo medio ricco solo «l'uniformità delle situazioni economiche e sociali, nonché quella di una natura ricoperta di case e strade». «Siamo tutti abbastanza ricchi da voler passare le nostre vacanze in una natura pura e selvaggia, ma lo siamo altrettanto per costruirvi case e alberghi nonché farvi "scoppiettare" i nostri motori e ascoltarvi i nostri *transistors...*».

Fourastié ritiene che «l'ideale segreto di ciascuno di noi sia quello di trovarsi ad essere ricco in una società povera». E lascia capire che, in certa misura, l'uomo medio ricco si considera povero per il fatto di essere «obbligato a vivere in una società ricca», tanto più che tende a proiettare al passato la sua agiatezza ed il suo *status* sociale attuali: «L'alto funzionario odierno (...), se pensa di vivere nel 1820 (...) non crede per un solo istante [che], vivendo in una società povera, avrebbe almeno avuto nove possibilità su dieci di essere un contadino povero».

La riduzione della durata del lavoro

Altra conseguenza fondamentale del progresso tecnico e dei progressi di produttività da esso causati, è l'importante riduzione della durata del lavoro verificatasi durante gli ultimi due secoli, che ha assunto tre forme. «Dal 1850, e soprattutto dopo il 1920, la durata del lavoro è stata ridotta in due modi: innanzitutto, dalla riduzione della durata annua del lavoro maschile adulto (...); poi, dall'estensione delle età scolastiche. Infine, attorno al 1970, si è aperta una terza via: l'abbassamento dell'età della "pensione"» [125].

La riduzione della durata annua del lavoro

La durata del lavoro condiziona il livello di vita: «La produzione è, almeno in linea di massima, proporzionale alla durata del lavoro»: Quindi, le popolazioni a livello di vita precaria delle economie tradizionali non potevano pensare a lavorare di meno.

> Un popolo privo dei beni essenziali alla vita, mal vestito e sottoalimentato, ha tendenza a lavorare fin quanto glielo permettono le condizioni fisiche. Lungi dal rivendicare feste non lavorative e giornate di lavoro corte, si scaglia invece contro le limitazioni causate dal potere politico e religioso: «Ci rovinano con le feste», dice il ciabattino di La Fontaine.

Nell'anbito delle tecniche antiche, che si tratti di contadini o di artigiani, gli uomini hanno lavorato «dalla stella del mattino a quella della sera». L'idea di una riduzione della durata del lavoro non aveva senso in una società ed in un'economia in cui il principale problema era la fame. Durante il periodo tradizionale, che durò in Francia globalmente fino all'incirca all'800, e nelle campagne spesso sino all'alba del XX secolo, «mancava il lavoro all'uomo ma non l'uomo al lavoro».

Di conseguenza, Jean Fourastié sottolinea l'importanza nella storia dell'umanità del «capovolgimento» verificatosi quando, «a partire dal XIX secolo, *gli operai rivendicarono la riduzione della durata del lavoro*». Fu – spiega – la conseguenza «del fatto che i generi di sussistenza erano assicurati», a tal punto che mangiare abbastanza inizia a non essere più, per l'operaio, il problema unico e insolubile, e che altre aspirazioni iniziano a sorgere. Di fatto, «tale capovolgimento (...) si manifesta innanzitutto nei paesi più avanzati in economia (Stati Uniti, Inghilterra), e poi si estende in modo anarchico e spesso abusivo al resto del mondo»[126]. Infatti, se

il progresso tecnico ha reso possibile la massiccia riduzione della durata del lavoro degli adulti, le rivendicazioni operaie hanno invece causato il quasi livellamento del tempo lavorativo nei diversi Stati malgrado le notevolissime differenze esistenti, in un certo e dato momento, nelle loro situazioni economiche[127].

Quindi – sottolinea Jean Fourastié –, «la riduzione della durata del lavoro agisce sul consumo come una riduzione della produttività». E aggiunge:

Si capisce allora quanto vi è di pericoloso nella politica seguita, con le migliori intenzioni al mondo, dall'Ufficio Internazionale del Lavoro fra il 1920 e il 1939, e che mirava ad ottenere per legge la stessa durata del lavoro in tutte le nazioni del mondo. Sul piano politico-sociale, il livellamento pareva necessario e di facile realizzazione. Ma l'UIL non sembrava aver capito che di fatto era impossibile o nocivo in seguito alle differenze di produttività esistenti fra le nazioni; non a caso, l'uguaglianza causa di fatto, alla classe operaia dei paesi a scarsa produttività, sacrifici molto maggiori dei vantaggi offerti dall'aumento del tempo libero[128].

Un'*opzione fra livello di vita e genere di vita*: ecco in cosa consiste realmente la rivendicazione della riduzione della durata del lavoro. Il che significa che i salariati, coscientemente o meno, fanno passare il loro livello di vita in secondo piano, e che iniziano a porre l'accento sul loro genere di vita. In effetti. A produttività costante, «la riduzione della durata del lavoro causa solo una diminuzione nella produzione nazionale, che determina il consumo della nazione»: cioè, una riduzione del consumo *pro-capite* degli abitanti e, quindi, dei livelli di vita. E, a produttività in crescita, la riduzione della durata del lavoro significa un non-aumento dei livelli di vita, che invece sarebbero aumentati a lavoro costante. Jean Fourastié sottolinea che coloro che hanno rivendicato «la riduzione della durata del lavoro a pari salario» si sono illusi. Negando «il legame fra durata del lavoro e livello di vita», portano avanti una rivendicazione sommaria di carattere politico», convinti che solo il padronato «subirà l'ineluttabile riduzione dei consumi». Ma «la situazione è ben lungi dall'essere tale, poiché ogni riduzione della produzione, aumentando il razionamento, accresce rendite e profitti». A causa della relativa rarefazione che deriva dal calo di produzione, si ha un rialzo dei prezzi che riduce parallelamente il potere d'acquisto dei salariati. «In defintiva – scriveva Fourastié nel 1965 –, è oggi scientificamente accertato che i salariati subiscono, a causa del rialzo dei prezzi o diversamente, il quasi totale peso dell'operazione».

La questione era appena stata studiata a fondo da un gruppo di lavoro della Commissione alla manodopera presso quella alla Pianificazione, allora da lui presieduta. Presentato nel giugno 1964 da Philippe Madinier, il rapporto del gruppo di lavoro, intitolato *Durata del lavoro*, era «stato accettato dai rappresentanti delle grandi centrali sindacali e dai capi d'impresa». Facendo riferimento a tale studio, Jean Fourastié mostra che una settimena supplementare di ferie pagate, decurtando «circa del 2% la produzione nazionale e quindi il livello di vita medio» di allora, avrebbe perciò tagliato «di poco più del 2%, al di là di qualsiasi disposizione giuridica o monetaria, il potere d'acquisto dei salariati». La decurtazione del potere d'acquisto dei salariati sarebbe stata meno rigorosamente matematica per una diminuzione della durata settimanale del lavoro, a causa di certi effetti positivi sulla produttività. Effettivamente, la durata del lavoro era allora ancora elevata, in media all'incirca di 45 ore settimanali, e gli incrementi di produttività in caso di riduzione della giornata lavorativa «sono più netti se si tratta di orari molto pesanti» in modo che, nel 1965, «una riduzione di 2 ore nella durata settimanale media del lavoro quindi di circa il 4,5% di quella media effettiva in Francia e in Germania», avrebbe decurtato solo «di circa il 2,7% il reddito nazionale e forse del 3% il potere d'acquisto dei salari». Vi sarebbe quindi stata comunque una decurtazione del potere d'acquisto. E la dimostrazione di Jean Fourastié fa vedere che più la durata settimanale del lavoro è bassa e più una sua nuova riduzione rischia di tagliare in modo proporzionale il potere d'acquisto dei salari.

Jean Fourastié ha così mostrato molto chiaramente cosa significava veramente rivendicare una riduzione del tempo di lavoro. Fin dal 1965, scriveva: «La riduzione del tempo di lavoro non è quindi per nulla, come ci si è a lungo compiaciuti di credere negli ambienti di sinistra, una vittoria del popolo sui privilegiati, un vantaggio strappato al padronato e una riduzione di suoi profitti: *è invece un'opzione fra livello di vita e genere di vita*. Di fatto, «è tramite la riduzione della durata del lavoro che il proletario finisce per scoprire l'esistenza, poi l'attrattiva e la legittimità e, infine, il bisogno del modo di vita delle classi medie». Il calo della durata del lavoro «accresce il desiderio di consumare di più» mentre «diminuisce il volume di consumo disponibile». La riduzione del tempo di lavoro «presuppone quindi un livello di vita elevato, partendo dal quale l'uomo medio acconsente legittimamente ad una decurtazione per migliorare il suo genere di vita». Tuttavia, in periodo di progresso tecnico, tale decurtazione sarà solo provvisoria, poiché i progressi in produttività, dopo un certo periodo, «annulleranno la decurtazione e poi consentiranno la continuazione del miglioramento del livello di vita». Così – sottolineava nel 1965 Fourastié – «da 150 anni, nelle nostre nazioni, l'uomo medio ha potuto *contemporaneamente* migliorare il suo livello di vita e ridurre la durata del suo lavoro. Tale durata di lavoro, durante una vita completa di 75 anni, si è ridotta da 2 a 1 circa*; *il nostro livello di vita è così migliorato meno di quanto si sarebbe fatto se avessimo mantenuto gli orari dei nostri antenati*»[130].

Fourastié espone le cifre secolari di tale riduzione della durata annua del lavoro degli adulti, divisa per due, nel corso di 150 anni[131]. Tale durata, «per l'insieme dell'umanità era rimasta costante – all'incirca 4000 ore annue – da numerose migliaia di anni nei paesi temperati». In Francia, verso il 1830, l'anno lavorativo era ancora di 52 settimane di 6 giorni, con giornate di 13 ore, cioè di 3800 ore annue. Nel 1900, la giornata lavorativa era solo di 10 ore, mentre la durata annua del lavoro era scesa a 3000 ore. Nel 1921, poiché la giornata comportava ormai solo 8 ore, l'anno lavorativo era solamente di 2350 ore. Nel 1946 si lavorava per 50 settimane di 5,1 giorni ad 8,8 ore giornaliere, e ciò significava 2100 ore lavorative annue. Nel 1975, con 48 settimane a 5 giorni e giornate di 8,4 ore, la durata annua del lavoro era caduta a 1850 ore.

---

* Questa riduzione include la diminuzione della durata della vita attiva.

Jean Fourastié osserva che in Francia, tra il 1920 e il 1940 – e soprattutto fra il 1936 e il 1940 – la riduzione della durata del lavoro è stata prematura ed eccessiva rispetto alla scarsa crescita della produttività, e dunque all'insufficienza della produzione che, per questa intempestiva riduzione del tempo di lavoro, nel 1938 è ricaduta al di sotto del suo livello del 1913. Fatto sta che l'opinone pubblica francese, «fortemente impressionata dalla ridotta durata del lavoro americano e inglese», rivendicava la famosa settimana all'inglese, senza vedere che la Francia non aveva raggiunto i livelli di produttività e di produzione che «avevano reso normali» in Inghilterra e negli Stati Uniti tali diminuzioni del tempo di lavoro, e ciò in modo tale che, particolarmente nel 1936, senza rendersene conto, i francesi hanno sacrificato il loro livello di vita alla durata del loro lavoro», forse perdendo addirittura l'occasione di evitare la guerra e, comunque, la disfatta [132].

La maggior durata del lavoro in Francia rispetto agli Stati Uniti è giustificata dal divario di produttività. Negli anni 1930-'35, la durata media settimanale del lavoro nell'industria era di 45,7 ore in Francia contro le 43,9 negli Stati Uniti. Nel 1937, dopo la diminuzione della durata del lavoro sotto il *Fronte Popolare*, la settimana lavorativa in Francia era solo di 40 ore contro le 41,2 negli Stati Uniti. A causa di tale misura a carattere politico, la settimana lavorativa francese era divenuta insufficiente rispetto al livello economico del paese: il prolungamento della durata settimanale del lavoro in Francia era quindi ineluttabile. Nel 1946, la settimana lavorativa francese era risalita infatti a 44 ore. Lo stesso anno, gli Stati Uniti avevano praticamente raggiunto le 40 ore (40,4) non in virtù di una misura politica ma grazie ai progressi della produttività e della produzione, in modo che tale acquisizione risultò durevole. Dal 1946 al 1980, la media settimanale di 40 ore è una costante negli Stati Uniti, mentre in Francia la durata media della settimana lavorativa risale nel 1949 a 44,5 ore e nel 1952 a 45, per restare sempre a questo coefficiente per quasi vent'anni. Gli avvenimenti del 1968, oltre a portare all'istituzione di una quarta settimana di ferie pagate a partire dal 1970, sono il punto di partenza di una nuova diminuzione della durata media settimanale del lavoro in Francia: 44 ore nel 1972, e 40,6 ore nel 1980: la Francia raggiunge quasi gli Stati Uniti. Ma la differenza da 4 a 5 ore nella durata settimanale media del lavoro nell'industria esistita per circa venticinque anni tra la

Francia e gli Stati Uniti, per una differenza conforme alla disuguaglianza dell'efficienza economica fra i due paesi, ha largamente contribuito al forte aumento del livello di vita della popolazione francese durante i *Trenta Gloriosi*. «Dal 1948 al 1975 – ma soprattutto dal 1946 al 1968 –, [i francesi hanno anteposto la questione del livello di vita a quella della durata del lavoro], e recuperato il ritardo» [133].

L'aumento degli anni scolastici

Fin dal 1948, Jean Fourastié constatava che

la diminuzione della durata del lavoro (...) si è rivelata largamente benefica per i bambini e i giovani; l'età media d'inizio lavoro è passata dai circa 11 anni, fattore millenario impostosi praticamente fino al 1860, ai quasi 18 anni, coefficiente ora raggiunto negli Stati Uniti e in numerosi altri paesi ad alto livello di vita [134].

La scolarizzazione ed il suo prolungamento costituiscono «un altro elemento della durata del lavoro umano», rimasto sotto la direzione «delle sole leggi economiche». Di fatto, i fenomeni di scolarizzazione di massa sono fondamentalmente una conseguenza dell'aumento del livello di vita causato dal progresso tecnico, che a sua volta ha portato ad un arricchimento della società che ha consentito di fare a meno del lavoro minorile, poi di quello adolescenziale e infine di quello giovanile. L'essere umano «il cui lavoro non è indispensabile alla società (...) può restare a scuola» [135]. Tale riduzione della durata del lavoro tramite la scolarizzazione è stata fatta in tre tappe. Verso la fine del XIX secolo, il fenomeno interessava innanzitutto l'insegnamento elementare: dopodiché, nel XX secolo, si è esteso all'insegnamento secondario e infine a quello superiore.

Per quanto riguarda l'insegnamento primario, Fourastié ricorda che «nel 1830, il 60% dei francesi di 20 anni non sapeva né leggere né scrivere». Tale proporzione di illetterati è tipica di un paese non ancora sviluppato. Proclamato dalla Rivoluzione francese, il principio della scolarità obbligatoria è rimasto solo un pio desiderio. Era infatti irrealizzabile a causa del non-sviluppo economico.

Fino a metà del XIX secolo la povertà, cioè l'estrema debolezza del potere d'acquisto delle masse operaie e contadine, impediva, in Francia come dovunque da migliaia di anni, di mandare i bambini a scuola. I genitori avevano infatti bisogno del lavoro dei loro figli, anche di quello dei più giovani, per lavori di raccolto e di sorveglianza del bestiame; molti bambini di 8 anni erano «affittati» per guadagnarsi il pane e qualche soldo mensile.

Infatti, solamente verso la fine del XIX secolo, grazie a livelli di vita popolari già un po' più alti a causa di un certo progresso tecnico, la III Repubblica poteva non solo proclamare ma anche far rispettare «la scolarità obbligatoria fino a 13 anni compiuti e [istituire] il "certificato di studi elementari"». Il fenomeno, del resto, era generale: «Fin dal 1890, l'insegnamento elementare era assicurato, nelle nazioni industrializzate, a tutti i bambini» [136].

Nel corso del XX secolo, e particolarmente nella sua seconda metà, «il progresso si è spostato nell'insegnamento secondario e superiore», poiché il processo di scolarizzazione si è esteso ad età sempre più alte. Ciò è stato reso possibile dal vertiginoso aumento dei livelli di vita dei paesi industrializzati dovuto al progresso tecnico. E l'opzione per studi più lunghi era fatta a detrimento di una crescita sempre più rapida dei livelli di vita. Non a caso, infatti, il prolungamento dell'età scolastica, così come ogni altra forma di riduzione del tempo di lavoro, fa diminuire la produzione nazionale e, quindi, il consumo del paese, cioè il suo livello di vita. Nella Francia della metà degli anni '60, in cui la crescita annua del livello di vita si collocava fra il 3 e il 4%, Jean Fourastié calcolava che «un anno di aumento dell'età scolastica media» ritardava di quasi un anno quello del livello di vita, «o più esattamente [assorbiva] un anno di progressi in produttività» [137].

A causa della loro economia più avanzata, negli Stati Uniti si è avuto il prolungamento di scolarità più esteso. Fin dal 1945, Fourastié constatava: «I giovani il cui lavoro non è più indispensabile alla sussistenza della popolazione possono andare a scuola; l'età media di fine scolarità tocca i 17 anni e mezzo contro i 14 e tre mesi della Francia» [138]. Sempre negli Stati Uniti, fin dal 1966, quasi 1/3 dei giovani fra i 20 e i 24 anni era impegnato negli studi. E il numero degli studenti di questo paese si è quasi moltiplicato per 3 in vent'anni, passando da 3,6 milioni nel 1960 a 10 milioni nel 1979. In Francia, il fenomeno è stato molto più tardivo. Ma, poiché il livello di vita *pro-capite* è più che raddoppiato fra il 1901 e il 1955, e poi di nuovo raddoppiato dal 1959 al 1975, un numero crescente di persone ha potuto offrire ai propri figli studi secondari e poi superiori. Nel 1958-59, già quasi un bambino su due andava a scuola fino ai 16 anni. Su questo punto è interesante la legge del 1959, che portava a 16 anni l'età scolare obbligatoria, divenuta operativa nel 1967. Inoltre, il movimento per prolungare la scolarità continuava per proprio conto: nel 1975-'76, infatti, più della metà degli adolescenti era scolarizzata all'età di 18 anni. E il numero degli studenti in Francia, meno di 6.000 all'inizio del XX secolo, superava il milione nel 1975. Il fenomeno si amplificava in seguito ma, fin dal volgere degli anni '70 e '80, Fourastié poteva scrivere, includendovi la Francia dei *Trenta Gloriosi*: «Fin da ora, vere e proprie *masse* di popolazione vengono annualmente registrate nei ruolini dell'insegnamento superiore»: e ciò ha come conseguenza un'ingresso sempre più tardivo nella vita professionale [139].

Un'uscita più rapida dalla vita attiva

Tale forma di riduzione della durata del lavoro è recente, contemporanea alla scolarizzazione secondaria e superiore di massa. Fourastié ha mostrato [140] che, nella Francia del 1975, «la proporzione degli anziani costretti a lavorare» era caduta al di sotto dei 65 anni ed era in forte calo per la fascia di età compresa fra i 60 e i 65. Le cifre da lui offerte fanno in effetti apparire un grandissimo contrasto con la metà del XX secolo. Nel 1946, «la debolezza del livello di vita e l'assenza di pensione obbligavano la quasi totalità [degli anziani] a lavorare fino al limite delle forze». In effetti, «prima del 1945, solo i funzionari, i minatori delle miniere di carbone e di ferro, i ferrovieri e qualche rara categoria di salariati "a *statuto*" avevano una pensione in denaro» [141]. Perciò, nel 1946, lavoravano ancora i 3/4 degli uomini nella fascia di età fra i 60 e i 64 anni, i 2/3 in quella tra i 65 e i 69 anni, la metá in quella fra i 70 e i 79 e quasi 1/3 in quella al di là degli 80 [142]. Già nel 1954, la situazione aveva iniziato ad evolversi. Gli uomini erano ancora per il 70% al lavoro nella fascia di età fra i 60 e i 64 anni e il per il 49% in quella tra i 65 e 69, ma solo il 34% in quella fra i 70 e i 75 e per il 18% in quella al di sopra dei 75 anni. Nel 1975, lavorava solo il 4% degli uomini con più di 75 anni, l'8% nella fascia tra i 70 e i 75, il 19% in quella fra i 65 e i 69, anche se ne restava un 64% in quella tra i 60 e 64. E il movimento proseguiva, in tal modo che, fin dal 1979, Fourastié annunciava che «da ora al 1985, il tasso di attività maschile [sarebbe divenuto] quasi nullo dopo i 68 anni e non [avrebbe superato] il 25% dai 63 ai 65 anni».

In totale – constatava Jean Fourastié – fra il 1946 e il 1975 «la durata media della vita economicamente attiva (...) si è ridotta ai due estremi». Iniziando a 18 anni invece che a 14,5 e terminando a 62,5 invece che a 66, la durata media della vita attiva passava, durante i *Trenta Gloriosi*, da 52 a 44,5 anni, mentre quella media della vita aumentava di più di 8 anni [143].

Le 40.000 ore

Nel 1965, quando la durata media del lavoro nell'industria francese era ancora di 2200 ore annue, ma nettamente minore nel terziario, Jean Fourastié prometteva alle nazioni sviluppate, per la continuazione del progresso in produttività del lavoro, una settimana di 30 ore per 40 settimane lavorative annue (e quindi 12 settimane di ferie) – cioè un anno lavorativo di 1200 ore – e quindi 33 anni di attività professionale in una vita umana. Erano le famose «40000 ore», di cui annunciava l'assai prossimo avvento senza precisarne esattamente il momento. Indicava solo il fatto che, nelle nazioni dell'Europa occidentale, l'accesso alle 40.000 ore sarebbe stato compatibile solo con il quintuplo del livello di vita già raggiunto (e ciò ne avrebbe prodotto una moltiplicazione per 12 a durata di lavoro costante), in tal modo che collocava le 40000 ore più o meno tra il 2050 e il 2100, «poiché gli Stati Uniti e le altre nazioni economicamente più avanzate» potevano godere di una trentina d'anni di anticipo [144].

In uno dei suoi ultimi libri, Jean Fourastié osserva che «ci si può chiedere, dagli anni '80, se il popolo rivendichi ancora la riduzione della durata del lavoro o se quest'ultima viene imposta dalla crisi economica». È l'idea, da allora confermata dai fatti (e particolarmente dalla legge Aubry), che la diminuzione della durata del lavoro che necessariamente sacrifica il livello al genere di vita, sarebbe ormai più subita dai salariati che da loro realmente desiderata. Purtuttavia, Fourastié afferma ancora che, poiché «il movimento secolare per la riduzione della durata del lavoro (...) aveva come contropartita l'insegnamento e le ferie (...) già da molto tempo in corso in tutte le forme, (...) è tipico del nostro tempo [e costituisce] uno dei più importanti fattori di una vera e propria mutazione della condizione umana». Semplicemente, tale movimento conosce ormai i rischi di una situazione economica molto più difficile di quella degli anni intorno al 1965, durante i *Trenta Gloriosi*: ritorno alla disoccupazione, concorrenza industriale e commerciale dei paesi a bassi salari, crisi demografica di numerosi paesi occidentali, ecc.: cosicché, il secolare processo di riduzione del tempo di lavoro viene ad essere «tanto accelerato e forzato dalla disoccupazione quanto rallentato dall'invecchiamento della popolazione o da competitività selvagge» [145].

La vertiginosa diminuzione delle costrizioni demografiche

Tali costrizioni riguardavano, nell'umanità pre-industriale, la durata media della vita umana e il numero degli esseri umani. Ambedue le questioni erano del resto legate, poiché le loro cause si riallacciavano sempre al fattore tecnico: debole produttività del lavoro agricolo, che limitava la produzione alimentare e che contemporaneamente causava un tetto demografico micidiale ed una sottoalimentazione cronica, scarso livello delle nozioni mediche e limitata efficacia delle terapie.

Dall'origine dell'umanità, la vita media umana, cioè la durata media della vita della massa degli uomini, era molto inferiore a quella della vita biologicamente normale (80-90 anni). Il fenomeno è provocato da due cause essenziali: il basso livello di vita e l'insufficienza delle nozioni medico-igieniche. Ma, fra tali cause, la prima bastava da sola, poiché il livello globale della popolazione era determinato dalle sussistenze alimentari: *se c'erano stati meno morti per epidemie o altre malattie, ce ne sarebbero stati di più a causa di carestie*; infatti, anche con un'igiene ed una medicina degne di quelle odierne, la Francia del 1650 non avrebbe potuto avere la popolazione di quella attuale, date le tecniche agricole allora in uso [146].

Jean Fourastié ha mostrato che il progresso tecnico aveva rivoluzionato la situazione nei paesi da esso raggiunti, facendo saltare il tetto demografico e rendendo possibile nutrire un numero di esseri umani molto più alto, nonché di nutrirli molto bene. Parallelamente, ha sviluppato prodigiosamente le tecniche contro la morte proprie della medicina dell'Occidente.

Il nuovo «calendario demografico dell'uomo medio»

Fra tutti i mutamenti apportati dal progresso tecnico, il più importante «è il prolungamento della vita media poiché, per avere un livello ed un genere di vita, era innanzitutto necessario vivere». Ma Jean Fourastié fa talvolta anche del prolungamento della vita media l'elemento principale della qualità della vita, poiché scrive che questo allungamento è da «porre in primo piano fra i progressi compiuti (...) per quanto riguarda il genere di vita», o anche che «la durata media di vita è il più forte indice del suo genere*» [147].

Jean Fourastié riassume con alcune eloquenti cifre il vertiginoso prolungamento della durata media della vita nei paesi sviluppati a causa del progresso tecnico. In Francia, nel XVIII secolo, su 1000 neonati vivi, all'età di 40 anni ne restavano 400, a 65 anni 140 e a 80 anni solo 50. Nel 1975, su 1000 neonati vivi, il numero dei sopravvissuti di 40 anni era all'incirca di 950 [148]; fra quelli di 65 anni, ne restavano in vita 689 maschi e 850 femmine; e per le persone di 80 anni, ne restavano in vita 277 maschi e 523 femmine. Analogamente, negli Stati Uniti, su 1000 persone nate nel 1915, 800 erano ancora vive nel 1980, all'età di 65 anni. Jean Fourastié sottolineava che la proporzione delle persone che aveva raggiunto l'età di 65 anni – cioè 4 su 5 – era divenuta la stessa di quella dei neonati che arrivavano all'età di 1 anno attorno al 1800 [149].

Tale rivoluzione nella durata media della vita umana è il risultato di una divisione per 4 o per 5 dei tassi lordi di mortalità, che erano all'incirca del 35 o 40 per mille, e talvolta maggiori, nelle società non sviluppate del XVIII secolo e in precedenza. Verso il 1980, Fourastié osserva che tali tassi sono caduti a cifre all'incirca

---

* Cioè della sua qualità. *N.d.t.*

del 10 per mille (10‰) nei paesi sviluppati. La Francia si colloca quindi «in una posizione media vicina a quella degli Stati Uniti, della Danimarca e della Svezia, con 10,8 decessi su mille abitanti, superiore a quella della Germania, del Regno Unito, del Belgio e del Lussemburgo; il Canada, la Norvegia e i Paesi Bassi sono i migliori classificati con 7 decessi su 1000 abitanti» [150].

Tale forte calo dei tassi lordi di mortalità ha creato un fortissimo aumento della durata media della vita, o anche della speranza di vivere dopo la nascita [151]. «Per alcune decine di secoli, la speranza di vita dopo la nascita degli esseri umani era all'incirca di 25 anni; cioè, la vita media dei bambini nati vivi era di 25 anni». Nella Francia del XVIII secolo, l'età media di morte era ancora solo all'incirca di 29 anni. Nel 1898-1903, la durata media di vita maschile era salita a 55 anni, mentre negli anni 1933-'38 sale a 59 anni. Nel 1975, «la vita media è di 73 anni, ma la vita media dei malati è di 69 anni e quella femminile di 77». Nel 1979, la durata media della vita toccava i 69,5 anni per gli uomini e i 77,5 anni per le donne. Jean Fourastié nota che «una delle conseguenze di tale prolungamento della vita media è evidentemente la crescita del numero dei vecchi», e particolarmente dei «grandi vecchi». Osserva poi che, fra il 1946 e il 1975, il numero delle persone di 80 anni ed oltre è più che raddoppiato fra gli uomini e quasi triplicato tra le donne, e annunciava, a partire dal 2026, la presenza annua di 350.000 ottuagenari [152].

Fin dal 1965, Fourastié osserva che «a causa del doppio effetto dell'aumento del livello di vita e del progresso nelle tecniche mediche, *l'uomo medio accede ad una vita biologicamente completa* [153], e che ciò gli apre, se non la certezza, almeno la possibilità, sulla scala dei grandi numeri, dello sviluppo e dell'utilizzo delle sue facoltà intellettuali e spirituali» [154].

La caduta della mortalità infantile [155]

Nel calo dei tassi di mortalità, un posto di rilievo spetta alla quasi eliminazione di quella infantile, cioè dei decessi durante il primo anno d'età, su 1000 bambini nati vivi. La mortalità infantile era ancora molto alta nel XIX secolo, e particolarmente nelle città. Jean Fourastié ricorda che Villermé, nel suo celebre studio sulla condizione operaia, mostrava che nel 1823-'34, fra la popolazione più povera di Mulhouse, i «semplici operai manifatturieri», la metà dei bambini moriva prima di aver raggiunto l'età di un anno, e cioè si verificava una mortalità infantile del 500‰: e che a ciò contrapponeva la mortalità infantile nell'alta borghesia, limitata al 237‰. Perciò, ossserva Jean Fourastié nel 1979, «oggi resteremmo orripilati per la mortalità fra gli alti privilegiati della Mulhouse del 1830» poiché «nei quartieri più diseredati delle grandi città peggio classificate nel libro d'oro della sanità (Lilla, Marsiglia...), la mortalità infantile oggi non oltrepassa il 25‰».

Jean Fourastié indica le principali tappe nel calo della mortalità infantile. Il tasso tradizionale, prima del 1750, oscillava fra il 250 e il 300‰, cioè ad almeno 1 bambino su 4. Verso il 1800, si era ad 1 bambino su 5, cioè ad un tasso all'incirca del 200‰. Negli anni 1896-1900, la mortalità infantile calava già un po', poiché il tasso era del 160‰, tanto in Francia che negli Stati Uniti. Poi, passa al di sotto del 100‰ negli Stati Uniti attorno al 1913 e un po' più tardi in Francia. Dopodiché, per buona parte del XX secolo, il calo francese nella mortalità infantile, benché ancora molto significativo, resta inferiore a quello degli Stati Uniti. Negli anni 1936-'40, il tasso di mortalità infantile fu del solo 71‰ in Francia contro il 50‰ negli Stati Uniti. Tuttavia, durante i *Trenta Gloriosi*, la Francia ha raggiunto e anche superato gli Stati Uniti. Nel 1971, il tasso di mortalità infantile è del 17‰ negli Stati Uniti e del 17,2‰ in Francia. E, nel 1979, il tasso francese cade al di sotto del 10 (9,8‰), «livello inferiore a quello degli Stati Uniti». I soli paesi a far meglio sono allora la Svezia (8‰), la Svizzera e i Paesi Bassi (9‰). Jean Fourastié ritiene che «la cifra del 1979, inferiore a 10, avrebbe dovuto essere celebrata molto più di una vittoria nazionale».

Ciò detto, in Francia l'evoluzione non è stata perfettamente lineare. Negli anni 1941-'43, quando l'occupazione tedesca causava una grande penuria alimentare, la media della mortalità infantile fu del 74‰. E poi vi fu soprattutto il tragico anno 1945. La mortalità infantile risalì allora al 114‰, tasso che significava la morte di più di un neonato su dieci. Ciò fu la conseguenza dei grandi scioperi della CGT (Confédération Générale du Travail)*, orchestrati sotto-

* Il sindacato comunista francese. *N.d.t.*

banco dal partito comunista con l'idea di una presa del potere e di uno scivolamento della Francia nell'orbita sovietica. «Fortunatamente, il tasso di mortalità infantile è tornato, dal 1946, a valori meno indegni di un paese civile; è stato del 56‰ nel 1949 e del 47‰ nel 1950, così da far ritrovare la linea di tendenza del 1920-'40».

L'aumento del numero di uomini[156]

Il meccanismo di tale espansione demografica è semplice – scriveva Fourastié nel 1965 –. Nel periodo tradizionale, le nostre madri avevano molti bambini, ma la mortalità era tale che un levato numero di essi moriva prima di arrivare a sposarsi. La metà dei bambini nati era così esclusa dalla riproduzione; invece, oggi, quasi tutti i bambini nati hanno a loro volta figli.

O, almeno, sono in grado di farlo perché restano in vita. Infatti «la mortalità da 0 a 25 anni è caduta da 500 per 1000 a circa 40 per 1000». Perciò l'elemento decisivo di questa caduta della mortalità, e particolarmente di quella giovanile, è stato l'aumento dei livelli di vita consentito dai miglioramenti di produttività causati dal progresso tecnico. E quest'ultimo ha permesso in parallelo allo stesso spazio agricolo di far vivere una popolazione molto più numerosa. Sempre nel 1965, Jean Fourastié indicava che il suolo francese avrebbe potuto, con le tecniche di allora, nutrire 120 milioni di abitanti, mentre arrivava a malapena a sfamare solo 20 milioni di esseri umani nel 1700. Aggiungeva che, se la popolazione dei paesi sviluppati era notevolmente aumentata rispetto al XVIII secolo, e se «l'Europa occidentale [aveva] triplicato la sua popolazione da duecento anni», ciò era fondamentalmente dovuto al fatto che il progresso tecnico aveva consentito di liberarsi dal tetto demografico tradizionale, e quindi di superare gli « atroci determinismi» del passato.

Detto questo, Fourastié sottolinea molto il fatto che il grande aumento della popolazione europea si è verificato nel XIX secolo. L'Europa, Russia compresa, ha visto il numero dei suoi abitanti moltiplicarsi per 3,7 fra il 1750 e il 1900, passando da 115 a 425 milioni di abitanti. In totale, il «gruppo di stirpe europea», che rappresentava 1 su 7 nell'anno 1000, era giunto a 1 su 3 nel 1900, se si comprendeva l'America. In compenso, la popolazione europea non è neanche raddoppiata fra il 1900 e il 1980, quando toccò i 750 milioni di abitanti. Jean Fourastié osserva che questo rallentamento demografico dei paesi industrializzati nel XX secolo va ricollegato al loro fortissimo calo di mortalità: all'epoca in cui, su 300 bambini nati, 150 morivano prima dei 18 anni e altri 50 fra i 18 e i 50, erano necessarie, su 100 donne, 600 nascite che arrivassero ai 40 anni «solo per mantenere il numero degli esseri umani». Invece, in un paese come la Francia degli anni '70 del '900, in cui su 110 donne nate più di 100 arrivavano a 50 anni, bastano dalle 210 alle 220 nascite su 100 donne per far restare la popolazione su una cifra stabile.

All'inverso, il XX secolo fu segnato da una fortissima crescita demografica del «mondo extra-europeo» la cui popolazione è pressappoco triplicata fra il 1900 e il 1980, «L'enorme Asia, che formava i 2/3 dell'umanità nell'anno 1000, caduta al 55% nel 1900 risalirà all'incirca al 60%» – scriveva Fourastié nel 1977. Nel mondo extra-europeo, la «*scomparsa* delle condizioni tradizionali di mortalità» e il «*mantenimento* delle facoltà biologiche "naturali" di riproduzione» hanno creato nel XX secolo un miscuglio esplosivo per la demografia. Come ricorda Fourastié nel 1982, la caduta dei tassi di mortalità nel terzo mondo è in larghissima parte venuta dai paesi occidentali, poiché in primo luogo è il risultato dell'«estensione (...) delle tecniche mediche e d'igiene» così come dell'assistenza offerta dalle nazioni più ricche a quelle più povere [che] in pratica significava la fine delle carestie su vasta scala». I demografi, come Alfred Sauvy, erano coscienti degli effetti di fortissima crescita demografica che potevano derivarne. Fin dalla sua creazione, l'ONU si preoccupò del problema. Si pensava allora di «poter "controllare" l'evoluzione con una corretta informazione delle popolazioni e con l'introduzione di tecniche contraccettive». Ora, «la propensione a fare figli delle popolazioni più povere si rivelò (...) molto più tenace di quanto previsto». Da ciò deriva l'esplosione demografica dei paesi poveri che ha causato, fra il 1950 e il 1980, un quasi raddoppio della popolazione mondiale in trent'anni. Jean Fourastié sottolinea che «tali tassi sono enormi, mai visti in millenni», e che «sono sufficienti a provocare sconvolgimenti che l'umanità impiegherà uno o due secoli a "digerire"». Ne risulta «un cambio nel peso di certe nazioni e di certi continenti». Ma, soprattutto, «è drammatico [che] le nazioni meno capaci di nutrirsi si sviluppino [demograficamente] molto più in fretta delle nazioni "ricche", cioè di quelle che sanno trarre un buon vantaggio dalle loro terre e dai loro cervelli».

La necessità di un controllo sul numero degli esseri umani[157].

«I meccanismi millenari, brutali e incoscienti, che regolano il numero degli esseri umani sono stati aboliti e (...) si rende necessario sostituirli con altri, *coscienti, volontari ed efficaci sulla scala dei grandi numeri*», osservava Fourastié nel 1965, mostrava il carattere delirante del ritmo di crescita degli anni '60.

Per quanto riguarda l'umanità attuale, i tassi mondiali di crescita costituiscono il raddoppio in 40 anni; *se tale tasso fosse mantenuto, porterebbe il numero degli esseri umani a 1000 miliardi*, il che darebbe una densità di popolazione pari a quelle di New York non solo su tutta la superficie delle terre emerse ma anche su quella della Luna, di Marte e di Venere.

E avverte che anche tassi di crescita estrememente saggi «creano ancora problemi di carattere veramente cosmico». Così, «la scarsissima natalità francese» degli anni '60 «dà ancora un raddoppio in cent'anni, e ciò è evidentemente intollerabile per l'insieme dell'umanità millenaria (a questo tasso, la popolazione mondiale toccherebbe i 3000 miliardi nell'anno 3000)». Cosciente che, nel suo slancio, «la crescita delle densità di popolazione» continuerà per un centinaio d'anni, al di là di ogni misura adottata, Jean Fourastié ritiene che «*il problema del controllo e della stabilizzazione del numero degli esseri umani sarà quindi uno dei problemi capitali nei secoli a venire*», e ciò creerà contemporaneamente all'umanità i delicati «problemi di una popolazione stazionaria con speranza di vita ad alto livello». Come, in particolare, «conciliare un simile malthusianesimo con il dinamismo necessario alla durata dei grandi gruppi umani»?

Qualche anno dopo che Jean Fourastié aveva scritto queste righe, la questione del controllo sul numero degli esseri umani si è stata posta in senso inverso dalla «caduta della natalità [che] ha colpito senza preavviso la Francia e tutto l'Occidente a metà degli anni '70». Al termine del decennio, Fourastié sottolinea che in Francia il numero annuo delle nascite è caduto di 150.000 unità fra il 1971 e il 1976, mentre avrebbe dovuto crescere proprio di tale coefficiente (per l'arrivo in età matrimoniale di un più alto numero di adolescenti)». E indica che «se la fecondità [del 1978] si prolungasse, la Francia perderebbe circa il 20% dei suoi abitanti da ogni generazione alla successiva; cioè, che in tre generazioni – quindi, in ottantacinque anni –, il numero dei francesi cadrebbe da 53 milioni a 27». Jean Fourastié osserva nel 1982 che il fenomeno della «caduta della natalità dei paesi sviluppati (...) è certamente legato alla crisi intellettuale e spirituale (...) ma senza che sia possibile precisare le cause e gli effetti né trovare rimedi efficaci». E aggiunge: «Oggi si può pensare che l'Occidente abbia toccato il fondo del precipizio. La caduta gli causa comunque una situazione catastrofica». Fourastié teme che nessuno dei paesi europei raggiunga i 60 milioni di abitanti nel 2000.

> Ciò forse sarebbe un bene se tale numero non fosse inferiore all'1% della popolazione mondiale, se esso, cioè, non desse la misura di una vera e propria *depressione demografica*, con conseguenze ben note: militari e politiche ancor più che economiche.

Di tale depressione demografica dà, fra molti altri, il seguente esempio: «Nel 1950, la Spagna e il Messico avevano quasi lo stesso numero di abitanti, con la Spagna in leggero vantaggio. Nel 2000, il Messico annuncia i 130 milioni di abitanti, mentre la Spagna arriverà solo a 40».

Nel 1989, nella postfazione al *Grand Espoir*, Jean Fourastié scrive:

> L'evoluzione nel numero degli esseri umani è la più grave incognita del XXI secolo. Attualmente, su 10 bambini che nascono nel mondo, 9 appartengono a paesi del terzo mondo. Per rinnovare a pari numero le generazioni, è necessario che le donne abbiano in media da 2,2 a 2,3 bambini in vita loro. Dal 1980, le donne dei paesi occidentali ne hanno avuti circa 1,8 mentre quelle del terzo mondo da 4 a 6 (...). Alfred Sauvy ha scritto un libro intitolato *L'Europe submergée*. Per poter continuare a parlare dell'avvenire di una nazione – o di un continente – è innanzitutto necessario che non sia stata sommersa. Nel 1950 la Francia aveva 42 milioni di abitanti e il Maghreb 22. Nel 2000, le cifre saranno 57 e 84.

La compressione delle disuguglianze dovuta al progresso tecnico

Nelle economie tradizionali, cioè in Francia fin verso la fine del XVIII secolo, l'estensione delle disuguaglianze sociali era enorme [158].

Ciò era dovuto – afferma Jean Fourastié – allo «scarso rendimento delle terre, [ai] maggesi e [alla] pietosa efficacia del lavoro agricolo [che costituiscono] la "strozzatura" dei paesi poveri». Ciò era la conseguenza del basso livello tecnico e della scarsa produttività, che facevano sì che più dell'80% della popolazione attiva, fin dall'età di 8 anni, fosse «nei campi» per nutrire molto male la popolazione, mentre il resto si divideva quasi in parti uguali fra l'artigianato e i servizi.

È chiaro che, con una simile struttura della popolazione e quindi della produzione, il consumo di prodotti manifatturieri e il *comfort* degli alloggi dovevano essere, a livello di massa, quasi nulli. Solo un'enorme disuguaglianza sociale poteva permettere a classi dirigenti molto poco numerose di lasciarci la magnifica testimonianza dei loro castelli e parchi (il reddito annuo dei ricchi dell'aristocrazia e dell'alta borghesia ammontava a svariati milioni di salari orari lavorativi; così, non solo avevano vaste proprietà ma impiegavano anche – oltre a spendere per l'abbigliamento, l'illuminazione e il riscaldamento, per i cavalli, per viaggi, costruzioni e mobilio – centinaia di domestici.

All'inizio del XVIII secolo – come si è visto – lo specchio di 4 metri quadrati che orna un salone elegante vale 10 anni lavorativi di manodopera. Sotto Luigi XVI, un vestito per un ballo di corte ne valeva almeno 8 o 10.

Ancora nella Francia dell'inizio del XIX secolo, le disuguaglianze sociali sono molto estese. Jean Fourastié ha mostrato che, nel periodo 1801-1810, la remunerazione di un Consigliere di Stato era 25 volte più alta di quella di un usciere di ministero, 82 volte maggiore di quella di un manovale di provincia e 115 volte più elevata di quella di una donna di servizio. La metà dei lavoratori aveva un salario paragonabile a quello della donna di servizio. E l'85% si collocava al di sotto del reddito nazionale *pro-capite*. Contemporaneamente, il Consigliere di Stato guadagnava 55 volte tale reddito nazionale medio. Ciò quindi gli permetteva, nel 1805, di avere «al suo servizio (...) una ventina di domestici, cocchieri, giardinieri e portieri...». E c'era anche gente ancora più ricca di un Consigliere di Stato, soprattutto se questi viveva solo della propria remunerazione.

Ciò detto, in altri tempi esistevano rilevanti disuguaglianze finanche all'interno del popolo: così, nel primo terzo del XIX secolo, l'operaio qualificato parigino guadagnava 5 o 6 volte di più di una donna di servizio.

Il fenomeno storico della caduta delle disuguaglianze

Fourastié l'ha evidenziato, con il suo celebre paragone tra le remunerazioni del Consigliere di Stato e dell'usciere di ministero. Del lavoratore e della donna di servizio dal 1801 fino all'incirca al 1980. Quando nel 1939 il Consigliere di Stato guadagnava ancora 12 volte più dell'usciere di ministero, nel 1975 il Consigliere di Stato a fine carriera, «cioè in età fra i 60 e i 68 anni (...) guadagna un po' meno di 7 volte di un portiere [d'ufficio] con 6 anni di anzianità, cioè prima dei 25 o dei 30 anni. Tali cifre vanno intese prima del pagamento della tassa sul reddito che non esisteva nel 1801, era infinitesimale nel 1938 ma colpisce pesantemente il Consigliere di Stato nel 1975»[159]. Per quanto rigurda il manovale, nel 1900 il suo salario era ancora 20 volte meno alto di quello del Consigliere di Stato, e 10 volte meno nel 1930. Nel 1980, il salario diretto del manovale privato sottoposto al regime di SMIC (Salaire Minimum Interprofessionnel de Croissance) è 7,44 volte meno elevato di quello del Consigliere di Stato. Ma se si tiene conto dell'esistenza del salario indiretto e del prelievo progressivo sul reddito, il rapporto fra i redditi salariali imponibili fra il lavoratore e il Consigliere di Stato supponibilmente ambedue celibi è di 1 a 5. Ora, il Consigliere di Stato che ha raggiunto il tasso di massima remunerazione è sui sessant'anni, mentre il lavoratore a regime di SMIC è mediamente giovane: e, a pari età, la differenza è ancor più minima. Se ora supponiamo il Consigliere di Stato ed il lavoratore ambedue sposati e padri di famiglia, uno prima dei 25 o dei 30 anni e l'altro a fine carriera, il rapporto fra i loro redditi salariali imponibili è, nel 1980, solo di 1 a 3,75. Quanto alla donna di servizio, nel 1900 era ancora pagata 34 volte meno del Consigliere di Stato e 18 volte meno nel 1935. In compenso, nel 1980, il divario «fra i salari annuali imponibili del Consigliere di Stato e della donna adulta non qualificata» è ormai solo di 1 a 3,75. Jean Fourastié sottolinea «il fantastico restringimento del ventaglio dei salari di queste due categorie di salariati», e aggiunge che tale constatazione « assume tutto il suo rilievo se ricollocata nel quadro dei discorsi politici dominanti, secondo i quali la disuguaglianza fra i redditi non cessa di ingigantirsi in Francia ed è "divenuta assolutamente intollerabile"» [160].

Il restringimento dei salari attorno alla media [161]

Se, all'inizio del XIX secolo, «la metà dei lavoratori guadagnava un salario all'incirca pari a quello di una donna di servizio», cioè all'epoca 100 volte inferiore allo stipendio del Consigliere di Stato, di tale divario resta solo il 10% alla fine degli anni '70 del '900, con un reddito di meno 4 volte inferiore a quello del Consigliere di Stato. Parallelamente, la proporzione di coloro che si trovavano al di sotto del reddito medio (reddito nazionale *pro-capite*) è caduta dall'85 al 60% . Ciò è la conseguenza degli «scivolamenti professionali di popolazione» verso attività meglio retribuite, causati dalla trasformazione della struttura della popolazione attiva, provocata a sua volta dal progresso tecnico, cha ha avuto come risultato un fortissimo aumento del numero dei «salariati medi». All'inizio del XIX secolo, «la Francia contava una forte proporzione di persone al di sotto della media ed una ristretta minoranza al di sopra, mentre alcune decine di migliaia di persone ne erano molto al di sopra». Mentre oggi – scrive Jean Fourastié nel 1980 – «il numero dei francesi al di sotto della media è molto meno alto; ve ne sono al di sopra molti più di un tempo, ma il numero di coloro che hanno redditi 50 volte superiori alla media (come i Consiglieri di Stato del 1829) o ancora maggiori è divenuto infinitesimo». Fourastié dà di tale evoluzione un'immagine in cifre. Nel 1820, il 90% della popolazione attiva guadagnava in media 0,6 volte il reddito medio, e il 10% lo percepiva 4,6 volte più del medio. Nel 1976, il 60% della popolazione attiva guadagnava in media 0,6 volte il reddito medio, e il 40% 1,6 volte.

Ora, tale reddito medio ha conosciuto un aumento prodigioso: in Francia si è moltiplicato per 12 dall'inizio del XVIII secolo, a tal punto che, a dispetto del restringimento dei redditi attorno alla media, «salvo rare eccezioni, nessun lavoratore ha visto il suo reddito imponibile reale globale diminuire in valore assoluto, cioè in potere d'acquisto e in capacità di consumo»: «Quasi nessuno ha perso nulla», almeno in valore assoluto. In compenso, vi sono state relative «riduzioni del livello di vita (...), e diminuzioni di divari fra certe categorie sociali ed altre». E ciò è la conseguenza della chiusura del ventaglio dei redditi.

Solo i redditi delle professioni meno retribuite sono pressappoco aumentati allo stesso ritmo o ancor più del reddito medio. Così, il salario della «donna di servizio a lavoro medio», che era al 38% del reddito *pro-capite* nel 1829, si trovava sempre, alla fine degli anni '70 del '900, al 40% dello stesso reddito *pro-capite*, che si era moltiplicato per più di 10 in due secoli. All'opposto, vi è stata, in modo spettacolare, una «caduta» relativa del salario del Consigliere di Stato, «che rappresentava 48 volte il reddito nazionale *pro-capite* nel 1829», e ormai si era ridotto «a 3,16 volte tale media nel 1976». Si è del resto verificato un calo relativamente notevole del salario dei lavoratori manuali meglio retribuiti. «L'operaio *qualificato* di Parigi (cioè, con un vero e proprio mestiere) godeva, all'inizio del XIX secolo, di una situazione relativamente molto confortevole». Il suo salario era allora 5 volte quello medio della donna di servizio, pressappoco 2,3 volte il reddito medio. Ora, nel 1976, l'operaio qualificato parigino guadagnava appena 2 volte di più della donna di servizio, poiché la sua remunerazione era caduta al livello del reddito medio.

Il fenomeno di chiusura del ventaglio dei redditi e del restringimento attorno alla media si applica ugualmente ai profitti. «È certo che i profitti hanno seguito la stessa tendenza degli altissimi salari. Da un lato, il posto dei profitti nel reddito nazionale si è enormemente ridotto. Dall'altro, c'è sempre stata corrispondenza, ad analoga facoltà d'azione, fra i livelli del profitto e quelli dei salari; se tale corrispondenza non è rispettata, la gente passa dalla condizione del salariato a quella del "profittatore" e viceversa» [162].

Globalmente, l'importanza relativa degli alti redditi si è ridotta. Nella Francia del 1971, il rapporto tra il reddito medio del 10% (decile) più ricco della popolazione e quello del decile più povero era da 1 a 15. Indicando che «questo coefficiente 15 si è certamente ridotto di quasi il 10% in 6 anni», Jean Fourastié lo «paragona al coefficiente 80 o 100, che era quello della Francia del 1860, oppure ai «coefficienti dei paesi sottosviluppati», poco noti ma i cui «ordini di grandezza accertati vanno da 30 e 60». Tale rapporto da 1 a 15 fra il decile più ricco e quello più povero pone la Francia «nel gruppo centrale dei paesi sviluppati, fra quelli con più disuguaglianze (Stati Uniti, Canada, 24) e quelli con maggiore uguaglianza (Giappone,

Australia, Svezia, da 10 a 12)». Inoltre, all'interno di tale decile superiore, nel 1975 permane solo il 2,8 della popolazione francese con un reddito imponibile 2 volte maggiore a quello medio, il quale è dunque di 20.000 franchi all'anno, e soltanto lo 0,2% della popolazione può avere un reddito disponibile 5 volte superiore a quello medio. Ora, è proprio al di sopra di tale cifra che si trovano «i redditi "mostruosi", (...) frutti aleatori o abituali di situazioni stabili o instabili ma rare (grandi capitalisti, detentori di eccezionali brevetti di invenzione, attori, cantanti e pittori... di successo mondiale)». Tali enormi redditi «hanno solo un debole impatto sulla scala dei grandi numeri (...) proprio a causa del loro ristretto numero (alcune centinaia di persone in una nazione di 53 milioni di abitanti)».

Per il resto, predomina il restringimento dei salari attorno alla media. Il reddito globale imponibile medio delle famiglie dei quadri superiori era nel 1970 solo 2,4 volte più alto di quello delle famiglie operaie. E tale rapporto è caduto al 2,1 nel 1978. Per l'insieme dei redditi, le cifre fornite da Jean Fourastié mostrano che, nel 1975, più della metà delle persone viventi in Francia aveva un reddito imponibile che si collocava fra la metà e il doppio di quello medio.

Aumento del livello di vita della donna di servizio e calo di quello del Consigliere di Stato[163]

Jean Fourastié ha studiato l'evoluzione del potere d'acquisto della donna di servizio o, più precisamente, della «donna adulta senza qualifica»[164]. Dopo aver «risalito» fino all'inizio del XIX secolo l'indice dei prezzi al dettaglio dell'INSEE, ha evidenziato una moltiplicazione per 15 del «potere d'acquisto del reddito salariale annuo» della donna di servizio fra il 1801 e il 1980. E scrive, a proposito dell'evoluzione del potere d'acquisto dei salari più bassi:

> L'essenza del movimento si riassume facilmente: il potere d'acquisto dei salariati più poveri il cui salario, da mille anni, assicurava solo la riproduzione, nel senso più materiale e biologico, la *sussistenza* – come si diceva allora – nelle condizioni più dure e con una durata della vita più bassa; il potere d'acquisto di questa massa di milioni di persone si è *moltiplicato almeno per 15 dall'inizio del XIX secolo*. Scrivo «almeno per 15» perché tale cifra riguarda solo coloro che ancora oggi si trovano nella categoria

più sfavorita (sottoposti a regine di SMIC) mentre – come si è detto – la maggior parte ha potuto lasciare quella del salario minimo, in cui le vecchie condizioni economiche costringevano la maggioranza dei salariati, per scale più alte nella gerarchia sociale. In Francia, il 25% dei salariati guadagnava nel 1805 salari all'incirca di 235 franchi o meno; nel 1980, meno del 6% era al livello dello SMIC o al di sotto di esso.

Ciò che qui va considerato è l'enorme mutazione della condizione umana rivelata da tali cifre. Si può discutere sul numero di 15, proporre 16, 17 o 18 o fermarsi a 14, 13 o anche a 12. È accertato solo che si passa da un'umanità in eterna penuria ad una a larghissima sufficienza, e con un lavoro meno lungo e penoso. Certo, non si tratta solo di potere d'acquisto o di livello di vita, ma proprio del passaggio da una vita vegetativa e precaria ad una vita civilizzata e sicura.

Per quanto riguarda il potere d'acquisto del Consigliere di Stato, Jean Fourastié indica che «è ancora più difficile da misurare poiché non esiste – né mai è esistito – alcun indice del costo del genere di vita innescato da altissimi redditi». Dagli anni '60,

si può ammettere che l'indice INSEE è per lui approssimativamente valido, poiché il Consigliere di Stato ha ormai con il manovale solo un divario di 1 a 4 o 5, e quindi le strutture di spesa non sono più radicalmente differenti. Inoltre, quando il reddito del Consigliere di Stato era 10 o 20 volte più alto di quello del manovale e, *a fortiori*, 30, 60, 80 o 100, si trattava di un altro universo. Gli sproporzionati redditi del XIX e dell'inizio del XX secolo causavano spese decisamente di tipo terziario (numerosi domestici, cavalli, castelli, giardini, feste, vestiti di alta moda, ricevimenti, mobili artistici e opere d'arte...). I prezzi di tali tipi di spesa sono saliti, non come l'indice INSEE, ma molto di più, come i salari dei domestici e degli artigiani».

Di conseguenza, un Consigliere di Stato, che durante il I Impero poteva avere al suo servizio «una ventina di domestici (...) a tempo pieno», e «ancora una buona decina sotto il II», ne manteneva solo «2 o 3 verso il 1930» e, nel 1980, doveva «accontentarsi di qualche ora settimanale di donna di servizio». Si è dunque verificato un calo nel livello di vita del Consigliere di Stato, «sceso da 3 a 1 fra il 1801 il 1900 e, di nuovo, da 3 a 1 dal 1900 al 1980». Più in generale, «tutti gli alti funzionari e i titolari di altissimi salari [hanno] subito un calo relativo molto forte rispetto ai bassi salari».

Un livellamento causato dal progresso tecnico [165]

Jean Fourastié sottolinea che non è il calo del livello di vita del Consigliere di Stato rispetto a quello della donna di servizio ad arricchire costei:

> Certamente non è tale calo da 1 a 10 nel livello di vita dei più importanti quadri superiori ad aver consentito di moltiplicare per 15 quello delle miserabili donne di fatica (...) poiché il loro numero era all'incirca un milione, mentre quello relativo agli alti redditi era pressappoco un migliaio.

Non sono neppure, per l'essenza, le rivendicazioni sindacali né le decisioni politiche ad aver causato tale forte livellamento dei redditi sulla base di un altissimo livello di vita medio. Certo, Fourastié non trascura né «il vigore dell'azione sindacale» – e, per di più, «il fatto che le donne di servizio non hanno mai fatto uno sciopero collettivo» – né l'esistenza, almeno in certi paesi come la Francia, di una «deliberata volontà politica di far progredire i bassi salari più rapidamente di quelli altissimi». Ma, per lui, la spiegazione va cercata altrove.

Il ruolo essenziale in questo processo di livellamento spetta al progresso tecnico ed allo sviluppo economico da esso causato [166]. È il progresso tecnico da aver moltiplicato il potere d'acquisto dei salari più bassi, poiché «i profitti in produttività [avevano avuto] per effetto il calo del costo della maggior parte dei beni e dei servizi. La caduta dei prezzi reali di un gran numero di prodotti ha causato l'aumento «dei poteri d'acquisto reali». Ciò ha «permesso l'accesso dei più poveri a modalità di consumo fino ad allora riservate ai più ricchi». Mentre «una volta la quasi totalità della popolazione lavorava unicamente per potersi nutrire», il progresso tecnico ha aperto a tutti la maggior parte degli «altri tipi di consumo (tessuti, mobili, tessili, opere d'arte, mezzi di trasporto, svaghi...), accessibili solo ad un'infima minoranza, poiché erano molto rari e cari». È infatti proprio il progresso tecnico ad aver così moltiplicato per 10 ed oltre il livello di vita dei «più poveri» poiché per « gli oggetti e i servizi prodotti senza nuove tecniche (...) non si è avuto alcun aumento del potere d'acquisto».

È inoltre il progresso tecnico ad aver causato, consentendo l'aumento e la diversificazione della produzione di beni e servizi, lo sconvolgimento della struttura della popolazione attiva con ampie migrazioni verso mestieri meglio retribuiti ed impieghi da salariati medi. Jean Fourastié ricorda che «i due terzi della massa del popolo guadagnavano intorno al 1860 meno o altrettanto dei manovali, mentre [alla fine degli anni '70 del '900] meno di *1/10*». Spiega: «Il miglioramento del livello di vita della massa proletaria si è realizzato anzitutto tramite l'*evasione* dei discendenti dei manovali del 1830 verso mestieri qualificati. La maggior parte degli attuali quadri medi e superiori sono infatti i pronipoti di questi miserabili operai del 1850». La ragione di tale trasferimento dei salariati verso impieghi meglio retribuiti sta nel fatto che «*il progresso tecnico riduce la durata del lavoro servile, ma non ha alcun effetto su quella del lavoro intellettuale* (o almeno sulla parte più originale di tale lavoro)», cosicché «dovunque proliferano le attività di pianificazione, di direzione e di sorveglianza in contrapposizione a quelli esecutivi e di produzione materiale»: «La moltiplicazione dei quadri è infatti una legge del progresso tecnico».

Simmetricamente, il progresso tecnico e quello economico-sociale causato dal primo hanno ampiamente contribuito a ridurre gli alti redditi diminuendo «la parte di profitti e rendite». Ora, «a una certa densità di popolazione», la scarsezza di produttività causava e causa sempre, assieme al sottosviluppo e alla povertà, «le più forti rendite fondiarie ed i profitti industriali più alti». All'opposto, «la crescita basata sul progresso tecnico distrugge o almeno riduce progressivamente rendite e profitti tradizionali»[167]. Così la rendita fondiaria, che una volta faceva vivere molto bene «un'esigua minoranza di ricchi proprietari terrieri» è caduta a quasi nulla[168]. Jean Fourastié indica nel 1980 che «il progresso tecnico ha avuto come particolare effetto quello di dividere per quattro e talvolta anche per sei rispetto al 1880 il prezzo reale (e ancor più il reddito reale del *proprietario non gestore*) di una buona terra da coltura, espresso in salari orari di lavoratori per ettaro». Per quanto riguarda i «profitti industriali», certamente «ogni progresso di produttività crea una rendita a favore di colui che lo rende operativo, ma distrugge rapidamente le rendite derivate da produzioni sorpassate». E, «a lungo termine, è il secondo effetto a risultare preponderante».

Ugualmente, la generalizzazione dell'insegnamento secondario e anche superiore, reso possibile dal vertiginoso aumento dei livelli di vita causato dal progresso tecnico, ha fatto scomparire le rendite derivate dal posto fisso esistenti nel campo del sapere, della cultura, della competenza intellettuale ed amministrativa. Nei primi decenni del XIX secolo, «il reddito reale nelle attività terziarie era quasi dieci volte quello delle occupazioni primarie, *ma occorreva saper leggere per entrare nel terziario*». Ora, durante il periodo tradizionale, «lo scarso livello di vita, le sclerosi sociali e l'insufficienza della scolarità di base» permettevano il pieno sviluppo intellettuale solo di «una scarsa frazione degli uomini dotati». Tale rarità spiegava gli altissimi redditi degli alti funzionari e dei quadri superiori di una volta. In ogni epoca – ricorda Jean Fourastié – i governanti si sono preoccupati di «attrarre al Consiglio di Stato gli uomini più informati e più efficienti della nazione». Ora, Napoleone e i suoi immediati successori, per «trovare per questa occupazione abbastanza candidati con le competenze (...) necessarie», dovevano accordare ai loro Consiglieri di Stato una remunerazione equivalente a 50 volte il reddito nazionale *pro-capite*, mentre nel 1976 la loro remunerazione era caduta ad un po' più di tre volte tale reddito medio. E ciò spiega come la rendita da scarsità in materia di formazione intellettuale sia scomparsa. Come scrive Jean Fourastiè, «con l'offerta di un salario oscillante tra le due e le tre volte il reddito nazionale medio, si può riempire facilmente la Scuola Nazionale di Amministrazione ed il Consiglio di Stato, mentre nel 1801 si sarebbero avuti solo degli illetterati». Complessivamente, in un secolo e mezzo il «reddito *pro-capite* è decuplicato nel primario e nel secondario, con un progresso nettamente minore nel terziario». Jean Fourastié conclude:

> La tendenza si accentuerà in avvenire fino ad un relativo livellamento dei redditi. Ed è anche verosimile che l'equilibrio verrà raggiunto solo al prezzo di una certa superiorità dei redditi secondari e primari in opposizione a quelli terziari, superiorità necessaria per superare il disamore di un popolo acculturato per i lavori fisici.

Il carrattere mitico di una redistribuzione livellatrice[169]

Fin dal 1951, in *Machinisme et bien-être* Jean Fourastié aveva evidenziato l'inefficacia sociale delle redistribuzioni egalitarie di ricchezze. Aveva dimostrato «che il problema del potere d'acquisto non può essere risolto con la sola modifica della *ripartizione* del reddito». Aveva dimostrato che la soppressione degli enormi redditi dei principi dell'India non avrebbe elevato il livello di vita popolare, e che «non è certo sopprimendo il loggione all'Opera del Signor de Rotschild che si può accrescere il consumo di bistecca delle classi povere, ma proprio producendo più bistecche». Aveva sottolineato poi l'esattezza della dimostrazione di Voltaire, nel suo celebre racconto filosofico *L'Homme aux quarante écus*, quando mostrava che un rigoroso livellamento dei redditi in Francia avrebbe dato a ciascuno solo la scarsa somma di 120 franchi (40 scudi), che era il magro reddito nazionale medio *pro-capite* dell'epoca. Su questo racconto, Jean Fourastié scriveva: «Credo che nulla possa far meglio capire il meccanismo che lega la produzione al consumo e poi alla demografia». Vi vedeva infatti un modello di «volgarizzazione scientifica».

Più tardi, Jean Fourastié mostrerà che nella Francia del 1963 il reddito annuo lorodo *pro-capite* della popolazione attiva (14.500 franchi) è «molto vicino a quello lordo medio dell'operaio qualificato della regione parigina». Cosicché, se «si livellasse rigorosamente il reddito di tutti i francesi, tutti avrebbero il livello di vita dell'operaio parigino ma nulla di più. I quaranta scudi di Voltaire sono divenuti gli attuali sei franchi all'ora». Di conseguenza, «per far crescere il consumo dei poveri, prendere ai ricchi non basta; occorre incrementare la produzione». Il progresso sociale non si realizza grazie a «mezzi politici, giuridici e morali», ma «con mezzi *tecnici*, cioè inerenti ai metodi ed all'organizzazione del lavoro di produzione». Quindi, è fondamentalmente «con la crescita economica che va perseguita la giustizia sociale».

Tuttavia, l'effervescenza egualitaria degli anni '70 dimostrerà a Jean Fourastié di non essere stato ascoltato. Scrive infatti nel 1978:

> Fin dal 1951, ho richiamato l'attenzione degli storici, degli economisti e degli uomini politici, in un libro pubblicato in una collezione diretta da Georges Friedmann, che ha avuto un indubbio successo e le cui tesi non sono state contestate: ho esposto i paradossi del *maharaja e del povero indiano* e del *palco all'Opéra del Signor de Rotschild*; ho chiamato a testimone Voltaire... tutto ciò ha fatto il giro di Parigi e anche quello di un piccolo mondo (con le traduzioni in inglese e in spagnolo)... ma gli scienziati e i politici hanno presto dimenticato tali realtà troppo semplici e troppo

terra a terra per ripiombare nei loro abituali chiacchericci polemici, astratti e razionali sul plusvalore e sui trapassi di proprietà; e oggi riscontro gli stessi errori di 25 anni fa, e le stesse illusioni, a cominciare dal *Programma comune della sinistra*. Non voglio certo dire che la riduzione delle disuguaglianze sia impossibile: *constato, invece, che viene attuata*: un usciere d'ufficio guadagnava 25 volte meno di un Consigliere di Stato nel 1810, mentre oggi 5 volte di meno. Ma tale riduzione non si attua per decreto, per fissaggio arbitrario dei tassi di salario fatto da un governo che vuole "controllare" la società, ma solo con la scadenza dell'insieme dei processi [... di] crescita economica [170].

Senza darsi tregua, Jean Fourastié riprende la sua dimostrazione.

Credere che, ad esempio nel 1850 o nel 1900, si potessero salvare dalla miseria i lavoratori francesi distribuendo loro le ricchezze delle "duecento famiglie" è un'ingenuità che è possibile denunciare con poche cifre: la sproporzione fra il piccolissimo numero dei ricchi e quello grandissimo dei poveri non è in alcun modo compensato dal divario, per quanto grande esso sia, fra i redditi degli uni e quelli degli altri».

Espone che, se nel 1840 si fosse ripartito «il reddito nazionale dela Francia (...) in modo esattamente uguale fra tutti i francesi», ciò avrebbe dato loro solo il salario di «un'operaio industriale di provincia». Ricorda che «la ricchezza di un popolo non preesiste alla sua produzione: *è infatti la produzione stessa della nazione a costituire la sua ricchezza*». Inoltre, denuncia l'idea dominante in Francia, per cui «è con la rivendicazione che il popolo ottiene (...) il progresso sociale [che verrebbe] *strappato* dal popolo ad una minoranza che ne godeva prime (e che ne gode ancora), in modo pletorico e certamente abusivo».

Se fosse bastato all'umanità accampare rivendicazioni, far scioperi o rovesciare con la forza re e governi per uscire dall'era delle carestie ed acquisire il livello di vita attuale della Francia o degli Stati Uniti, si può pensare che ciò sarebbe stato noto prima del XIX secolo, e che la società dei consumi sarebbe apparsa meno tardi nella storia del mondo [171].

Le rivoluzioni avvenute in certi paesi sottosviluppati hanno semplicemente avuto come risultato «la presa del potere di sedicenti gruppi socialisti» e che «la miseria sia [detta] socialista invece che capitalista». E, per quanto riguarda paesi sottosviluppati, «la sorte del popolino» è meno buona «in paesi dove si verifica un'intensa lotta di classe come Francia, Italia e Inghilterra [che] in nazioni molto più calme come Svizzera, Germania, Paesi Bassi e Belgio...».

Per rispondere alla diffusa ossessione ugualitarista, Jean Fourastié dedicò nel 1980 – come è noto – un libro, *Le jardin du voisin*, allo studio sistematico delle disuguaglianze francesi. Vi dimostra ancora una volta che un livellamento totale dei redditi non servirebbe ad arricchire notevolmente i più poveri, poiché il limite del loro arricchimento era fissato dal livello del reddito medio. Del resto, molti che denunciano gli alti redditi dei ricchi sono incoscienti del fatto di essere ricchi – sia pure in minima parte – anche loro. Fourastié cita in proposito Alfred Sauvy, che scrive che «molti partigiani della ripartizione resterebbero sorpresi se essa si verificasse, di veder spuntare qualche controllore per piallare il loro reddito, già insufficiente».

Allo stesso modo, l'idea di arricchire i poveri spogliando i ricchi costituisce un'ipotesi del tutto teorica, poiché «la confisca dei grossi redditi non manda in rovina solo i ricchi ma anche i poveri, disorganizzando per decine d'anni la produzione nazionale». Fourastié sottolinea che la crescita dei *Trenta Gloriosi* ha arricchito infinitamente di più i poveri di quanto non avrebbe potuto fare – almeno in teoria – alcun livellamento. Ad esempio se nel 1950 si fossero livellati tutti i salari del settore privato, ciò avrebbe dato solo 0,6 volte lo SMIC del 1979.

Tutto ciò verifica quanto aveva già scritto, e che riprende ne *La civilisation de 2001*:

> I progressi nella ripartizione, cioè una maggiore uguaglianza nella ripartizione fra gli uomini del reddito nazionale, si sarebbero rivelati incapaci di migliorare (...) il livello di vita di ogni cittadino [nella proporzione in cui l'ha fatto] la crescita della produzione [per effetto del progresso tecnico].

La crescita economica è la «causa diretta» dei progressi nel livello di vita dei paesi sviluppati, cioè, in Francia, dalla sua moltiplicazione per 10 fra l'inizio del XIX secolo e la fine dei *Trenta Gloriosi*: e tale enorme aumento del livello di vita medio si è unito ad un'altrettanto grande riduzione delle disuguaglianze.

La ricchezza non è per nulla la conseguenza dell'uguaglianza ma, invece, l'uguaglianza pare proprio essere una delle conseguenze della ricchezza. E i fatti storici tendono a provare che più la ricchezza media è scarsa e più è grande la disuguglianza economica.

Perciò, nelle nazioni sviluppate e quindi ricche la ricchezza, anche enorme, non è comparabile a quella di un tempo. Benché non ci se ne accorga poi granché, «la ricchezza (...) è cambiata: è infatti erosa dal livellamento dei redditi, e dall'impossibilità, oggi, per un uomo ricco, di mantenere domestici, ausiliari, intendenti, maggiordomi, una clientela una corte, una "casa"». L'aumento del livello di vita e la riduzione delle disuguaglianze causate dal progresso tecnico hanno provocato una caduta della possibilità sociale della grande ricchezza. Jean Fourastié sottolinea l'ampiezza di tale caduta:

> La proliferazione dei piccoli ricchi e l'"opulenza" a livello di massa paralizzano quanto resta della grande ricchezza; in ambito europeo, la ricchezza perisce per ingombro; si è visto, ad esempio, in Italia, attorno al 1955, ne *La dolce vita*, la degenerazione delle grandi famiglie aristocratiche che passavano dai grandi palazzi di Roma o Venezia ai piccoli appartamenti di cinque stanze con tutti i *comforts*.

Il carattere transitorio dei fenomeni di crescita

Nella sua prefazione all'edizione 1989 del *Grand Espoir*, Jacqueline Fourastié scriveva:

> I passaggi più stupefacenti per il lettore che apre oggi *Le Grand Espoir* sono quelli sul periodo transitorio. Abituati come siamo ad una crescita sostenuta ed elevata durante i *Trenta Gloriosi*, e ancora oggi importante, abbiamo la tendenza a ritenere di esserci imbarcati in una crescita infinita... che del resto riteniamo troppo lenta[172].

La definizione di periodo transitorio[173]

Si tratta di uno squilibrio fra due equilibri. Fin dal 1948, Jean Fourastié annuncia che i processi di mutamento economico in opera nei paesi che hanno sviluppato un notevole progresso tecnico non sono destinati a continuare all'infinito. Indica che ci si trova in un «periodo transitorio (...) *che separa un equilibrio economico precedente da uno squilibrio economico futuro ed ineluttabile*». L'«equilibrio antico, precedente al progresso tecnico», era «la relativa stabilità delle condizioni di vita», della civiltà tradizionale. Tale «equilibrio economico precedente» consisteva nel fatto che vi era stato, «per migliaia d'anni», una certa zona al cui interno l'umanità si muoveva e dove la curva del suo livello di vita oscillava fra minimi e massimi perennemente analoghi». E Jean Fourastié denomina tale «zona orizzontale tradizionale» «equilibrio antico». Quindi, l'«inizio del periodo transitorio si colloca nel momento in cui «la produzione massima che, da migliaia di anni, non aveva potuto superare negli anni migliori, un certo volume massimo, ha cominciato ad aumentare».

Quanto all'«equilibrio futuro», sarebbe la «relativa stabilità sociale che si verificherebbe (...) quando il progresso tecnico avrebbe terminato di trasferire le grandi masse di popolazione attiva dal primario al terziario». Tra questi due equilibri, l'uno passato e l'altro a venire, il periodo transitorio è segnato da uno «squilibrio» causato dal progresso tecnico. «Questo squilibrio si ripercuote dalla produzione al consumo e, inversamente, dal consumo alla produzione. Provoca così una migrazione della popolazione attiva; e l'instabilità si estende ai prezzi, al livello ed al genere di vita, alla durata del lavoro, al commercio estero, insomma pressappoco a tutti i fenomeni economici». Jean Fourastié scriveva:

> Definisco «squilibrio» tale evoluzione rapida dei principali fattori dell'evoluzione economica perché, da un lato, i fenomeni che dovrebbero essere accordati appaiono continuamente come discordati dal progresso tecnico (esempio: produzione-consumo) e sono così all'inseguimento di un equilibrio perennemente inaccessibile: *e soprattutto perché tale evoluzione, troppo rapida per la mentalità umana, resta incompresa e ci dà l'impressione di un'incoerenza anarchica*[174].

Fourastié evoca solo con estrema prudenza l'avvento di un «equilibrio futuro». Infatti, è persuaso che si svilupperà sotto nuove forme del progresso tecnico e queste ultime ritarderanno la scadenza di quello da lui definiti nuovo equilibrio». Ma, aggiunge, «occorre constatare che attualmente *tutto avviene come se* il mondo andasse incontro a un nuovo equilibrio». Non esita a «prevedere che il periodo generale di progresso economico e, quindi, di instabilità in cui siamo imbarcati da un secolo, avrà un termine». In effetti, «l'evoluzione causata nell'instabilità dal progresso tecnico trae il suo potere sociale solo dal numero di persone che sono vittime o beneficiari di tale instabilità», a tal punto che, «dal momento in cui gli sconvolgimenti del progresso tecnico colpiranno solo un ristretto numero di persone attive, oppure si faranno sentire su di esso in modo meno brutale, si potrà dire che il periodo transitorio avrà iniziato il proprio declino».

Jean Fourastié distingue tre fasi nel periodo transitorio. La prima è una «fase di *decollo*», durante la quale si verifica il trasferimento della popolazione attiva dall'agricoltura verso l'industria: è il tempo della crescita degli effettivi tra i lavoratori industriali. Per gli Stati Uniti, il decollo va «dall'inizio del XIX secolo fino al 1920». Fourastié osserva che «gli uomini hanno preso in considerazione, di tale fenomeno, il carattere industriale della nuova civiltà», e ciò «ha portato i nostri contemporanei a gravi errori nei loro tentativi di capire il mondo moderno». La seconda fase del periodo transitorio è la «fase di *espansione*». Corrisponde «al periodo di stagnazione» della parte di popolazione attiva occupata nell'industria». «Merita il nome di espansione perché è in tale sua durata che gli effetti del progresso tecnico sul livello di vita della popolazione sono più sensibili». Durante tale fase di espansione, il livello di vita conosce una «rapida crescita». La terza fase del periodo transitorio è «quella della *fine*». Si tratta della fase in cui la parte di popolazione attiva occupata nell'industria inizierà a conoscere un notevole decremento». Nel 1948, Jean Fourastié ritiene «che nessun grande paese sia ancora entrato in quest'ultima fase. Tuttavia, osserva che «negli USA, la popolazione attiva secondaria pare in notevole decremento dal 1920, malgrado un passeggero rigonfiamento dovuto alla guerra», e prevede che «la deflazione del secondario continuerà molto prossimamente nel paese». Quanto ai «vecchi paesi europei rovinati dalle guerre, si trascinano ancora nel periodo di decollo» mentre «numerosi paesi, l'India e la Cina, sono ancora allo stadio della civiltà tradizionale».

Così – conclude – «il progresso tecnico attualmente osservato distrugge un equilibrio antico e ne costruisce uno nuovo, le cui gradi linee sono fin da ora prevedibili»: fine annunciata di tale evoluzione, questo nuovo equilibrio è rappresentato dalla civiltà terziaria.

Quando la popolazione terziaria si avvicinerà all'80% in una grande nazione, «il periodo transitorio sarà terminato». Poiché la percentuale di occupazione terziaria tocca negli Stati Uniti già il 55% nel 1948, Jean Fourastié ritiene che, per questo paese, «i 2/3 del cammino sono stati già percorsi».

L'ineluttabile fine della crescita rapida[175]

L'arrivo di altissimi tassi di crescita nel periodo dei *Trenta Gloriosi* conferma Jean Fourastié nella sua certezza che l'intenso progresso economico dell'umanità occidentale è destinato a giungere al termine.

In un testo pubblicato nel 1961, ricorda che prima della II Guerra mondiale, per «le grandi nazioni già evolute» il cui «campione» erano gli Stati Uniti, «i più notevoli passi di crescita a lungo termine oscillano all'incirca fra il 2 e il 2,5% annuo»: e precisa che tali cifre sembravano d'altronde magnifiche e quasi magiche, poiché corrispondono ad un raddoppio del volume della produzione in circa 35 anni, cioè ad una moltiplicazione del livello di vita e del potere d'acquisto dei salari per 8 in 100 anni e per 500 in 300 anni». Ora, da quel momento si è verificata «un'accelerazione del progresso economico». La produzione industriale francese è più che raddoppiata dal 1948 al 1960, e quasi raddoppia dal 1960 al 1968. I ritmi di crescita registrati dopo la II Guerra mondiale in un gruppo di paesi tra i quali figura la Francia oscillano «all'incirca fra il 6 e l'8% annuo per la produzione globale, e tra l'8 e il 12% per la produzione industriale». Tuttavia, Jean Fourastié prevede un rallentamento del progresso economico che non sarà prodotto da quello del «progresso *dei fattori di produzione*». Quest'ultimo avrà invece «ancora tendenza ad accelerarsi in seguito al prodigioso sviluppo della ricerca scientifica, e gradualmente si estenderà a tutte le nazioni della terra». E ciò a tal punto che «il rallentamento del progresso economico potrà essere causato solo da *fattori di consumo*. Cioè dalla lenta ma certa saturazione progressiva del consumo».

Jean Fourastié dimostra matematicamente che «tassi di crescita del tipo» di quelli dei *Trenta Gloriosi* sono impossibili «a lunghissimo termine». Indica in effetti che «al tasso del 7%, i volumi raddoppiano in 10 anni e al tasso del 10% in 7 anni e mezzo», cosicché una prosecuzione per 140 anni del tasso di progresso al 7% della produzione industriale francese causerebbe 14 raddoppi successivi (2^{14}), cioè una moltiplicazione per più di 16.000. «A questo ritmo, la stessa massa della Luna, poi quella della Terra, di Marte e di Venere verrebbero, in qualche anno a metà del prossimo millennio, trasformate in frigoriferi, lavatrici e case in cemento». Questa dimostrazione per assurdo mostra il carattere ineluttabile della fine della crescita rapida.

Riprende la sua dimostrazione nel 1965. Dopo aver annunciato che il livello di vita dei francesi aveva ogni speranza di raddoppiarsi in 20 anni, indica che la prosecuzione di tale ritmo «dà una moltiplicazione per $2^5 = 32$ in un secolo, quindi per 1024 in due secoli e per 1.050.000 in tre secoli». Un simile progresso «così stravagante, così eccezionale nell'evoluzione dell'umanità», rappresentato da un raddoppio del livello di vita in 20 anni, potrà essere solo transitorio.

La rottura del 1973[176]

Quando nel 1973 si verificò «la monopolizzazione della vendita del petrolio» da parte dell'OPEP (Organizzazione dei Paesi Esportatori di Petrolio) che consentì che «il prezzo di vendita da parte dei paesi del Medio Oriente, già 20 o 30 volte superiore a quello di costo, fosse portato a circa cento volte tale prezzo, esempio implacabile e fortunatamente unico di profitti di monopolio», Jean Fourastié annunciò che era giunta – come lui aveva previsto – «la fine dei tempi facili». Questo fu il titolo di un articolo da lui pubblicato su "Le Figaro" del 20-XII-1973, ed un tema sul quale tornò, da quel momento, nella maggior parte dei suoi libri. Il «brutale rialzo del petrolio greggio, deciso dall'OPEP nel 1973», poteva a suo avviso provocare solo «una forte incrinatura [della] crescita rapida» dei paesi dove era in corso dal 1945. Di fatto, «i tassi di crescita del PIL (Prodotto Interno Lordo) reale *pro-capite*, che erano correntemente all'incirca del 5-6% l'anno prima del 1973, sono caduti attorno al 2%». L'avvenimento confermava le sue previsioni, secondo le quali «prima o poi, nel 1980, nel 1976 o nel 1973, la cosa doveva succedere, dopodiché nulla sarebbe stato mai più come prima».

«Dal 1968 o dal 1970, aspettavo la fine dei *Trenta Gloriosi* – scriveva Fourastié nel 1979 –. La mia ragione era fin troppo semplice, e l'avevo esposta pubblicamente più volte: cioè $2^{10} = 1024$. Aspettavo quindi, senza poterne fissare la data, una flessione radicale della crescita occidentale e francese (...)». In effetti, «il mondo occidentale non poteva continuare a raddoppiare ogni 7 o 8 anni il volume fisico della sua produzione industriale», dato che «far ciò ogni 7 anni avrebbe significato moltiplicarla per 1000 in 70 anni». Come aveva già dimostrato da tempo, Jean Fourastié ha continuato a ricordare che «ogni crescita urta ineluttabilmente contro limiti fisici che dipendono dalla dimensione della Terra»: «Allo stesso modo, la popolazione mondiale non può raddoppiarsi all'infinito ogni quaranta o cento anni, così come la produzione mondiale d'acciaio, di petrolio, di carbone, di automobili, di frigoriferi o di alloggi non può raddoppiarsi all'infinito ogni quindici, venticinque o cinquant'anni». Invocando quella da lui definita «la legge dei grandi numeri» [177], Fourastié riprende senza tregua la sua dimostrazione per assurdo:

> A mio parere, un fatto domina gli altri, ed è sempre lo stesso quando si studia una crescita: un volume o un tonnellaggio, qualunque siano all'origine, non possono raddoppiare all'infinito senza toccare numeri astronomici che li escludono dalla realtà. Il consumo mondiale di petrolio non può certo continuare a raddoppiare ogni quindici anni come avveniva in passato.

Jean Fourastié ha sottolineato che nel 1973 e negli anni seguenti, «la Francia non ha capito quanto accadeva. I governi [di destra] successivi hanno minimizzato la "crisi"; la sinistra l'ha addirittura negata». Si sarebbe dovuto imitare «la Germania, gli Stati Uniti, il Giappone, la Svizzera e qualche altro paese [che], reagendo in fretta e austeramente alla crisi si sono preparati per i tempi difficili». Invece di far ciò – scrive Fourastié nel 1979 – «un anno è stato perso sotto Pompidou, e altri due con Giscard. Si doveva suonare l'allarme, capire e far comprendere che ogni progresso nel potere d'acquisto si sarebbe rivelato impossibile o nefasto almeno per tre anni. La reazione di Barre [Primo ministro nel settembre 1976] è stata salutare ma resta, suo malgrado, debole e in un certo senso ambigua (...)».

Verso la fine del periodo transitorio [178]

Con la crisi apertasi nel 1973, «i tempi facili non si interrompono per l'Occidente: *sono finiti*», scrive Jean Fourastié nel 1978. Non si tratta infatti di una «crisi passeggera ma di un mutamento di situazione. Il tempo del mondo finito, miracolosamente interrotto dal 1945 al 1973, ricomincia e permane». In altri termini, ciò significa che per i paesi occidentali è la fine del periodo transitorio. Nel 1979, Jean Fourastié indica che per la Francia, «la via del progresso rapido è ora chiusa», poiché resta «aperta, ma stretta e disagiata», «solo la strada di un progresso lento». Pensa che la crescita francese non potrà superare «il 2-2,5% annuo in vent'anni». E cova ancora la prospettiva di un magro «progresso nel potere d'acquisto del salario orario all'incirca dell'1,5 annuo – cioè un raddoppio in 50 anni, mentre l'abbiamo raddoppiato in 20 anni e triplicato in 30 durante i "*Trenta Gloriosi*"». Tuttavia, nel 1980 pur ricordando che «un periodo di crescita rapida [è per forza di cose] eccezionale nella storia degli uomini» e ripetendo l'inellutabilità della sua fine, Jean Fourastié si chiederà «se i "*Trenta Gloriosi*" sono definitivamente terminati o se possono prolungarsi ancora per qualche anno. Passando per qualche disavventura ed eclissi».

Ed è solo nel 1982 che scrive esplicitamente che «la rottura del 1973 annuncia la fine del periodo transitorio:

> Dal 1973, un nuovo tipo di perturbazione grave si è prodotto: viene spesso chiamato «crisi» come le perturbazioni del XIX secolo e dell'inizio del XX, ma non si tratta di una crisi ciclica ma, invece, della fine di quello da me definito il *periodo transitorio*. Si ha, perciò, l'adattamento del mondo rapidamente evolutivo degli anni 1725-1975 ad un altro ad evoluzione molto più lenta (...)[179].

Al di là delle sue cause congiunturali, Jean Fourastié spiega quindi la «crisi di rottura del ritmo secolare» verificatasi dal 1973 con cause «più profonde, (...) e più organiche»:

> Ho sempre pensato e scritto che la brillante espansione economica del [XX] secolo non sarebbe continuata all'infinito. L'ho invece definita e caratterizzata come *periodo transitorio* tra due situazioni meno evolutive, la civiltà tradizionale a predominio agricolo e la civiltà post-industriale a prevalenza terziaria. Pareva chiaro, in tale prospettiva, che molti paesi occidentali in cui la popolazione attiva in agricoltura è caduta al di sotto dell'8,6% se non addirittura del 4%, e in cui il terziario, sempre in crescita, supera il 50, 55 e finanche il 60% sono entrati in quello da me definito *la fine* del periodo transitorio. Così, propongo l'ipotesi della prossima fine, in Occidente, del periodo transitorio[180].

Il progresso tecnico e la questione della disoccupazione

«Il progresso tecnico, la macchina, non cacciano forse via l'uomo dalla produzione?». A tale domanda, da lui stesso formulata nel 1958, Jean Fourastié si era sforzato di rispondere già dieci anni prima, e la sua risposta era negativa. Ricordava che, dal XIX secolo, «molte persone hanno temuto (...) che il progresso tecnico fosse il produttore di una disoccupazione definitiva: cioè di quella che veniva chiamata *disoccupazione tecnologica*». Essa aveva avuto «un gran ruolo nella letteratura sociale» del XIX secolo: si credeva infatti che «fosse causata dalla crescita del rendimento da lavoro». Laddove erano serviti 100 lavoratori e dove ormai ne bastavano 50, «gli altri 50 non avrebbero più trovato un'occupazione, trovandosi in "disoccupazione tecnologica"».

Ora, risponde Jean Fourastié nel 1948, «la disoccupazione tecnologica non esiste», almeno non in modo duraturo. «In effetti, appare chiaro (in generale) che nel lungo periodo (prima o poi) le persone costrette alla disoccupazione dal progresso tecnico di un settore trovano nuova occupazione, per effetto del gioco di questo stesso progresso tecnico, in un altro settore (...)» [181]. Di tale processo, Jean Fourastié fornisce alcuni esempi:

> Il contadino, rovinato dal progresso tecnico, cacciato dalla sua terra da quest'ultimo, si vede costretto a lavorare altrove. I fatti mostrano che il contadino che, in quanto tale, è stato rovinato, ha potuto trovare un lavoro in altri settori: innanzitutto, nel settore secondario; poi, gradualmente, in quello terziario. Adesso sappiamo perché ciò è avvenuto. Una popolazione il cui reddito cresce tende ad assorbire più secondario, sempre più terziario e così progressivamente si riassorbe la disoccupazione nata nel primario in seguito alla rapida saturazione dell'uomo in prodotti alimentari. (...) Vediamo ora che in realtà il mutamento nei consumi mette fine alla disoccupazione tecnologica. Attualmente, la disoccupazione tecnologica che potrebbe essere creata dal progresso del rendimento nel secondario sarà riassorbita dal terziario [182].

Ma il fatto che la disoccupazione tecnologica non esista «non significa che le cose vadano al meglio per gli uomini; ciò non vuol dire che il contadino rovinato del Quercy si trovi immediatamente trasferito in un'atmosfera idilliaca, secondaria o terziaria». Il fatto che la disoccupazione tecnologica non esista non significa l'inesistenza della disoccupazione. Ma si tratta di una disoccupazione provvisoria:

In realtà, tali migrazioni di popolazione attiva sono estremamente penose e causano una disoccupazione *provvisoria* che, pur senza essere permanente, tuttavia può durare a lungo. La chiamo «provvisoria» semplicemente per dire che non si verifica per duecento anni; nondimeno, per una persona che vive solo pochi anni, tale disoccupazione, benché «provvisoria», è estremamente grave e penosa.

Così il progresso tecnico, «mentre porta all'umanità grandissimi e notevolmente duraturi benefici (...), le causa quindi anche passeggere ma dure sofferenze: licenziamenti, crisi, disoccupazione» [183].

Le crisi economiche e la disoccupazione [184]

Fin dal 1948, Jean Fourastié ha mostrato in modo pionieristico che «le crisi dell'economia contemporanea [avevano] per causa essenziale la fondamentale instabilità provocata dal progresso tecnico nella struttura della produzione e del consumo». Le crisi sono quindi strettamente legate allo sconvolgimento, operato dal progresso tecnico, della struttura della popolazione attiva:

Il progresso tecnico provoca crisi poiché consente la crescita della produzione *pro-capite* e, di conseguenza, del consumo individuale; ora, la naturale struttura di tale crescente produzione non va d'accordo con quella del consumo in crecita. Quindi, in ogni momento certi mercati si saturano mentre si creano nuovi sbocchi. La popolazione attiva devi quindi emigrare in continuazione da professioni saturate a nuove attività. La sua naturale resistenza e la sua vischiosità provocano ritardi, squilibri, rovine e crisi. (...) Sotto l'influsso del progresso tecnico, le produzioni primarie, ma soprattutto secondarie, tendono a svilupparsi o a perpetuarsi a detrimento del terziario. Ma il consumo rifiuta tali primario e secondario, eccessivi *per il reddito reale totale di cui dispone*, e domanda terziario. Si verifica quindi una svendita del primario e del secondario: da qui la crisi. Durante la depressione, la normale proporzione fra i tre settori è ristabilita (...), e così non si avrà mai una esatta nozione delle crisi e non si arriverà mai ad evitarle finché saranno considerate come fenomeni periodici indipendenti dall'evoluzione di lungo periodo, che nascono da circostanze sempre effimere e sempre risorgenti e che, ogni dieci o dodici anni, rimettono il mondo in una situazione identica a quelle che ha conosciuto prima. In realtà, le crisi sono contemporaneamente una perturbazione di una condizione dell'evoluzione economica generale (...) Se in un certo momento c'è crisi economica, è dovuta al fatto che l'evoluzione economica esige una modifica della produzione e sarebbe quindi illusorio credere che ciò possa realizzarsi senza perturbazioni e sofferenze per l'uomo[185].

Jean Fourastié mostra quindi che «in periodo di progresso tecnico è naturale che certi lavoratori siano in ogni momento costretti alla disoccupazione». La perdita di occupazione e la disoccupazione sono un'inevitabile conseguenza del progresso tecnico, che crea «nuovi modi di produrre e ne estingue altri». Oltre all'esempio degli agricoltori tradizionali cacciati dalla terra dal progresso tecnico», offre quello «della disoccupazione quasi permanente che ha colpito dal 1920 al 1938 le nazioni più progredite del mondo dal punto di vista industriale». Tuttavia, come si è visto, la disoccupazione causata dal progresso tecnico doveva essere solo temporanea poiché il «consumo in crescita» fa nascere nuove domande e crea quindi nuova occupazione.

Comunque, Jean Fourastié riconosce che la realtà non è sempre conforme a tale principio. In pratica, «la migrazione dei lavoratori da un settore all'altro non è sempre facile e talvolta si rivela impossibile». In effetti, il «contadino tradizionale» o l'operaio dell'industria sono in genere inadatti a trovare un lavoro che richieda «un'istruzione tecnica ed intellettuale assai sviluppata». Ciò causa a sua volta la formazione di «una massa di popolazione che, per mancanza di relazioni, di attitudini e d'istruzione tende a restare al margine della società in cui vive».

Fourastié ritiene però tuttavia che sia possibile «trovare mezzi efficaci per lottare contro [le crisi]»:

I veri rimedi alle crisi (stanno) in un orientamento intelligente della popolazione attiva occupata nei settori che manifestano segni di saturazione verso altri che non soddisfano tutte le domande della popolazione[186].

Una disoccupazione in linea di principio evitabile[187]

Jean Fourastié scrive nel 1958, a proposito dello sviluppo dell'automazione, che « il progresso tecnico non caccia gli uomini dalla produzione; permette loro solo di lavorare meno duramente e meno a lungo». Unicamente, «li obbliga a cambiare in continuazione mestiere per mantenere l'indispensabile accordo fra produzione e consumo». Certamente ciò non è possibile «senza crisi, scosse, regressioni e sofferenze per l'uomo. (...) L'adattamento dell'uomo ai suoi nuovi metodi di lavoro continuerà a costare molto tempo e dolore». Ma la conclusione è nondimeno che i paesi occidentali non sono «*costretti ad un vicolo cieco* e che i problemi sono risolvibili».

Il mezzo per prevenire le crisi ed evitare la disoccupazione è la previsione. Si tratta di prevedere l'importanza e la struttura del consumo, da cui «si deduce la struttura della produzione nazionale e quella della popolazione attiva». Il calcolo dell'«occupazione necessaria ad ogni produzione è fatto per mezzo della famosa equazione:

$$\mathrm{O} = \mathrm{C}/p$$

Quando il consumo (C), e quindi la produzione, aumentano meno rapidamente della produttività (p), occorre necessariamente ridurre l'occupazione (O), cioè la «quantità di lavoro destinata» alla produzione in questione. Tale riduzione di O viene fatta «anzitutto giocando sulla durata del lavoro e poi sugli *effettivi*, cioè sul numero di uomini al lavoro».

Su tali basi, Jean Fourastié riteneva che in linea di principio fosse possibile prevenire la formazione di una notevole disoccupazione. Tuttavia, l'efficacia delle misure di diminuzione della durata del lavoro o di trasferimento della popolazione attiva era subordinata «alla condizione di rispettare le delicate ma identificate condizioni di termini, qualifica e luoghi...; e, soprattutto, a quella di agire solo branca per branca, secondo i ritmi obbiettivamente imposti dall'evoluzione del consumo e della produttività proprie ad ogni branca e ad ogni prodotto».

Presidente della Commissione alla manodopera della Pianificazione, Fourastié fu all'origine del «varo delle previsioni sull'occupazione». Claude Vimont, che fu membro della Commissione alla manodopera, è testimone di questa azione pionieristica di Jean Fourastié:

Per la prima volta, in occasione della preparazione del II Piano, fu fatto il calcolo del fabbisogno di mano d'opera che ogni settore esigeva per gli obbiettivi di produttività prospettati (...) Nel Commissariato alla Pianificazione è stata progressivamente presa l'abitudine di tradurre in modo più preciso gli obiettivi in termini di occupazione. Tale lavoro è innanzitutto stato concretizzato in effettivi globali per ogni settore, e poi in effettivi per mestiere. (...) Al di là di tali previsioni a medio termine, è stata anche varata la previsione congiunturale di occupazione grazie ad un'istituzione in funzione per diversi anni, le «riunioni articolate»; tali riunioni raggruppavano attorno alla Commissione alla manodopera della Pianificazione rappresentanti delle diverse amministrazioni che avevano settori economici sotto tutela e le rappresentanze di questi stessi settori [188].

A proposito di tali «riunioni articolate», Jean Fourastié ha detto: «Facevamo così penetrare la nozione di previsione dell'occupazione nel patronato e nelle imprese».

L'eliminazione della disoccupazione durante i Trenta Gloriosi [189]

Nel 1970, Jean Fourastié poteva scrivere:

Dal 1950, la previsione dei fabbisogni è stata praticata in tutti i grandi paesi ed ha consentito *politiche economiche* abbastanza valide per attenuare oppure sopprimere le crisi. Il principio della politica economica è quello di orientare la produzione in funzione della prevista evoluzione del consumo. La chiave di volta del problema è l'occupazione, che deve evolvere come il rapporto produzione-consumo [190].

In Francia, e più in genere nei paesi sviluppati, al periodo dei *Trenta Gloriosi* corrispondevano debolissimi tassi di disoccupazione. Negli Stati Uniti, la disoccupazione è caduta a partire dal 1964 al di sotto del 4%. E «ovunque in altre parti dell'Occidente, i tassi [erano] inferiori al 3%». Jean Fourastié riferisce che «non pareva difficile al presidente di allora della Commissione all'Occupazione [della manodopera] del Commissariato alla Pianificazione mantenere la piena occupazione in Francia (...); bastava a questo scopo ridurre la durata media del lavoro. (...) E di fatto la quasi piena occupazione fu realizzata senza difficoltà fra il 1945 e il 1972». Ma ugualmente riconosce: «Abbiamo avuto molta fortuna in questo periodo: i tempi erano favorevoli (...); la Francia ha pure assorbito dei *surplus* di manodopera, per esempio di rifugiati dal Nord Africa in seguito all'indipendenza dell'Algeria».

Fourastié non nascondeva che la fondamentale causa dei debolossimi tassi di disoccupazione del periodo dei *Trenta Gloriosi* fu che «la produzione progrediva tanto velocemente e spesso più in fretta della produttività», il che «causava la piena occupazione della popolazione attiva». Purtuttavia, non giudicava *a posteriori* inutile il lavoro di previsione dell'occupazione da lui svolto a rue Martignac. Riteneva che le «tecniche di previsione dell'occupazione» da lui stabilite erano «molto adatte alla condizione del momento», e che avevano il loro ruolo nella riduzione «per venticinque anni [della] disoccupazione in Francia a debolissime cifre». E aggiungeva:

> Sono convinto, forse erroneamente, che tali tecniche artigianali di previsione della disoccupazione avrebbero dato, se si fosse continuato ad utilizzarle, molto migliori risultati del ritorno ai principi keynesiani tramite modelli matematici altamente sofisticati.

Il ritorno della disoccupazione dopo la «rottura del 1973»[191]

Jean Fourastié ha mostrato che l'irruzione della disoccupazione era stata prodotta dal rincaro monopolistico del prezzo del petrolio deciso dall'OPEP, che ha creato a benficio dei monopolisti del petrolio un tasso di profitto del 10.000% sul prezzo di costo – «le favolose rendite dei detentori dell'oro nero» – mentre «sul piano nazionale», lo Stato stronca i monopoli privati nel momento in cui il tasso di profitto supera il 15, il 20 o il 25% sul prezzo di costo». La forte crescita della produzione delle nazioni occidentali si è trovata annullata e, «dal 1973, nella maggioranza dei paesi la produttività mantiene i suoi precedenti tassi di crescita mentre la produzione non li segue». Ora – sottolinea – «il divario pesa necessariamente sulla durata del lavoro e sull'occupazione»: è il meccanismo della risalita della disoccupazione. Jean Fourastié scrive nel 1980: «Così, in Francia, i tassi di disoccupazione, che erano rimasti inferiori all'1% dal 1945 al 1973, sono progressivamente saliti al 6% e continuano a salire». Indica nel 1982 che il numero dei disoccupati è salito «a 1 milione nel 1976 e poi ininterrottamente a 2 milioni nel 1981, il che supera il 9% della popolazione attiva». E aggiunge che tale «massiccia irruzione della disoccupazione nel mondo è tragica e non era stata in alcun modo prevista»: a cominciare personalmente da lui.

Jean Fourastié pensava ed aveva scritto «che lo Stato aveva, con l'ausilio di un punto forte della scienza economica, i mezzi per far da arbitro al necessario equilibrio fra occupazione, produttività e consumo secondo l'uguaglianza E = C/*p*».

Ora, constata nel 1982, le politiche economiche che applicano tale equazione, cioè che mirano a riassorbire la disoccupazione con la riduzione della durata del lavoro, hanno fallito. E da ciò deriva la sua perplessità.

Certamente, per quanto riguarda la Francia alla svolta degli anni '70 e '80, Fourastié sottolinea l'esistenza di fattori congiunturali poco propizi alla piena occupazione. In effetti, la rottura della crescita economica del 1973 è «coincisa con l'arrivo in età di lavoro professionale di classi d'età numerose, nate dopo la guerra, e con una vera e propria frenesia di domanda di lavoro salariato fra le donne». Fourastié ricorda che « mentre, dal 1954 al 1962, arrivavano solo 30.000 donne all'anno sul mercato del lavoro, e 150.000 l'anno in media dal 1962 al 1970, ne sono arrivate e forse ne arriveranno 235.000 all'anno dal 1975 al 1985». In totale, la popolazione attiva disponibile, rimasta stagnante al di sotto dei 21 milioni fino al 1969, è salita a 23 nel 1979». Jean Fourastié ammette «che tali circostanze non sono evidentemente favorevoli al riassorbimento di una crisi di disoccupazione», pur aggiungendo: «Ma non riuscirebbero comunque a rendere inoperante la riduzione della durata annua del lavoro».

Ora, constata, dal 1972 al giugno 1981, che la Francia ha ridotto la durata media del lavoro da 44 a 40,03 ore settimanali senza tuttavia riuscire a bloccare la risalita della disoccupazione. E questa constatazione di fallimento va oltre il solo caso francese: «Tale "incapacità" (...) si è manifestata dopo il 1973, non solamente in Francia ma nel mondo». Fà in particolare l'esempio del Belgio, «che è già sceso a 36 ore [di durata media del lavoro settimanale] senza migliori risultati della Francia con 40». Jean Fourastié si confessa profondamente sorpreso:

> Resta inspiegato il fallimento (...) nel riassorbire tale disoccupazione con la riduzione della durata del lavoro e con lo scivolamento degli effettivi verso nuove attività che rispondano a nuovi bisogni, sempre enormi. Certo, tutti vedono chiaramente che la "crisi economica mondiale" (...), che ha spezzato la grande crescita dei *Trenta Gloriosi*, è l'origine di tale disoccupazione perché apre un'era, in Occidente, in cui *la produttività cresce più*

rapidamente di quanto non possa farlo la produzione. Ma non è facile capire come la regolazione dell'occupazione non sia stata realizzata con la riduzione della durata del lavoro [192].

Le cause della persistenza della disoccupazione [193]

Sempre nel 1982, di fronte all'enigma di una persistente disoccupazione nonostante l'abbassamento della durata del lavoro, Jean Fourastié cerca spiegazioni, ed insiste in particolare sulla «rudezza e l'imprevisione degli urti che hanno colpito e colpiscono in ordine sparso una quantità di importanti settori dell'industria: siderurgia, chimica, tessile, automobile... e persino quelli giudicati prima in espansione». Sottolinea «l'ampiezza di tali urti, che spesso causano riduzioni di effettivi del 5,10 e anche del 15% in alcuni mesi», a tal punto che «l'insieme dell'industria (*stricto sensu*) in Francia, che aveva guadagnato più di 300.000 persone fra il 1970 e il 1974, ne ha perdure 450.000 dal 1974 al 1979». Ed invoca anche le reazioni, comprensibili ma irrazionali, delle popolazioni vittime di tali riduzioni di attività, che spingono i sindacati a strappare al governo compensazioni a breve termine economicamente nefaste:

Le reazione naturale ma, propio in quanto tale, passionale delle popolazioni vittime di tali riduzioni di attività e quelle sindacali comportano misure governative in genere pacificatorie e conservatrici a breve termine, ma disastrose nel lungo periodo.

Già nel 1948, Jean Fourastié aveva segnalato «il pericolo di una lotta inintelligente contro le crisi che, con il salvataggio di imprese ormai agonizzanti, paralizza il progresso economico». Riprende il tema nel 1979, mostrando che le politiche protezionistiche dell'occupazione vanno in definitiva contro di esso, e che a medio e lungo termine mantengono ed accentuano la disoccupazione:

Troppe imprese protette ma in tal modo sclerotizzate da protezioni, sovvenzioni e regolamentazioni amministrative, che tendono ad esempio ad evitare i licenziamenti, si trovano in disarmonia con la realtà. Una politica esageratamente sensibile al breve periodo ha ritardato, ritarda e rende più difficile il necessario ed ineluttabile addattamento al lungo termine.

In particolare, (...) il divieto di licenziare che pare in buona fede bloccare la disoccupazione, non protegge in alcun modo un popolo contro tale fenomeno. Occorre capire che l'economia è un insieme completo in evoluzione: mantenere in vita occupazioni inutili significa rallentare e talvolta bloccare il movimento; invece, sopprimere occupazioni inutili significa liberare i mezzi per crearne di utili [194].

Tra le spiegazioni dell'impotenza delle politiche di riduzione del tempo di lavoro a lottare efficacemente contro la disoccupazione, Jean Fourastié sottolinea anche che «la lenta riduzione della durata annua del lavoro», che continua a giudicare «necessaria a medio e lungo termine» per combattere la disoccupazione, deve obbedire a regole molto precise. Ora, tali regole non sono spesso state rispettate, e particolarmente in Francia. Come scrive nel 1980, Fourastié resta persuaso che il calo della durata annua del lavoro costituisca un efficace strumento di lotta contro la disoccupazione, pur precisando: «Attenzione, però: è *a salario orario costante*, senza regolamentazione coercitiva e ad intervalli lunghi e variabili secondo le branche che va preconizzata tale evoluzione; e, quindi, al di fuori da ogni effetto sul prezzo di costo». Perciò, far calare la durata del lavoro, ma a salario orario costante, il che significa un calo della remunerazione globale dei salariati proporzionale alla riduzione del loro tempo di lavoro. In mancanza di ciò, il calo della durata del lavoro provocherà inevitabilmente un aumento dei prezzi di costo. Si arriva dunque al fatto, da lui evidenziato da tempo, che una riduzione della durata del lavoro senza calo proporzionale dei salari causa un rialzo dei prezzi. Ora, come lui ha ugualmente mostrato, il rialzo dei prezzi taglia il consumo, il che agisce al ribasso sulla produzione e quindi riduce l'occupazione, vanificando così i benefici che il calo della durata del lavoro avrebbe potuto avere sull'occupazione.

La questione della riduzione della durata del tempo del lavoro operata senza parallela riduzione della remunerazione dei salariati riporta a quanto Jean Fourastié scrive nel 1979 sul carattere nefasto per la riuscita economica – e quindi per l'occupazione – dell'ignoranza della realtà economica che caratterizza contemporaneamente la popolazione francese ed i suoi dirigenti, e che ha per conseguenza un clima politico e sociale conflittuale e irrealista. Per tale fatto, un importante fattore della «debolezza industriale» della Francia sta in «costi salariali troppo alti per il livello medio di produttività della nazione». Di fatto, i costi salariali francesi giungono «in certi casi

(...) ad uguagliare quelli degli Stati Uniti mentre i divari di produttività sono all'incirca di 6 contro 10». E Jean Fourastié aggiunge:

> Più in genere (...), l'economia francese soffre seriamente della mancanza di conoscenze economiche da parte del popolo francese e delle sue classi dirigenti, nonché del clima politico di incessanti rivendicazioni e di ininterrotte contestazioni che ne risulta. Senza tregua, in tali lotte politico-sociali, il lungo termine si trova sacrificato al breve periodo; tale lotte, inoltre, usurano forze che in altri paesi si coniugano nella volontà di riuscita.

Jean Fourastié riprende lo stesso tema nel 1980:

> In tal modo, la Francia avrebbe dovuto e dovrebbe reagire molto rapidamente e con decisione al nuovo clima mondiale. Il popolo avrebbe dovuto e dovrebbe accettare, i partiti acconsentire e addirittura chiedere le riduzioni del livello di vita e le riconversioni industriali. I sacrifici immediati ma moderati necessari per ridurre i gravi rischi del prosssimo futuro.

E giunge alla stessa diagnosi: «La grande debolezza della Francia sta nel fatto che i suoi cittadini hanno solo una debolissima coscienza delle realtà economiche». Qui era per lui una dimensione strutturale che spiegava l'importanza e la persistenza della disoccupazione in Francia. Ora, dal 1978, ha sottolineato che se quella francese è un «disoccupazione tenace», ciò si deve «al fatto che le sue cause sono più strutturali che congiunturali».

Un'altra causa duratura dell'impotenza a ritrovare la piena occupazione era per lui l'inizio dell'industrializzazione e il decollo di certi paesi in via di sviluppo. Jean Fourastié ha molte volte sottolineato che in ciò era un fattore «importante», destinato a divenire quello «più importante a breve termine» del carattere definitivo della «fine dei tempi facili», cioè delle difficoltà dell'economia francese come di quelle di altri paesi occidentali e, di conseguenza, dell'ampiezza e della tenacia della disoccupazione. Fin dal 1978, evocando «i "punti neri" delle prospettive francesi», scriveva: «Il terzo mondo (la piccola parte dinamica del terzo mondo) comincia ad industrializzarsi. Sa già, e saprà sempre più, produrre quanto era ed è ancora la nostra produzione più feconda». Nel 1980, Jean Fourastié aggiunge: «Nel momento in cui dobbiamo esportare di più per pagare ineluttabili importazioni e più care, l'industrializzazione di certi paesi del terzo mondo comincia a privarci di alcuni sbocchi che erano tradizionalmente nostri». Nel 1982 evoca, fra le spiegazioni del carattere duraturo della rottura nella crescita economica francese, e quindi della disoccupazione, le «concorrenze internazionali selvagge» e l'«inizio dell'industrializzazione del terzo mondo». Ma è nel 1979 che Jean Fourastié ha più esplicitamente mostrato il ruolo del «decollo economico di un numero non trascurabile di paesi del terzo mondo» nelle difficoltà economiche della Francia e più in genere dell'Occidente. Insisteva infatti sulla vulnerabilità del commercio estero francese «alla concorrenza delle giovani industrie che iniziano a svilupparsi in alcuni paesi del terzo mondo». Scriveva, in particolare:

> Oggi, già numerosi paesi poveri hanno iniziato a seguire la strada aperta dal Giappone negli anni '20 e '30. Iniziano a produrre, con tecniche moderne e quindi con forti produttività, tessili, prodotti metallurgici e diversi oggetti di manifattura i cui prezzi di costo sono evidentemente molto inferiori ai nostri per effetto del divario (spesso ancora da 1 a 3 o 4) dei salari reali [195].

Ultime considerazioni sulla disoccupazione (1989) [196]

Nel 1989, un anno prima della morte, Jean Fourastié constatata:

> Si sono visti tornadi distruggere in qualche anno la prosperità di grandi branche di attività (tessile, siderurgia,...) e grandi regioni (Nord-Pas-de-Calais, Lorena...). I trasferimenti di attività e di popolazione attiva, annunciati ne *Le Grand Espoir*, si facevano a stento o per nulla. Gli economisti ed i governi furono impotenti di fronte alla tempesta. Non seppero evitare la disoccupazione.

Conformemente alle sue previsioni di sempre, la caduta dell'occupazione nei settori agricoli ed industriale è proseguita, mentre invece la popolazione terziaria ha continuato una «forte crescita». Nondimeno, tale aumento dell'occupazione terziaria si è rivelato. Durante gli anni dal 1975 al 1988, «impotente ad evitare la disoccupazione».

Occorre dire che l'occupazione terziaria non era cresciuta come ci si poteva aspettare per il fatto che in questi anni si era verificato un'enorme intrusione del progresso tecnico nel vecchio blocco terziario e che «la crescita della produttività [avveniva] spesso a sbalzi; [si introducevano] in quantità nuove scoperte, con l'informatica, la robotica, ecc., in numerose attività un tempo stabili». In verità, Ciò non sorprendeva per nulla Jean Fourastié, che fin dal 1948 aveva annunciato che alcune delle «attività a debole progresso tecnico» sarebbero state raggiunte dal progresso, avrebbero conosciuto un notevole aumento della produttività e, di conseguenza, avrebbero lasciato il terziario, almeno nel senso che Jean Fourastié conferiva a tale termine. E tuttavia il terziario ad andamento terziario, cioè refrattario ai progressi in produttività – l'unico vero terziario per Jean Fourastié – ha avuto la tendenza a ridursi sempre più, mentre doveva assorbire l'insieme della popolazione attiva.

Certo, fin dal 1948 Fourastié aveva immaginato e sperato che tale «terziario residuo» avrebbe riassorbito «il *surplus* di popolazione attiva liberato dal progresso tecnico». Ma è bene ricordarsi anche che aveva anche giustamente avvisato che la disoccupazione causata dal progresso tecnico, benché ritenuta «provvisoria», per alcuni poteva pure rivelarsi «duratura». Tale dura realtà aveva finito per essere abolita durante la parentesi dei «tempi facili» che furono i *Trenta Gloriosi* perché la produzione era aumentata quanto e talvolta più della produttività. Ma era del tutto naturalmente riapparsa con quello da lui definito «il ritorno ai tempi normali».

Jean Fourastiè ricorda nel 1989 che, a crescente produttività, è il consumo a determinare l'occupazione poiché «la produttività la caccia o la chiama a seconda della tendenza del consumo». Così, «se la produttività si moltiplica per 10 in un'attività ed il consumo è fisso, l'occupazione sarà divisa per 10». Ma il prezzo reale anch'esso «diviso per 10» mentre il consumo può qua e là crescere, il che comporta la creazione di nuova occupazione.

Nel contesto di un forte rallentamento della crescita della produttività combinato a notevoli progressi in produttività, Jean Fourastié insiste sulla difficoltà «di conciliare competitività e piena occupazione». Ciò però non gli impedisce di riaffermare la sua certezza che «la riduzione della durata del lavoro, iniziata attorno al 1850 nei paesi più avanzati è destinata a continuare e a risolvere la questione della disoccupazione. Tuttavia, tale «tendenza a lunghissimo termine» cozza nel presente – siamo nel 1989 – con le costrizioni di una competizione commerciale internazionale resa irriducibile per le nazioni ad alto livello di vita dall'«eterogeneità del mondo, da cui usciremo dopo anni ed anni». E ciò a tal punto che la continuazione della riduzione della durata del lavoro è al momento nella «pratica difficile se non impossibile», Ma Jean Fourastié aggiunge: «Non è tuttavia una ragione per non dir nulla e per accettare la disoccupazione come una fatalità».

La questione del sottosviluppo

Il sottosviluppo è – come sottolinea Jean Fourastiè – *una questione di produttività*[197]. Scriveva, nel 1950:

> Per arare, seminare, mietere e trebbiare occorrevano, attorno al 1700, in annata media, 200 ore di lavoro umano per quintale di grano raccolto; oggi 6. Ma vi sono molti paesi al mondo dove (...) sono ancora da 150 a 180 (...) Nel 1750, la situazione economico-sociale [della Francia] non differiva sostanzialmente da quella della Cina, dell'Algeria o dell'Etiopia dell'epoca. Ma tali paesi del terzo mondo hanno fatto solo pochi progressi da due secoli ad oggi. Prima di noi, con noi o dopo di noi, prima durante e dopo i periodi coloniali l'Asia, l'Africa e l'America del Sud sono entrati con gran ritardo e con molta lentezza nell'era e nello spirito del progresso scientifico e tecnico[198].

La conseguenza fu la debolezza della produttività delle loro economie. Nel 1970, la produttività globale delle economie dei «paesi sottosviluppati detti, con un eufemismo, "in via di sviluppo"», è più di 11 volte meno alta di quella dei paesi sviluppati, con il risultato che il reddito *pro-capite* vi è 12,5 meno alto. Jean Fourastié osserva nel 1980 che «la Cina, la cui popolazione supera di 20 volte quella francese, produce il 10% in meno della Francia, il che significa che la produttività del lavoro è 20 volte più scarsa in Cina che in Francia o che, per produrre quanto produce all'anno un francese occorrono venti cinesi»: e c'era gente ancor più povera. Nel 1978, le cifre mondiali della produzione annua *pro-capite* degli abitanti di diversi paesi formano un «fantastico e tragico ventaglio in cui il valore della produzione degli uni è 130 volte più forte del valore di quella dei più poveri».

Jean Fourastié sottolinea che «se i paesi poveri sono tali, ciò accade perché producono pochissimo (proprio come noi 100 o 150 anni fa)». Ricorda che «*il reddito non è altro che* il valore della *produzione*». Ora, il terzo mondo, che nel 1970 contava più dei 2/3 della popolazione del mondo, produceva solo il 15% della ricchezza mondiale». Jean Fourastié insiste su tale fondamentale realtà che, se tutta una parte del mondo è sottosviluppata, «ciò non avviene perché i paesi ricchi prendono ai poveri tutte le loro ricchezze, ma perché i poveri non sanno produrre ricchezze». Tale è la ragione per cui, nel 1979, «nei paesi del mondo in cui le tecniche di produzione hanno subito una scarsa evoluzione dal XVIII secolo, – ad esempio l'Etiopia, il Nepal, il Pakistan, la Tunisia, ecc., le cifre [del livello di vita medio] sono equivalenti a quelle dell'Inghilterra e della Francia del 1700».

Ma se nel 1978 «non esiste al mondo un uomo su 20 che produca (e quindi consumi) più del francese medio (...), non si deve credere che la ricchezza francese sia spontanea» come, del resto, quella degli altri paesi. Infatti, è grazie ad «un'alta validità del lavoro di produzione, (...) ad un'organizzazione industriale, nazionale e occidentale, altamente complessa e fragile», che il francese medio della fine degli anni '70 «produce e consuma quasi (...) 40 o 50 volte di più dell'indiano, del cambogiano e del vietnamita medi». Jean Fourastié ricorda che «è l'industria dell'uomo a fare della natura una ricchezza» e che la «brillante situazione della Francia è dovuta ad una fantastica crescita, risultato dello sforzo di sei generazioni da duecento anni». E aggiunge: «Ciò fa capire come e perché lo sviluppo economico dei tempi attuali (...) abbia richiesto millenni e sia nato solo per opera di un piccolo numero di persone in un'altrettanto limitata serie di nazioni».

Lo sviluppo economico, invenzione della civiltà cristiana europea[199]

Jean Fourastié scriveva, verso la fine degli anni '50:

> È solo attraverso un'evoluzione estremamente lenta che l'umanità ha imparato ad utilizzare la natura con una certa efficacia. Il cinese e l'indiano medi sanno ancora trarre dal suolo solamente 10 o 15 quintali di grano o di riso per anno lavorativo.
>
> Ma, con lo stesso lavoro, o più esattamente con uno meno penoso e lungo, ma nello stesso corso dell'anno, un operaio agricolo americano che coltiva da solo 100 ettari ne trae non 10 quintali ma 300 tonnellate, cioè 300 volte di più dell'asiatico.

Tale enorme divario fra l'Oriente e l'Occidente illustra il potere delle tecniche. Da una lenta ascesa del pensiero umano verso la scienza sperimentale sono nati e oggi si schiudono potenti mezzi per dominare e addomesticare la natura. Il fatto che la grande massa dell'umanità – quella che fino a tempi recenti è rimasta isolata dal pensiero greco-cristiano – sia ancora oggi non solo incapace di scoprire tali tecniche ma anche poco adatta ad imitarle quando sono scoperte e messe in pratica altrove, mostra quanto *lo spirito scientifico sperimentale sia un fiore raro* nel formicaio umano. (...) Da quando l'umanità esiste, è probabile che siano nati su questo pianeta più di quindici miliardi di uomini; su tale numero, meno di cinquemila sono stati degli innovatori, cioè hanno dotato l'umanità di nuove tecniche [200].

Lo sviluppo economico è nato, nei paesi di civiltà europea, dalle «scienze fisiche, quelle dei Copernico, dei Galileo, dei Pascal, dei Newton, dei Lavoisier... [che hanno] causato quella che a buon diritto è chiamata la *rivoluzione industriale*, cioè quell'incrinatura, quella rottura del ritmo millenario che ci ha fatto passare, in un secolo, dal cavallo all'aereo e dal mulino a vento al motore a reazione». Una rivoluzione industriale che «lungi adesso dal soffocare, si accelera». Per la Francia, Jean Fourastié ricorda nel 1980 le grandi tappe del secolare processo di sviluppo economico:

La Francia, come quasi tutto l'Occidente cristiano, è uscito dall'era delle carestie durante il XVIII secolo ed ha iniziato ad utilizzare la «potenza del fuoco», le macchine a vapore e le ferrovie fin dal 1830. Il movimento fu all'inizio molto lento. In Francia, occorreva praticamente tutto il XVIII secolo solo per *regolarizzare* gli approvvigionamenti alimentari raddoppiandone il volume medio *pro-capite* per abitante. L'intero XIX secolo ed i primi quattordici anni del XX furono poi necessari per triplicare gradualmente il prodotto interno *pro-capite*. (...) Dopo la rivoluzione industriale, al tempo della monarchia censuaria e fino alla I Guerra mondiale, il prodotto nazionale francese era cresciuto (...) con un tasso medio dell'1,75% [201].

Dopodiché, «dal 1914 al 1939, l'indice della produzione industriale progredì solo del 5% (non del 5% annuo ma del 5% in venticinque anni!)». Infine, dal 1945 al 1975, si verificò «la vera e propria esplosione» dei *Trenta Gloriosi*, con una triplicazione della produzione *pro-capite* in trent'anni.

Jean Fourastié è tornato a più riprese nella sua opera sul fatto che il progresso tecnico e lo sviluppo economico sono storicamente il prodotto della civiltà occidentale: «L'esperienza mostra che la civiltà ebraico-greco-cristiana ha non solo fatto *durare* un'ampia frazione dell'umanità, ma le ha dato un dinamismo che tutte le altre frazioni iniziano solamente a scoprire, ad invidiare e ad imitare». E aggiunge: «Il solo paese a civiltà non-cristiana che figuri nella lista dei paesi sviluppati è il Giappone, che è entrato molto tardi ma molto brillantemente nel processo di progresso».

La grande migrazione verso paesi ad alta produttività[202]

Poiché è il progresso tecnico all'origine di quello sociale, che si tratti del livello o del genere di vita, numerosi abitanti dei paesi a scarsa produttività sono fuggiti dalla povertà della loro patria per andare a beneficiare della ricchezza dei paesi ad alta produttività e perciò ad alto tenore medio di vita. In effetti, il lavoratore che vegeta nel suo paese d'origine vede il suo potere d'acquisto moltiplicarsi in modo considerevole quando viene a lavorare in un paese occidentale.

Jean Fourastié, scrivendo nel 1965, ha preso l'esempio dell'«operaio nord-africano [che] ha un salario molto scarso ed un livello di vita miserevole perché la sua produzione è derisoria», e perciò non ha nulla da aspettarsi da «un aumento del suo salario», che può in effetti solo «far salire il livello dei prezzi, e non ne risulta alcun miglioramento della sua sorte». Tale miglioramento sarà in compenso immediato e considerevole se lascia il suo paese per un altro tecnicamente avanzato:

> Invece, basta che questo lavoratore kabilo o marocchino venga in Francia ed otterrà subito il salario reale ed il livello di vita di quello francese. Ma ciò è dovuto al fatto che la sua produzione si è quintuplicata: tuttavia, è lo stesso uomo; ma in Francia – o in Germania – si trova inserito in un sistema di produzione efficace, che utilizza sapienti tecniche.

L'aumento del livello di vita di un operaio del terzo mondo nella sua patria può risultare solo dall'aumento della produttività in questo paese:

> In definitiva, per elevare in Algeria il livello di vita dei lavoratori

algerini non serve a nulla aumentare la quantità di soldi da lui percepita né fissare per decreto una gerarchia dei salari. *Occorrerebbe aumentarvi la produttività oraria di tali uomini*: per farlo, occorrerebbero macchine e saperle guidare e riparare; in definitiva, crearle e costruirle. Infine, ciò che fa la differenza è la tecnica, la conoscenza scientifica e lo spirito sperimentale.

Invece, la migrazione verso un paese ad alto livello di produttività fa immediatamente di un lavoratore di un paese poco sviluppato un ricco rispetto a tutti quelli che sono rimasti in patria:

> Lo stesso lavoratore vegeta in Portogallo, in Grecia, nel Magreb, e guadagna 3,5 franchi a Billancourt[203] o 3 marchi tedeschi ad Amburgo. Ciò che valorizza il lavoratore è l'ingegnere, i quadri, i tecnici che preparano, dirigono e controllano il suo lavoro. Il tecnico può, a rigore, non tenere in alcun conto il lavoratore, ma questi senza il tecnico è votato alla fame, perché per definizione l'operaio semplice ignora i metodi scientifici[204].

Jean Fourastié torna sulla questione nel 1976, inscrivendo il suo discorso nell'antitesi Atala/Citroën. Osserva che «in molti paesi, i Citroën sono troppo rari, e spesso così tanto incrociati con le Atala da non poter ingaggiare la masse dei loro compatrioti, a predominanza italiana, nel processo dell'efficacia, dell'organizzazione, della procedura tecnico-scientifica». A tal punto che, in tempi brevi, il lavoratore Atala di un paese del terzo mondo potrà accedere ad un alto livello di vita solo emigrando verso un paese occidentale per beneficiarvi della competenza scientifica e tecnica dei quadri-Citroën:

> Un lavoratore algerino in una notte viene dal suo paese a Marsiglia. Da un giorno all'altro, il potere d'acquisto del suo salario orario si trova moltiplicato per 3. Da dove arriva il miracolo? Dalla produttività e dall'organizzazione del lavoro, nonché dagli investimenti, tutte cose che risultano dall'efficacia, dalla competenza scientifica dall'iniziativa e dall'innovazione *delle classi dirigenti*[205].

*L'*handicap *demografico del terzo mondo*[206]

Nel mondo attuale – scriveva Jean Fourastié nel 1978 –, il potere dei fattori demografici è constatabile nel contrasto fra i paesi sviluppati e quelli "in via di sviluppo" negli alti e bassi livelli di vita delle loro popolazioni, nelle differenze di genere di vita, di habitat, di *comfort*...

Molte volte, Fourastié ha insistito sul legame fra demografia e livello di vita. Ricordando, verso la fine degli anni '50, che «la tecnica progredisce dovunque (...) in questo mondo, in particolare da 100 anni», indica che se «i progressi della produzioine, cioè la produttività, prevalgono su quelli della popolazione (...), la produzione *pro-capite* aumenta e quindi *il razionamento medio diminuisce*». Tale è stato «il caso della Francia da 200 anni, e delle altre nazioni dette "sviluppate"». All'opposto, «se il progresso in produttività (...) resta globalmente inferiore, in particolare nell'agricoltura, al tasso della crescita demografica, la produzione *pro-capite* diminuisce mentre *il razionamento medio cresce*». Tale è allora la situazione «della maggioranza dei paesi detti "sotto-sviluppati" come ad esempio l'Algeria (poplazione musulmana), l'Egitto, l'India e, in genere, tutti i paesi in cui la densità di popolazione era già alta all'inizio del secolo rispetto alle loro risorse naturali, e in cui il progresso dell'igiene e della medicina hanno tuttavia scatenato una crescita demografica più forte di quella della produzione». Jean Fourastié concludeva: «Tali fatti hanno causato ad una drammatica divisione del mondo attuale in due gruppi: nel primo, il già alto livello di vita aumenta; nel secondo, il già scarso livello di vita diminuisce».

Fourastié osserva che l'esplosione demografica dei paesi allora denominati sottosviluppati non si era prodotta a causa dell'assenza di ogni progresso tecnico ed economico. Indicava che «la situazione attuale dei paesi sotto-sviluppati» era, a dispetto delle apparenze, molto superiore a quella della «Francia tradizionale». In effetti, scriveva, «benché il livello di vita vi sia molto basso, *le carestie vi sono praticamente scomparse*», e ciò comportava necessariamente un aumento della produzione alimentare. Semplicemente, un'eccessiva crescita demografica limitava oppure impediva al progresso economico di traformarsi in progresso sociale.

Nel 1978, Jean Fourastié scrive: «Si vede il livello di vita di almeno la metà del genere umano bloccato dalla sua crescita demografica poiché i progressi tecnici da essa realizzati vengono assorbiti dalla crescita numerica della sua popolazione». Si verifica «una specie di lotta fra il progresso tecnico e quello demografico! Se il progresso tecnico prevale su quello demografico, si constata un miglioramento del salario reale: altrimenti, proprio il contrario». E aggiunge: «tale è la drammatica diffrenza fra paesi sviluppati e "in via di sviluppo". La disgrazia di molti paesi in via di sviluppo sta nel fatto che la demografia vi si sviluppa più rapidamente della scienza e della competenza tecnica nonché della produttività del lavoro», a tal punto che conclude: «I veri problemi sono quindi la capacità del governo di promuovere il progresso tecnico e di moderare la crescita demografica».

Verso i Trenta Gloriosi *dei paesi in via di sviluppo*[207]

Alla svolta fra gli anni '70 e '80, e vedendo le cifre recenti, Jean Fourastié indica che, a dispetto della loro demografia galoppante, l'insieme dei paesi «in via di sviluppo» ha conosciuto, dal 1950 al 1975, «un tasso di crescita *pro-capite*» del 3% annuo e, Cina inclusa, del 3,4%. Cioè, un tasso di crescita *pro-capite* molto superiore a quello conosciuto dall'Europa in sviluppo durante il XIX e all'inizio del XX secolo, che era solo dell'1% annuo. Tuttavia, sottolinea l'esistenza di una «differenziazione interna al terzo mondo» d'altronde destinata ad «accentuarsi». Il tasso di crescita *pro-capite* di certi paesi è molto alto, poiché supera il 5% mentre per altri è nella media del 3% e altri ancora hanno avuto solo un tasso di crescita molto scarso, se non addirittura stagnante o negativo. Di conseguenza, Jean Fourastié annuncia che alcuni paesi in via di sviluppo, fra i quali la Cina[208], raggiungeranno presto il gruppo delle nazioni industrializzate, che «conosceranno progressi spettacolari, che diverranno *partners* in tutto e per tutto dei grandi paesi occidentali». Ritiene inoltre che «i paesi in via di sviluppo a "reddito medio" hanno davanti a loro bellissime prospettive di crescita», e che presto saranno «ampiamente usciti dal sottosviluppo». Quanto alla «povertà assoluta» in cui vivono certi popoli, anche se la sua rapida sparizione non pare immaginabile, prevede almeno una forte riduzione della sua percentuale nella popolazione mondiale.

Così, Jean Fourastié annuncia che, molto presto, «certi paesi del terzo mondo potrebbero accedere a crescite altrettanto rapide di quelle che furono le nostre durante i gloriosi anni '50 e '60: forse il

6% per la Cina, la Corea, la Malaysia e le Filippine..., e il 5% per il Brasile e il Messico». In breve, era la promessa di nuovi e prossima *Trenta Gloriosi* per alcuni paesi, fra i quali l'enorme Cina. Jean Fourastié aggiungeva: «Tutto ciò annuncia, da qui ai prossimi vent'anni, una nuova e fantastica redistribuzione della potenza economica e del commercio internazionale». I venticinque anni sono passati, ed effettivamente assistiamo ai *Trenta Gloriosi* della Cina.

Nella sua postfazione del 1989 al *Grand Espoir*, Jean Fourastié annunciava per il XXI secolo l'estensione della *Grande Speranza* all'insieme del genere umano, il che significa l'accesso ai *Trenta Gloriosi* dei paesi attualmente più poveri:

> Il mantenimento e l'accelerazione del progresso tecnico e di quello scientifico ce lo assicurano. Dagli anni 2050, la quasi totalità delle nazioni del globo avrà realizzato ciò che fu per noi la grande speranza del XX secolo, per noi scontato fin dal 1975: non vi sarà più né fame né carestia. Certo, ciò non significa che il livello di vita sarà dovunque lo stesso nel mondo, ma significa che la produttività del lavoro sarà dovunque cresciuta. E, poiché allora tutti i paesi avranno ben capito il meccanismo *tecnica-produttività-livello di vita*, si può ragionevolmente pensare che le nazioni oggi più povere avranno compiuto progressi più in fretta di quelle oggi più ricche: infatti, le prime adotteranno subito il percorso più corto. Ed avranno le più forti motivazioni. Fu il caso del Giappone e oggi quello di numerosi «dragoni» attuali.

Note al Capitolo III

1. Cfr. J. FOURASTIÉ, *Les Trente Glorieuses*, cit., pagg. 49-50; ID., *La civilisation de 2001*, cit., pag. 63; *Jean Fourastié entre deux mondes*, cit., pag. 76.

2. Jean Fourastié indica, nell'edizione del 1948 del *Grand Espoir* (pag. XVI) di aver calcolato fin dal 1941 «il reddito da lavoro agricolo per numero di persone nutrite», ma solo da *La productivité* (1952) utilizza sistematicamente tale misurazione della produttività.

3. La produttività, nel senso del «rendimento fisico del lavoro umano» è costituita «dal rapporto fra il volume *fisico* della produzione ottenuta e la quantità di lavoro fornita per ottenerla: l'esempio sarà la produzione realizzata in un'ora di lavoro» (Cfr. J. FOURASTIÉ, *Le Grand Espoir*, cit., ed. 1989, pagg. 50-51).

4. Salvo casi eccezionali, legati all'apparizione di progressi precoci.

5. Cfr. in particolare, J. FOURASTIÉ, *Machinisme et bien-être*, cit., pagg. 40-41; ID., *Les 40000 heures*, cit., pag. 37.

6. Tale tetto demografico francese ha subito variazioni durante l'*Ancien Régime*. Fu nettamente più alto nel XVIII secolo che nel XVII, soprattutto a causa del riscaldamento del clima, che permise migliori raccolti, e forse anche grazie all'abbozzo di un progresso agricolo nella seconda metà del XVIII secolo.

7. Cfr. J. FOURASTIÉ, *Machinisme et bien-être*, cit., pagg. 36-46; ID., *Pouvoir d'achat, prix et salaires*, cit., pagg. 119-123; ID., *Les Trente Glorieuses*, cit., pagg. 157-158; ID., *La réalité èconomique*, cit., pagg. 66-67.

8. L'espressione «prezzo reale» era stata sporadicamente utilizzata da Adam Smith, ma l'uso scientifico di tale nozione era rimasto nullo fino a Jean Fourastié. Cfr. JEAN-PAUL COURTHÉLOUX, *Note ser le prix réel depuis Adam Smith à Joseph Schumpeter*, in *Prix de vente et prix de revient*, 8ª serie, pag. 273.

9. Fourastié utilizza anche l'espressione «prezzo salariale».

10. Cfr. J. FOURASTIÉ, *Pourquoi les pri baissent*, cit., pag. 31.

11. Tale cifra include, da quando sono stati creati, i carichi sociali sostenuti dal datore di lavoro e dal salariato: il che costituisce il salario reale.

12. Cioè, nella Francia attuale, lo SMIC (*Salaire Minimum Interprofessionnel de Croissance*.

13. Il gruppo di ricerca sull'evoluzione dei prezzi dell'*École pratique des hautes études* e poi il *Laboratorio di econometria* del *Conservatoire national des arts et des métiers*.

14. J. FOURASTIÉ, *Pourquoi les prix baissent*, cit., pagg. 28-29.

15. *Ibidem*, pagg. 31-32.

16. Cfr. J. FOURASTIÉ. *Pouvoir d'achat, prix et salaires*, cit., pagg. 124-126.

17. Cfr. J. FOURASTIÉ, *Le Grand Espoir*, cit., ed. 1969, pag. 141; ID., *La civilisation de 2001*, cit., pag. 53; ID., *Machinisme et bien-être*, cit., pagg. 68-76.

18. Jean Fourastié ha frequentemente fatto riferimento ai lavori del grande storico Ernest Labrousse che «fra i primi, ha studiato ed evidenziato l'importanza delle carestie nella storia sociale dell'*Ancien Régime*». (Cfr. J. FOURASTIÉ, *Machinisme et bien-être*, cit., pag. 70). Nello specifico, Jean Fourastié fà riferimento all'opera di E. LABROUSSE dal titolo *La crise de l'économie française à la fin de l'Ancien Régime et au début de la Révolution*, Paris, 1964.

19. J. FOURASTIÉ, *Les 40000 heures*, cit., pag. 58-59.

20. J. FOURASTIÉ. *Essai de morale prospective*, cit., pagg. 21-23.

21. J. FOURASTIÉ, *Pouvoir d'achat, prix et salaires*, cit., pagg. 127-128.

22. Cfr. J. FOURASTIÉ, *Les 40000 heures*, ed. 1965, cit., pag. 245; ID., *Pouvoir d'achat, prix et salaires*, cit., pag. 127.

23. Cfr. J. FOURASTIÉ, *Machinisme et bien-être*, cit., pagg. 131-132; ID., *Le jardin du voisin*, cit., pagg. 274-275.

24. Proprietari del castello dallo stesso nome, i Le Tonnelier de Breteuil erano, nel XVIII secolo, una ricca e potente famiglia ministeriale.

25. J. FOURASTIÉ, *Les Trente Glorieuses*, cit., pag. 214, nota 1.

26. Cfr. *Jean Fourastié entre deux mondes*, cit., pag. 75; J. FOURASTIÉ, *La productivité*, cit., pagg. 6-7 e pagg. 59-74; ID., *L'économie française dans le monde*, ed. 1945, cit., pagg. 34-35; ID., *Le Grand Espoir*, ed. 1949, cit., pag. 5, pag. 17 e pag. 18.

27. J. FOURASTIÉ, *Le Grand Espoir*, ed. 1989, cit., pagg. 33-37; ID., *La civilisation de 2001*, cit., pag. 61.

28. J. FOURASTIÈ, *Le Grand Espoir*, ed. 1949, cit., pag. 5 e pag. 70.

29. Cfr. *Ibidem*, pag. XVI; ID., *La civilisation de 1995*, pagg. 98-100; ID., *Les Trente Glorieuses*, cit., pagg. 214-216.

30. Cfr. J. FOURASTIÉ, *Le Grand Espoir*, ed. 1949, cit., pagg. XVII-XVIII.

31. J. FOURASTIÉ, *La productivité*, cit., pagg. 23-24.

32. Cfr. J. FOURASTIÉ, *Le Grand Espoir*, ed. 1969, cit., pagg. 42-47; ID., *La civilisation de 2001*, cit., pagg. 61- 66; ID., *L'économie française dans le monde des années 1980*, cit., pagg. 43-51.

33. Cfr. J. FOURASTIÉ, *Le livre de Colin Clark: Les conditions du progrès économique*, in "Revue d'économie politique", aprile-giugno 1946, pagg. 207-219.

34. Cfr. *Jean Fourastié entre deux mondes*, cit., pag. 82.

35. J. FOURASTIÉ. *Le Grand Espoir*, ed. 1949, cit., pagg. 41-43.

36. *Jean Fourastié entre deux mondes*, cit., pag. 82.

37. J. FOURASTIÉ, *Le Grand Espoir*, ed. 1949, cit., pag. 91.

38. *Ibid.*, pag. 90.

39. JACQUELINE FOURASTIÉ, *Prefazione* all'edizione del 1989 de *Le Grand Espoir*, cit., pag. X.

40. *Ibid.*, pag. IX. Cfr. anche JACQUELINE FOURASTIÉ, *Éléments d'économie et de prospective. Des Trente Glorieuses à l'aube du troisième millénaire*, Paris, Ellipses, 1997, pag. 26.

41. J. FOURASTIÉ, *Le Grand Espoir*, ed. 1989, cit., pag. 411.

42. J. FOURASTIÉ, *La civilisation de 2001*, cit., pag. 54.

43. Cfr. J. FOURASTIÉ, *La civilisation de 1995*, cit., pag. 55; ID., *Pourquoi nous travaillons*, cit., ed. 1973, cit., pagg. 29 e 66; ID., *La rèalité économique*, cit., pagg. 22-26 e 57; ID., *L'économie française dans le monde des années 1980*, cit., pag. 66; *Jean Fourastié entre deux mondes*, cit., pagg. 85-86.

44. J. FOURASTIÉ, *Pourquoi nous travaillons*, ed. 1973, cit., pag. 29.

45. *Jean Fourastié entre deux mondes*, cit., pag. 86.

46. J. FOURASTIÉ, *L'économie française dans le monde des années 1980*, cit., pagg. 56-58.

47. *Ibid.*, pagg. 58-59.

48. *Ibid.*, pag. 90.

49. Cfr. J. FOURASTIÉ, *Le Grand Espoir*, ed. 1949, cit., pag. 77; ID., *Pourquoi nous travaillons*, ed. 1973, cit., pagg. 68-69; ID., *La civilisation de 2001*, cit., pagg. 9-10.

50. J. FOURASTIÉ, *Pourquoi nous travaillons*, ed. 1973, pag. 68.

51. J. FOURASTIÉ, *Le Grand Espoir*, ed. 1949, cit., pag. 78.

52. *Ibidem*, pag. 79; ID., *Pourquoi nous travaillons*, ed. 1973, cit., pag. 12.

53. J. FOURASTIÉ, *Le Grand Espoir*, ed. 1949, cit., pag. 80.

54. Jean Fourastié osserva che la sensibile differenza fra le percentuali americane e francesi deriva dal fatto che negli Stati Uniti l'edilizia non viene considerata come parte del settore secondario. Se lo fosse come in Francia, la percentuale delle occupazioni secondarie nella popolazione attiva americana sarebbe stata nel 1980 del 36%, cioè pressappoco il tasso francese.

55. Cfr. *Jean Fourastié entre deux mondes*, cit., pag. 84.

56. Anche stavolta, la differenza tra le cifre francesi e quelle americane deriva dal fatto che negli Stati Uniti l'edilizia è collocata nel settore terziario. Se si toglieva il 6,5% dell'edilizia, la percentuale del terziario nella popolazione attiva americana sarebbe stata nel 1980 del 60,5% e quindi molto meno lontana dal 55,3% francese.

57. J. FOURASTIÉ, *Le Grand Espoir*, ed. 1949, cit., pagg. 79-80; ID., *La civilisation de 2001*, cit., pag. 24.

58. J. FOURASTIÉ, *Le Grand Espoir*, ed. 1949, cit., pagg. 90-91.

59. *Jean Fourastié entre deux mondes*, cit., pag. 84.

60. Cfr. J. FOURASTIÉ, *Pourquoi les prix baissent*, cit., pag. 89; ID., *Pouvoir d'achat, prix et salaires*, cit., pag. 101.

61. L'andamento primario di un prezzo reale classifica il prodotto corrispondente nel settore PTM (Progresso Tecnico Medio) nella «scala di Fourastié» definita da Jacqueline Fourastié. Tale settore è caratterizzato da un alto calo dei prezzi di intensità media, da un coefficiente di crescita dei prezzi reali nel corso di un decennio oscillante fra lo 0,9 e lo 0,7%. Lo stesso prodotto può cambiare settore da un decennio all'altro. Cfr. JACQUELINE FOURASTIÉ, *Prefazione* all'ed. 1989 de *Le Grand Espoir*, cit., pag. IX; J. FOURASTIÉ, *Éléments d'économie prospective*, cit., pag. 26.

62. L'andamento secondario del prezzo reale di un prodotto lo pone nel settore APT (Alto Progresso Tecnico) in cui i prezzi calano con coefficiente di decrescita dei prezzi reali in dieci anni che si aggirano al di sotto dello 0,7%.

63. L'andamento terziario di un prezzo reale inscrive il prodotto o il servizio in questione nel settore PTD (Progresso Tecnico Debole o nullo) che raggruppa i prezzi reali in stagnazione, il cui coefficiente di decrescita in dieci anni è fra lo 0,9 e l'1,29%.

64. Cfr. *Jaen Fourastié entre deux mondes*, cit., pag. 249; ID., *Pouvoir d'achat, prix et salaires*, cit., pagg. 126, 136, pagg. 138-140; ID., *La réalité économique*, cit., pag. 340.

65. Tale caduta del prezzo del grano non è sempre stata lineare. Vi sono stati contraccolpi durante il XIX secolo. Partendo da 211 salari orari lavorativi nel periodo 1777-1800, il prezzo reale medio del quintale di grano è caduto a 143 salari orari lavorativi nel periodo 1800-1810, è risalito a 181 in quello 1811-1920, poi sceso a 134 in quello 1831-1840, salito a 147 in quello 1850-1860, ridisceso a 136 in quello 1871-1880 per poi cadere a 97 nel periodo 1881-1890. Era il primo decennio della storia in cui il prezzo reale medio del quintale di grano sia stato inferiore a 100 salari orari lavorativi.

66. Il prezzo di 2,24 salari orari lavorativi nel 1871 corrisponde ad una situazione artificiale e ad un razionamento alimentare anormale, conseguenza dell'assedio prussiano di Parigi.

67. Da quel momento, un buon numero di panetterie ha ridotto tale parte di terziario alla produzione del pane utilizzando pasta di pane oppure pani già preparati di produzione industriale che il fornaio deve solo cuocere e vendere.

68. Cfr. J. FOURASTIÉ, *Pouvoir d'achat, prix et salaires*, cit., pagg. 102-107.

69. Jean Fourastié osserva che «il caso dell'olio è particolarmente importante poiché, nei popoli poveri, i lipidi sono rari». Ora, gli olii, di oliva e gli olii di noci, i soli di cui i francesi abbiano potuto disporre fino al

1850, costavano al dettaglio da 12 a 15 salari orari lavorativi. *Ibidem*, pag. 105.

70. Fra il 1875 e il 1974, il prezzo reale della pasta alimentare è passato da 3,55 a 0,39 salari orari lavorativi, e quello del vino ordinario da 2, 66 a 0,24.

71. J. FOURASTIÉ, *Pouvoir d'achat, prix et salaires*, cit., pag. 106.

72. *Ibidem*, pagg. 107-108.

73. *Ibidem*, pagg. 145-163.

74. Cfr. J. FOURASTIÉ, *Le Grand Espoir*, ed. 1989, cit., pag. X e pag. 383.

75. Cfr. J. FOURASTIÉ, *Machinisme et bien-être*, cit., pagg. 139-142; ID., *Pouvoir d'achat, prix et salaires*, cit., pagg. 83-84.

76. Cfr. *Jean Fourastié entre deux mondes*, cit., pag. 88. Jean Fourastié cita in proposito un passaggio delle *Mèmoires* di Saint-Simon: «La contessa di Fiesque (...) , proprio all'apparizione di questi specchi molto rari e molto cari, ne acquistò uno particolarmente bello. Ehi, contessa – le dissero gli amici – dove lo ha preso? Avevo – disse – una brutta terra che dava solo grano, l'ho venduta e ne ho ricavato questo specchio. Non è una meraviglia?».

77. Nel 1856, l'acqua, ancora consegnata a casa da appositi portatori, costava 25 salari orari lavorativi al m^3. Nel 1880, dopo l'installazione dell'acqua corrente in numerosi edifici, l'acqua distribuita dai servizi municipali costava solo 2,4 salari orari lavorativi. Il potere d'acquisto del salario in acqua si era appena moltiplicato per 10. Nel 1950, il prezzo del m^3 d'acqua era ormai solo di 17 salari orari lavorativi.

78. Cfr. J. FOURASTIÉ, *Pouvoir d'achat, prix et salaires*, cit., pag. 178. «La rarità su scala mondiale dell'acqua per popolazioni numerose e ad alto livello di vita non mancherà certo di rafforzare le tendenze al rincaro». Cfr. anche J. FOURASTIÉ, *Pourquoi les prix baissent*, cit., pag. 66.

79. Cioè, 0,04 salari orari lavorativi nel 1975 contro i 2,21 del 1840.

80. Il prezzo all'ingrosso del kg di gomma era in media, all'inizio del '900, di 47,3 salari orari di lavoratori. Nel 1975, era caduto a 0,34.

81. J. FOURASTIÉ, *Pourquoi les prix baissent*, cit., pagg. 40-41.

82. Cfr. J. FOURASTIÉ, *Pouvoir d'achat, prix et salaires*, cit., pagg. 165-187.

83. Il prezzo del taglio di capelli maschile ordinario fatto con le forbici, era nel 1914 di 1,1 salari orari lavorativi, di 0,9 nel 1921, di 1,2 nel 1952, di 1 nel 1962 e di 0,8 nel 1976.

84. J. FOURASTIÉ, *Pouvoir d'achat, prix et salaires*, cit., pagg. 184-185.

85. Cfr. J. FOURASTIÉ, *Pourquoi les prix baissent*, cit., pagg. 88-98.

86. Cfr. J. FOURASTIÉ, *Le Grand Espoir*, ed. 1949, cit., pagg. 111-113.

87. Nel 1947, il prezzo reale dell'automobile «tipo Citroën 11 CV» era di 1000 salari orari lavorativi negli Stati Uniti e di 5000 in Francia. Il frigorifero piccolo ne valeva 150 negli Stati Uniti e 1000 in Francia.

88. *Ibidem*, pagg. 91-99. Jean Fourastié è partito da uno studio pubblicato su "L'Expansion", dal titolo *I prezzi in trenta città del mondo*. L'autore dello studio vedeva nelle disparità fra i prezzi nominali da lui raccolti solo un'incomprensibile caos, che risultava da «capricci dell'inflazione e delle monete». Grazie al metodo dei prezzi reali, utilizzando qui come salario di riferimento quello orario della donna di servizio, Jean Fourastié ha evidenziato il senso di tali cifre, che confermavano «l'azione determinante, causale, delle tecniche di produzione». Osservava tuttavia che i prezzi reali così ottenuti devono essere rivisti un po' al rialzo per Bonn, dato che il salario della donna di servizio adottato è per Bonn «eccezionalmente più alto».

89. Basandosi sulle cifre de "L'Expansion", Jean Fourastié ha calcolato che nel 1974 il prezzo reale del litro di latte era di 2,2 salari orari di donna di servizio a New Delhi, di 0,60 al Cairo, di 0,52 a Mosca, di 0,14 a Parigi e a New York, e di 0,08 a Bonn.

90. Espresso in salari orari di donna di servizio, il prezzo reale della dozzina di uova era nel 1974 di 5,5 a New Delhi, di 3 al Cairo, di 2,3 a Mosca di 0,67 a Parigi, di 0,35 a Bonn e a New York.

91. Bonn era la capitale della Germania Ovest (Repubblica Federale di Germania).

92. Espresso in salari orari di donna di servizio, il prezzo reale di 110 kwh di elettricità era nel 1974 di 24,8 salari orari a New Delhi, di 22,9 al Cauro, di 11,7 a Mosca, di 3,2 a Parigi, di 2 a Bonn e di 2,33 a New York.

93. Espresso in salari orari di donna di servizio, il prezzo reale dell'auto da 1500 cm^3 era nel 1974 di 26.250 salari orari a Mosca, di 24.500 al Cairo, di 22.100 a New Delhi, di 2.450 a Parigi, di 1.169 a Bonn e di 1.060 a New York.

94. Il prezzo reale «dei tre servizi di parrucchiere (taglio, shampo e rasatura)» era nel 1974 di 2,90 salari orari di donna di servizio a New Delhi, di 2,50 a Parigi, di 2,22 a Bonn e di 2,33 a New York.

95. Il prezzo reale di un giornale quotidiano era nel 1974 di 0,20 salari orari di donna di servizio a New Delhi, di 0,15 al Cairo, di 0,10 a Parigi e di 0,05 a Bonn e a New York.

96. *Jean Fourastié entre deux mondes*, cit., pagg. 86-87.

97. *Ibidem*, pag. 87.

98. Cfr. J. FOURASTIÉ, *Les Trente Glorieuses*, cit., pag. 265; ID., *Le jardin du voisin*, cit., pagg. 237-238.

99. Alla fine del 1947, l'ora di servizi domestici ed il taglio di capelli valevano ambedue 300 franchi negli Stati Uniti e 60 franchi in Francia. Cfr. J. FOURASTIÉ, *Le Grand Espoir*, ed. 1949, cit., pag. 111.

100. In applicazione del piano Pinay-Rueff, il franco francese fu sostituito dal 1° gennaio 1960 da un «franco pesante» o «nuovo franco» (NF), che valeva 100 franchi francesi precedenti. Il nuovo franco francese era diviso in centesimi, di cui ciascuno valeva 1 franco di prima del 1960 o – come si diceva – di un vecchio franco.

101. Cfr. J. FOURASTIÉ, *Le Grand Espoir*, ed. 1989, cit., pagg. 179-180.

102. Nel 1947, a causa della superiorità della produttività americana su quella francese, un frigorifero di 150 dm^3 valeva 150 salari orari lavorativi negli Stati Uniti e 1000 in Francia (cfr. J. FOURASTIÉ, *Machinisme et bien-être*, cit., pag. 142).

103. Cfr. J. FOURASTIÉ, *Le Grand Espoir*, ed. 1949, pagg. 112, 190-1.

104. Lo stipendio annuo netto del dirigente ministeriale (10.000 franchi) «equivaleva, nel 1870, a 100.000-110.000 ore lavorative di cuoca o di cameriera referenziata». Nel 1976, lo stipendio annuo netto del dirigente ministeriale a fine carriera (145.000 franchi) «valeva ormai solo 10.000-11.000 ore lavorative di donna di servizio, cioè 10 volte meno servizi non qualificati».

105. J. FOURASTIÉ, *Pouvoir d'achat, prix et salaires*, cit., pag. 166.

106. *Ibidem*, pagg. 84-85; cfr. J. FOURASTIÉ, *Machinisme et bien-être*, cit., pag. 137.

107. Cfr. J. FOURASTIÉ, *La civilisation de 2001*, cit., pagg. 34-38; ID., *Pourquoi nous travaillons*, ed. 1973, cit., pagg. 97-101.

108. Jean Fourastié afferma: «Adam Smith aveva utilizzato il termine "salario medio reale". Tale nozione era caduta nell'oblio quando l'ho ripresa; ma è ancora troppo poco utilizzata». (*Jean Fourastié entre deux mondes*, cit., pag. 85).

109. Per la Francia, è il salario medio degli operai falegnami e carpentieri a Parigi fino al 1910, poi degli operai qualificati delle industrie manifatturiere a Parigi e, dal 1953, degli operai metallurgici della regione parigina. Per gli Stati Uniti, è il salario medio operaio.

110. In aggiunta al salario diretto, quello indiretto «comprende le prestazioni delle assicurazioni sociali, gli assegni familiari. I diritti alla pensione e i vantaggi in natura». Jean Fourastié ricorda che in Francia, dal 1958, il salario indiretto «supera la metà di quello diretto e cresce continuamente». Nel 1982, tocca anche, per lo SMIC (Salario Minimo Interproduttivo di Crescita), l'80% del salario diretto.

111. Cfr. J. FOURASTIÉ, *Machinisme et bien-être*, cit., pag. 36; ID., *Les Trente Glorieuses*, cit., pagg. 155-168.

112. Cfr. J. FOURASTIÉ, *Les Trente Glorieuses*, cit., pag. 162.

113. J. FOURASTIÉ, *La civilisation de 2001*, ed. 1982, cit., pag. 33.

114. Cfr. *Ibidem*, pag. 33.

115. Cfr. J. FOURASTIÉ, *Les Trente Glorieuses*, cit., pag. 162.

116. Cfr. *Ibid.*, pag. 169; ID., *La civilisation de 2001*, ed. 1982, cit., pag. 34.

117. Cfr. J. FOURASTIÉ, *Les Trente Glorieuses*, cit., pag. 169.

118. In Francia, la parte del consumo totale destinata all'abitazione è passata dall'11,7% nel 1949 al 16,4% nel 1959 e al 22,2% nel 1974.

119. La loro percentuale nel consumo totale francese è passata dal 5,6% nel 1949 al 10,6% nel 1974.

120. La percentuale delle spese per il vestiario nel consumo totale francese, che era del 16,1% nel 1949, scendeva al solo 12% nel 1959 ed era calata all'8,7% nel 1974.

121. Cfr. J. FOURASTIÉ, *Les Trente Glorieuses*, cit., pagg. 201, 212, 213; ID., *La réalité économique*, cit., pagg. 46-48 e pagg. 324-325.

122. «Il reddito medio *pro-capite* a prezzo costante è anche il consumo del cittadino medio: è quanto viene chiamato *il livello di vita* della nazione (J. FOURASTIÉ, *La réalité économique*, ed. 1978, pag. 47).

123. Cfr. J. FOURASTIÉ, *Les 40.000 heures*, cit., pagg. 30-33, 38, 169, 170 e 178-180.

124. Nato nel 1814, Nicolas Lachaux è una testimonianza di com'era la scuola pubblica nel suo villaggio in *Franche-Comté* di Magny-les-Jussey, quando vi fu scolaro dal 1821. Il municipio ha appena reclutato un nuovo maestro di scuola e lo alloggia come può, poiché non esiste ancora una «casa comune» in questo villaggio: «Mi ricordo che il nuovo maestro fu sistemato in un alloggio di due stanze da tempo disabitate. Una di queste serviva da cantina al proprietario, che occupava una parte della casa, e l'altra la utilizzava come rimessa. Il maestro collocò il suo appartamentino da scapolo in una e la scuola nell'altra stanza. Quest'ultima era la più ampia e poteva contare su 14 piedi di lunghezza per 13 in larghezza [circa 5 metri per 4], riceveva luce da una sola finestra, illuminata da una corte molto stretta chiusa da un edificio vicino, e ciò rendeva scura ed umida questa nuova Sorbona di villaggio. Il pavimento di questa stanza era a sbalzi e buchi, il soffitto basso e nero, sconnesso in molte parti e il fornello, fornito di un lungo tubo sempre fumante, fu montato nella stanza su pietre portate dalla strada. Una lunga tavola vacillante fu posta nel mezzo, ed i banchi rustici appoggiati al muro. Ecco allora una sessantina di bambini, piccoli e grandi, ammucchiati in questo tugurio stretto e scuro per passarvi ogni giorno da quattro a cinque ore al mattino ed altrettante la sera» (J. e F. FOURASTIÉ, *Les écrivains témoins du peuple*, Paris, J'ai lu, 1964 e Le livre de poche, 1987, pagg. 175-187).

125. J. FOURASTIÉ, *La civilisation de 2001*, cit., pagg. 13-14.

126. J. FOURASTIÉ, *Les 40.000 heures*, cit., pag. 71.

127. J. FOURASTIÉ, *La civilisation de 2001*, cit., pag. 17.

128. J. FOURASTIÉ, *Machinisme et bien-être*, cit., pag. 173.

129. Tale riduzione include la diminuzione della durata della vita attiva.

130. J. FOURASTIÉ, *Les 40.000 heures*, cit., pagg. 71-75. Adesso, alla fine dei *Trenta Gloriosi*, nel 1976, il livello di vita medio si è moltiplicato per 10 dall'inizio del XIX secolo.

131. Cfr. J. FOURASTIÉ, *Les Trente Glorieuses*, cit., pagg. 76-77; ID., *La civilisation de 2001*, cit., pagg. 14-16.

132. In *Machinisme et bien-être* (3ª ed., 1962, pagg. 173-174), Jean Fourastié osserva che il mantenimento della durata media del lavoro «fa parte di una mentalità *progressiva* che avrebbe potuto portare la Francia a registrare, fra il 1930 e il 1939, una crescita pari a quella da essa effettivamente registrata dal 1952 al 1963. Il volume della produzione industriale francese sarebbe quindi stato nel 1939 due volte e mezzo maggiore di quello che fu in realtà. E avrebbe perciò superato quello della Germania nazista. Invece, «adottando in continuazione la durata del lavoro utilizzata negli USA, la Francia, dal 1920 al 1940, ha fatto stagnare il livello di vita dei suoi abitanti, e inoltre ha cessato di modernizzare la sua industria. Se la Francia avesse mantenuto a cinquanta ore la durata del lavoro settimanale medio dal 1900 al 1920, la guerra del 1939-'45 sarebbe probabilmente stata evitata; infatti, la potenza industriale francese poteva bastare a scoraggiare le idee di rivincita dei nazisti».

133. J. FOURASTIÉ, *Les Trente Glorieuses*, cit., pag. 76; ID., *La civilisation de 2001*, cit., pag. 16.

134. J. FOURASTIÉ, *Le Grand Espoir*, ed. 1949, cit., pag. 184.

135. J. FOURASTIÉ, *La civilisation de 2001*, ed. 1982, cit., pag. 17.

136. *Ibidem*, pagg. 18-19.

137. Cioè, pressappoco lo stesso costo di una riduzione di 2 ore della durata settimanale del lavoro, di una settimana e mezzo di ferie annuali o di un anno di calo dell'età media della pensione (Cfr. J. FOURASTIÉ, *Les 40.000 heures*, ed. 1972, cit., pag. 77).

138. J. FOURASTIÉ, *L'économie française dans le monde*, 1ª ed. 1945, cit., pagg. 31-32.

139. J. FOURASTIÉ, *La civilisation de 2001*, cit., pagg. 19-20; ID., *Les Trente Glorieuses*, cit., pagg. 113-114.

140. Cfr. J. FOURASTIÉ, *Les Trente Glorieuses*, cit., pagg. 77, 78 e 125.

141. Jean Fourastié ricorda che «la pensione legale della *Sécurité sociale*» è stata istituita con un'ordinanza del 1945.

142. In Francia, nel 1946, il 76% degli uomini da 60 a 64 anni, il 66% di quelli fra 65 e 69, il 49% di quelli fra i 70 e i 79 e il 29% di quelli di oltre 80 anni.

143. Cfr. J. FOURASTIÉ, *Les Trente Glorieuses*, cit., pag. 78.

144. Cfr. J. FOURASTIÉ, *Les 40.000 heures*, cit., pagg. 5-8 e 78-80.

145. J. FOURASTIÉ, *La civilisation de 2001*, cit., pag. 77; ID., *Le Grand Espoir*, ed. 1969, cit., *Postfazione*, pag. 399.

146. J. FOURASTIÉ, *Pourquoi nous travaillons*, ed. 1973, cit., pag. 94.

147. J. FOURASTIÉ, *La réalité èconomique*, cit., pag. 51; ID., *Pourquoi nous travaillons*, ed. 1977, cit., pag. 117; ID., *Le Grand Espoir*, ed. 1989, *Postfazione*, pag. 394.

148. Le cifre esatte erano di 937 sopravvissuti maschi e di 965 femmine.

149. Cfr. J. FOURASTIÉ, *Les Trente Glorieuses*, cit., pag. 51; ID., *La civilisation de 2001*, cit., pagg. 28-29: in una precedente edizione di questo libro, Jean Fourastié notava che tale percentuale dell'80% era nel 1959 negli Stati Uniti quella delle persone ancora vive a 60 anni. (Cfr. J. FORASTIÉ, *La civilisation de 1995*, ed. 1974, cit., pagg. 37-38).

150. J. FOURASTIÉ, *L'économie française dans le monde des années 1980*, cit., pagg. 36-37.

151. La durata media della vita, o della speranza di vita dopo la nascita, è calcolata in base dei soli bambini nati vivi.

152. Cfr. J. FOURASTIÉ, *Les Trente Glorieuses*, cit., pagg. 57-60; ID., *L'économie française dans le monde des années 1980*, cit., pagg. 25-26; ID., *La civilisation de 2001*, ed. 1982, cit., pag. 30.

153. «Una vita biologicamente completa, cioè con un'infanzia, un'adolescenza, un'età matura ed una vecchiaia, mentre tale vita era concessa, nell'epoca tradizionale, solo ad un scarsa minoranza» (J. FOURASTIÉ, *La réalité économique*, cit., pag. 68).

154. J. FOURASTIÉ, *Les 40.000 heures*, ed. 1972, cit., pag. 59.

155. Cfr. J. FOURASTIÉ, *Les Trente Glorieuses*, cit., pagg. 56 e 61-62; ID., *Pourquoi nous travaillons*, ed. 1973, cit., pagg. 95-96; ID., *L'économie française dans le monde des années 1980*, cit., pagg. 25, 37 e 38; ID., *La civilisation de 2001*, ed. 1982, cit., pagg. 28-30.

156. Cfr. J. FOURASTIÉ, *Les 40.000 heures*, cit., pag. 37; ID., *L'économie française dans le monde des années 1980*, cit., pagg. 22-23; ID., *La réalité économique*, cit., pagg. 78-79; ID., *La civilisationa de 2001*, cit., pagg. 81-84.

157. Cfr. J. FOURASTIÉ, *Les 40000 heures*, cit., pagg. 61-63; ID., *L'économie française dans le monde des années 1980*, cit., pagg. 30-36; ID., *La civilisation de 2001*, cit., pagg. 84-86; ID., *Le Grand Espoir*, ed. 1989, cit., pag. 408.

158. Cfr. J. FOURASTIÉ, *Les Trente Glorieuses*, cit., pagg. 170-171 e 214; ID., *La civilisation de 2001*, cit., pagg. 38-46; ID., *Le jardin du voisin*, cit., pagg. 145-148, 156, 303-304 e 343-346.

159. Cfr. J. FOURASTIÉ, *Les Trente Glorieuses*, cit., pag. 170.

160. Cfr. J. FOURASTIÉ, *Le jardin du voisin*, cit., pag. 148; ID., *La civilisation de 2001*, cit., pagg. 41-42. Jean Fourastié insiste sull'«importanza delle linee "salario indiretto" e "tassa sul reddito" per corretti paragoni sulla situazione di un salariato con quella di un altro».

Certo, nel 1980, «il rapporto fra i salari diretti» del Consigliere di Stato e del lavoratore pagato a regime di SMIC, cioè, rispettivamente, 190.000 e 25.500 franchi, è di 7,44. «Ma tale divario non corrisponde in alcun modo alle effettive capacità di consumo, che dipendono da entrate al netto di tasse (redditi salariali imponibili) e sono in un rapporto di 151.000 a 42.850, cioè di 3,75 (quasi meno della metà). Ciò deriva dal fatto che l'uomo medio sottoposto a regime di SMIC percepisce dalla Cassa Malattie 17.300 franchi l'anno, cioè il 68% del suo salario diretto, e che non paga alcuna tassa; invece, il Consigliere di Stato percepisce in media solo 12.000 franchi di salario indiretto perché, in genere, non ha più figli a carico e la sua indennità di "ferie pagate" è compresa nel suo salario anche in termini di bilancio: all'opposto, paga pesanti imposte sul suo reddito salariale (la tassa qui calcolata è quella di una famiglia senza figli, cioè binaria)».

161. Cfr. J. FOURASTIÉ, *Le jardin du voisin*, cit., pagg. 153-157 e 167-185; ID., *La civilisation de 2001*, cit., pag. 51; ID., *La réalité économique*, ed. 1978, cit., pagg. 193, 194 e 297.

162. In base alla teoria sulle rendite di Ricardo, Jean Fourastié mostra che «sussiste *rendita* (profitto puro) *ogni volta che vi sono produttori i cui prezzi di costo siano diversi, e che i consumatori accettino di pagare il prezzo del produttore più "in cattive acque"*, cioè meno efficace». Inoltre, afferma, «il salario si fissa necessariamente al reddito del capo d'impresa in meno buone posizioni. (...) Se il salario è troppo basso rispetto al livello dell'impresa marginale, certi uomini rifiutano di essere salariati e creano loro stessi delle imprese (cioè, si mettono in proprio). Invece, quando un'impresa cade al di sotto della produttività marginale, il suo proprietario guadagna meno che se fosse un salariato e allora, più o meno rapidamente, lui o suo figlio abbandonano la "ditta" e si occupano quindi come salariati. Ciò è successo a milioni di cittadini francesi dal 1800 ai giorni nostri».

Certamente – riconosce Jean Fourastié – «per la grande impresa lo schema non funziona. Ma basta che funzioni in un ampio spettro di piccola e media impresa perché i suoi effetti e benefici si estendano a tutta l'economia di una nazione. (...) In moltissime attività (parrucchieri, contabili, esperti un organizzazione, consiglieri di gestione, esperti giuridici e fiscali, agenti di viaggio, taxisti, camionisti, artisti e giornalisti...) alcuni uomini spesso passano dal sistema della remunerazione-profitto a quello della remunerazione-salario. *È ciò che*, senza che nessuno sembri accorgersene (molto più realmente delle decisioni ministeriali che pretendono di regolare contemporaneamente la nominatività dello SMIC e l'inflazione dei prezzi) *fissa il salario minimo* e, per ogni grado di qualifica, *la gerarchia salariale*».

Jean Fourastié insiste sul fatto che il salario «*dipende dall'efficacia marginale del lavoro*, che non è arbitrario. Nelle imprese meno afficaci è indifferente essere salariati o capi di impresa. (...) Il salario reale, in un dato paese e periodo, non dipende dalla volontà del governo né dalle rivendicazioni dei salariati, ma dall'efficacia delle imprese meno valide e dalle attitudini tecniche dei lavoratori di tali imprese (...). Se il salario offerto dai datori di lavoro è più basso di quello ottenibile divenendo piccolo imprenditore, gli uomini rifiutano di essere salariati» (J. FOURASTIÉ, *La réalité économique*, cit., pagg. 162-166).

163. Cfr. J. FOURASTIÉ, *La civilisation de 2001*, cit., pagg. 45-47; ID., *Le jardin du voisin*, cit., pagg. 156-157.

164. Espone il metodo utilizzato: «Rapportando il reddito salariale nominale imponibile ad un indice del prezzo al dettaglio dei consumi correnti del salariato si ottiene un indice del suo potere d'acquisto. Quello della donna lavoratrice (oggi in regime di SMIC) è valuato in base all'indice dei prezzi al dettaglio INSEE (*Institut National de la Statistique et des Études Économiques*) raccordato al periodo, pubblicato nei "principali indici economici". Tale indice è stato da noi "risalito" fino al 1801-1810. I numeri hanno solo il valore di ordini di grandezza».

165. Cfr. J. FOURASTIÉ *La civilisation de 2001*, cit., pagg. 23, 24, 27 e 46; ID., *Le jardin du voisin*, cit., pagg. 157-160; ID., *La réalité èconomique*, cit., pagg. 55 e 74.

166. Jean Fourastié tuttavia osserva che certi autori (fra i quali Jacques Lecaillon) hanno definito «una "legge di disuguaglianza non proporzionale"» in base alla quale «lo sviluppo sarebbe, in una prima fase, sinonimo di accresciuta disugugliarza prima di iniziare ad unificare, in una seconda fase, i livelli di vita e le modalità di consumo delle popolazioni in questione» (J. FOURASTIÉ, *Le jardin du voisin*, cit., pagg. 214-217).

167. Fin dal 1949, sulla base delle teorie di Ricardo, Jean Fourastié ha dimostrato che il progesso tecnico «tende ad assimilare le rendite di vecchio tipo» creando «rendite di tipo nuovo» ma che allo stesso tempo, a causa della sua stessa continuità, ben presto tende a cancellare le rendite da esso appena create». E Fourastié conclude: «Il progresso tecnico rimette quindi continuamente in questione i vantaggi acquisiti» (J. FOURASTIÉ, *Le Grand Espoir*, ed. 1949, cit., pag. 136).

168. «Abbiamo tutti visto grandi aristocratici o grandi borghesi vendere i loro castelli alla Cassa Malattia o ad istituzioni collettive, o divenire agricoltori su un terreno di cui il loro nonno era castellano». Jean Fourastié sottolinea il fatto che la causa di tali rovine è «la caduta delle rendite fondiare in periodo di progresso tecnico». E aggiunge: «È lo stesso fattore ad aver cacciato il contadino povero dal suo villaggio (spopolamento delle campagne) ed il grande proprietario dal suo castello» (J. FOURASTIÉ, *Les Trente Glorieuses*, cit., pag. 244). La grande differenza sta nel fatto che il castellano e la sua discendenza sono definitivamente rovinati dal progresso tecnico, mentre questo arricchirà i discendenti del contadino che l'ha cacciato dal suo villaggio. Tutti si ritroveranno assieme nel vasto campo dei redditi medi.

169. Cfr. J. FOURASTIÉ, *Machinisme et bien-être*, cit., pagg. 131-132 e 149-153; ID., *Les 40.000 heures*, cit., pagg. 31, 39 e 137-141; ID., *La réalité èconomique*, cit., pagg. 56-58; ID., *Le jardin du voisin*, cit., pagg. 62, 68-69 e 275-276; ID., *La civilisation de 1995*, cit., pagg. 81-82; ID., *La civilisation de 2001*, cit., pagg. 56 e 115-116.

170. J. FOURASTIÉ, *La rèalité économique*, cit., pag. 57.

171. *Ibid.*, pag. 58.

172. J. FOURASTIÉ, *Le Grand Espoir*, ed. 1989, cit., pag. XIX.

173. Cfr. J. FOURASTIÉ, *Le grand Espoir*, ed. 1949, cit., pagg. 80-89.

174. *Ibid.*, pag. 84.

175. Cfr. *La vitesse et l'accélération du progrès économique*, in J. FORASTIÉ, *La grande métamorphose du XXe siècle*, cit., pagg. 55-59. Il testo è ripreso in J. FOURASTIÉ, *Idées majeures*, cit., pagg. 63-68 e in ID., *Les 40.000 heures*, cit., pag. 87.

176. Cfr. J. FOURASTIÉ, *La réalité économique*, cit., pag. 58-59 e 325; ID., *L'économie française dans le monde des années 1980*, cit., pagg. 60-61, 92-93 e 116-117; ID., *Les Trente Glorieuses*, cit., pagg. 255-259; ID., *La civilisation de 2001*, cit., pagg. 66-70.

177. Jean Fourastié precisa: «Tale legge dei grandi numeri è solo il fatto che la cifra 1 raddoppiata per dieci volte di seguito dà più di 1000». Cioè, $2^{10} = 1024$.

178. Cfr. J. FOURASTIÉ, *La réalité économique*, cit., pag. 326; ID., *Les Trente Glorieuses*, cit., pag. 266; ID., *L'économie française dans le monde des années 1980*, cit., pag. 92; ID., *La civilisation de 2001*, cit., pagg. 70, 107.

179. *Ibid.*, pag. 70.

180. *Ibid.*, pag. 107.

181. Scrive inoltre: «In linea di principio, le persone cacciate da un'occupazione resa superata dal progresso tecnico devono trovare un nuovo lavoro, creato da un altro progresso tecnico, poiché il consumatore che vede il suo livello di vita aumentare vede parallelamente crescere i propri bisogni, e così la domanda si sposta da un prodotto all'altro e crea senza tregua nuovi mercati. Ecco perché la disoccupazione tecnologica non esiste in periodo di progresso tecnico».

182. J. FOURASTIÉ, *Le Grand Espoir*, ed. 1949, cit., pag. 139.

183. J. FOURASTIÉ, *Pourquoi nous travaillons*, ed. 1973, pag. 72; ID., *Le Grand Espoir*, ed. 1949, cit., pagg. 129-130 e 138-139.

184. J. FOURASTIÉ, *Le Grand Espoir*, ed. 1949, pagg. 150-155.

185. *Ibid.*, pag. 151.

186. *Ibid.*, pag. 155.

187. Cfr. J. FOURASTIÉ, *Pourquoi nous travaillons*, ed. 1973, cit., pagg. 72-75; ID., *Le civilisation de 2001*, cit., pag. 89; C. VIMONT, *Op. cit.*, pag. 50; *Jean Fourastié entre deux mondes*, cit., pag. 105.

188. Ved. nota 183.

189. Cfr. J. FOURASTIÉ, *Lettre ouverte à quatre milliards d'hommes*, cit., pag. 94; ID., *La civilisation de 1995*, cit., pag. 91; ID., *La civilisation de 2001*, cit., pag. 89; ID., *L'économie française dans le monde des années 1980*, cit., pag. 91; *Jean Fourastié entre deux mindes*, cit., pagg. 104-107; ID., *Le long chemin des hommes*, cit., pag. 22.

190. Cfr. J. FOURASTIÉ, *Lettre ouverte...*; cfr. nota 189.

191. Cfr. J. FOURASTIÉ, *La réalité économique*, cit., pagg. 58-59; ID., *L'économie française dans le monde des années 1980*, cit., pagg. 91 e 117; ID., *La civilisation de 2001*, cit., pagg. 89-91.

192. J. FOURASTIÉ, *La civilisation de 2001*, cit., pag. 91.

193. Cfr. *Ibid.*, pagg. 68-70 e 91; J. FOURASTIÉ, *Le Grand Espoir*, ed. 1949, cit., pag. 151; ID., *Les 40.000 heures*, cit., pag. 72; ID., *La réalité économique*, cit., pagg. 326-327; ID., *Les Trente Glorieuses*, cit., pagg. 258, 262, 264 e 265; ID., *L'économie française dans le monde des années 1980*, cit., pagg. 93, 118 e 122.

194. J. FOURASTIÉ, *Les Trente Glorieuses*, cit., pag. 258.

195. *Ibid.*, pag. 265.

196. Cfr. J. FOURASTIÉ, *Le Grand Espoir*, ed. 1989, *Postfazione*, pagg. 396-399; ID., *Le Grand Espoir*, cit., ed. 1949, cit., pagg. 90-91; ID., *Les trente Glorieuses*, cit., pag. 258.

197. Cfr. J. FOURASTIÉ, *L'economie française dans le monde des années 1980*, cit., pagg. 83-84; ID., *La civilisation de 2001*, cit., pagg. 48 e 82-85; ID., *La réalité économique*, cit., pagg. 324-325.

198. J. FOURASTIÉ, *L'économie française dans le monde des années 1980*, cit., pag. 83.

199. Cfr. J. FOURASTIÈ, *Pourquoi nous travaillons*, ed. 1973, cit., pagg. 17-20; ID., *L'économie française dans le monde des années 1980*, cit., pagg. 84-85, 88-89 e 95; ID., *Les 40.000 heures*, cit., pagg. 228-229; ID., *La civilisation de 2001*, cit., pag. 47.

200. J. FOURASTIÉ, *Pourquoi nous travaillons*, cit., pagg. 17-18.

201. J. FOURASTIÉ, *L'économie française dans le monde des années 1980*, cit., pag. 84.

202. Cfr. J. FOURASTIÉ, *Les 40.000 heures*, cit., pagg. 134-135; ID., *Le long chemin ds hommes*, cit., pagg. 158-159.

203. Nel 1963, la durata media del lavoro nell'industria francese è di 2200 ore. Un salario orario di 3,5 franchi dà quindi un reddito annuo lordo di 7.700 franchi. Quello annuo lordo di un lavoratore di provincia è allora di 7.000 franchi. Il reddito lordo medio operaio è di 10.500 franchi, e quello nazionale *pro-capite* della popolazione attiva è di 14.500 franchi (Cfr. J. FOURASTIÉ, *Les 40.000 heures*, cit., pag. 138).

204. *Ibid.*, pagg. 134-135.

205. J. FOURASTIÉ, *Le long chemin des hommes*, cit., pag. 159.

206. Cfr. J. FOURASTIÉ, *La réalité économique*, cit., pagg. 66 e 165; ID., *Pourquoi nous travaillons*, ed. 1973, cit., pagg. 32-34 e 95.

207. Cfr. J. FOURASTIÉ, *Le jardin du voisin*, cit., pagg. 236-239; ID., *Les Trente Glorieuses*, cit., pag. 265; ID., *Le Grand Espoir*, ed. 1989, *Postfazione*, cit., pagg. 398-399.

208. Fin dal 1976, Jean Fourastié indica che «certe informazioni relative alla Cina dimostrano un forte rallentamento della crescita demografica in questo paese» (J. FOURASTIÉ, *Le long chemin des hommes*, cit., pagg. 197-198), Era un'indispensabile premessa per l'aumento del livello di vita cinese e ai *Trenta Gloriosi* della Cina cui assistiamo.

IV

UN'OPERA ECONOMICA FONDAMENTALE

La pertinenza dell'analisi economica di Fourastié

Nel febbraio 2004, la pubblicazione di uno studio della DATAR [1]. ha rivelato che, a dispetto dell'asprezza della concorrenza internazionale e malgrado le delocalizzazioni, l'industria francese era globalmente riuscita in vent'anni a mantenersi attiva, ma a prezzo di notevoli soppressioni di occupazione. Alcuni vi hanno visto «un paradosso» [2], ma la rilettura di Jean Fourastié avrebbe loro mostrato che non si trattava di alcun paradosso. Fin dal 1948, Fourastié annuncia per i paesi a grande progresso tecnico un'inesorabile decrescita dell'occupazione industriale per effetto dell'aumento della produttività, e ciò indipendentemente dalla concorrenza estera, che però può certo accelerare il fenomeno. E, in effetti, la continuazione dell'articolo indica che l'aumento della produttività ha avuto un ruolo importante in tale forte calo dell'occupazione industriale francese [3].

I grandi processi economici e sociali che sono il prodotto del progresso tecnico e *dell'aumento della produttività*, evidenziati da Jean Fourastié fin dal 1945-'48, *sono sempre in opera*. Come aveva perfettamente previsto, nulla è meno industriale del genere di vita nato dalla civiltà industriale. Così come annunciava, la nostra società è divenuta essenzialmente una società di servizi [4], cari come in tutte le economie sviluppate, il che assicura a coloro che li svolgono un livello di vita medio-alto. In base al modesto tasso di crescita da lui previsto venticinque anni prima, all'incirca del 2%, il PIL francese *pro-capite* ad abitante ha continuato a crescere, conoscendo un aumento del 50% fra il 1970 e il 2003. Sempre in Francia, la fortissima riduzione delle disuguaglianze da lui evidenziata è ancora cresciuta, per altri versi forse troppo per il dinamismo dell'economia. Come prevedeva, la parte di spese in cibo e bevande nel consumo delle famiglie ha continuato a ridursi, cadendo in Francia dal quasi 25% del 1980 all'incirca al 15% nel 2000. La grande caduta della mortalità da lui evidenziato è proseguita: passata al di sotto del 10‰ nel 1979, la mortalità infantile francese era caduta nel 2000 al 4,5‰, ed i soli tassi inferiori erano quelli della Finlandia, della Norvegia e della Svezia [5].

In breve, come Jean Fourastié aveva mostrato, da più di un mezzo secolo, il progresso sociale passa attraverso quello economico causato dall'aumento della produttività [6], che è la chiave di volta dell'aumento dei livelli di vita e del miglioramento della sua qualità. Ciò vale per i paesi sottosviluppati [7] altrettanto quanto per i paesi che si sforzano di uscire dal sottosviluppo. La percentuale dei poverissimi nella popolazione mondiale è notevolmente calata in vent'anni [8], così come aveva pronosticato, ed un certo numero di paesi che avevano un bassissimo livello di vita attorno al 1980 hanno realizzato la folgorante crescita da lui annunciata, e in particolare la Cina con il suo 8,5% annuo di aumento del reddito medio dal 1981. Allo stesso tempo, è avvenuta la «fantastica redistribuzione della potenza economica e del commercio internazionale» da lui prevista venticinque anni fa, poché la Cina nel 2003 ha superato la Francia negli scambi internazionali. Si trova una volta di più verificata *una legge economica fondamentale* evidenzita da Jean Fourastié e da lui costantemente ricordata: salvo aumento della durata del lavoro, «la crescita del potere d'acquisto (...) può derivare solo da quella della produttività» [9]. L'aumento della produttività causa la crescita economica e, «contrariamente a certe opinioni, la crescita economica ha un ruolo centrale nella riduzione della povertà» [10].

L'arricchimento dei popoli poveri non può avvenire che «attraverso lo sviluppo basato sul progresso scientifico, tecnologico e quello delle organizzazioni sociali e societarie», ovvero attraverso l'aumento della produttività [11].

Il calo dei prezzi reali per effetto dell'aumento della produttività, che è *il meccanismo stesso dell'incremento del potere d'acquisto*, è continuato nei settori che hanno beneficiato del progresso tecnico, come è mostrato dalla prosecuzione delle serie statistiche costituite da Jean Fourastié [12]. In Francia, dal 1991, il calo del prezzo reale ha continuato ad essere forte per il grano come per il pollo. Il kg di grano, che costava nel XVIII secolo 2 salari orari ad un operaio, ed il cui acquisto gli richiedeva ancora 43 minuti di lavoro nel 1901-1910 (0,72 s.o.), e ugualmente 9 minuti nel 1961 (0,15 s.o.), e che poi era caduto a 2,5 minuti nel 1984 (0,040 s.o.), costava ad un operaio nel 2003 meno di 2 minuti di lavoro (0,030 s.o.). Allo stesso modo, il calo del prezzo reale del kg di pollo è continuato. Mentre occorrevano 7 ore di lavoro di un operaio per comprare un kg di pollo nel 1949, e ancora 42 minuti nel 1975 (0,7 s.o.), ne servivano solo 24 nel 1994 (0,4 s.o.) e solamente 13 nel 2003 (0,22 s.o.). Invece, per prodotti come il butan gas, il pneumatico da auto, i pomodori, l'invio di una lettera, le cipolle, l'ora di lavoro dei meccanici d'auto, il calo del prezzo reale si è aggirato solo fra il 10 e il 15% fra il 1991 e il 2000. Infine, per servizi e prodotti come il taglio dei capelli, il caffè al bar o la patata, il prezzo reale è rimasto stabile o è leggermente aumentato fra il 1991 e il 2000.

Continua quindi ad essere verificata la legge economica fondamentale scoperta da Jean Fourastié: *nei settori di produzione ad alto progresso tecnico vi è caduta dei* prezzi reali, mentre calano solo moderatamente laddove il progresso tecnico è medio, *e restano notevolmente consistenti laddove il progesso tecnico è scarso o nullo*. Quando questa legge pare carente, è solo perché il prodotto o il servizio preso in considerazione è profondamente cambiato nella sostanza e/o nelle condizioni di produzione. Così, dopo esser calato in due secoli, il prezzo reale del pane al dettaglio ha smesso di seguire il calo del prezzo del grano ed aumenta anche leggermente perché o pane ordinario al kg non è più prodotto, poiché non consente al venditore di vivere in quanto divenuto troppo a buon mercato: e ciò a tal punto che vengono commercializzati solo pani più sofisticati, che richiedono molte più manipolazioni umane senza un gran progresso tecnico. Cosicché, per il pane, la dimensione «servizi» ha prevalso: da ciò la stabilità del prezzo reale. Quanto al taglio di capelli ordinario maschile, che sempre e dovunque valeva 1 salario orario lavorativo, se il suo prezzo è di 1,55 s.o. nel 2002, ciò è dovuta al fatto che il contenuto di tale prestazione ha avuto modifiche. Si tratta infatti ormai di un taglio con *shampo*, poiché l'INSSE non ne pubblica più il prezzo senza tale aggiunta. Più in generale, d'altronde, il miglioramento della qualità del servizio mette in moto una tendenza ad un leggero aumento del prezzo reale del taglio di capelli [13]. Comunque sia, per tutti i beni la cui produzione beneficia di un fortissimo progresso in produttività, la legge del forte calo del prezzo reale continua ad essere verificata tutti i giorni sotto i nostri occhi.

Qualcuno opporrà alle teorie di Jean Fourastié il fatto che abbia a lungo presentato il settore terziario come un raggruppamento di attività a progresso tecnico scarso o nullo e a prezzi stabili o molto scarsamente decrescenti, mentre i due ultimi decenni del XX secolo hanno conosciuto una vera e propria industrializzazione di interi lotti di attivitità di servizi. A ciò è facile obiettare che Jean Fourastié ha ampiamente tenuto conto del fenomeno nei suoi libri degli anni '80, e soprattutto che aveva previsto fin dal 1948 che nuove scoperte scientifiche avrebbero fatalmente portato il progresso tecnico a penetrare in mestieri che fino ad allora non ne avevano beneficiato, sviluppandovi la produttività e conferendo loro un carattere industriale.

Alcuni rimproverarono anche a Jean Fourastié l'ottimismo da lui a lungo manifestato sulla capacità dell'economia francese a realizzare la piena occupazione, a dispetto di un contesto economico divenuto ben più difficile dopo il 1973. Ciò si spiega – e lui stesso lo riconosce – con la sua esperienza molto positiva della previsione dell'occupazione alla Pianificazione nel momento eccezionalmente favorevole dei *Trenta Gloriosi*, in cui la produzione cresceva più della produttività. Certo, la fiducia di Jean Fourastié nella riduzione del tempo di lavoro come mezzo di lotta contro la disoccupazione pare smentita dall'esperienza francese in materia. In particolare, la calamitosa riforma delle 35 ore, forse adattata alle grandi imprese a flusso continuo, ma che fu imposta senza discernimento all'insieme dell'economia, ha sinistrato numerose PMI (Piccole e Medie Imprese e Industrie). Tuttavia, Jean Fourastié aveva ben precisato che, per essere efficace contro la disoccupazione, la riduzione del tempo di lavoro doveva esser fatta in modo flessibile, tenendo conto della specificità delle diverse branche, senza coercizione, e che il calo della durata del lavoro doveva essere assorbito da una corrispondente riduzione di salari [14]. Ora, però, si è costretti a constatare che non è così che le cose sono andate, in modo che non si è potuto realmente giudicare gli effetti sull'occupazione di un calo della durata del lavoro così come lo si pensava. D'altronde, occorre anche ricordare che Fourastié aveva molto esplicitamente annunciato fin dal 1948 che le migrazioni di popolazione attiva causate dal progresso tecnico non sarebbero necessariamente avvenute senza disoccupazione durevole per alcuni, per il fatto che un parte della manodopera cacciata dai vecchi lavori poteva essere inadatta a quelli nuovi nati dal progresso tecnico.

Soprattutto, Fourastié aveva ben visto, dalla fine degli anni '70, che il decollo di un certo numero di paesi in via di sviluppo costituiva un fattore fondamentale per l'allargamento della disoccupazione nelle economie occidentali poiché sconvolgevano interi lotti delle loro industrie e facevano scomparire molta più occupazione di quanto non avrebbe fatto il solo aumento della produttività industriale occidentale. Purtuttavia, la *grande legge dell'assorbimento da attività di servizi a progressi in produttività scarsi o nulli del surplus di popolazione attiva liberata dal progresso tecnico* nell'agricoltura, nell'industria e nel terziario non è rimessa in questione. Semplicemente, può essere valida solo all'interno di una stessa nazione o di un insieme di nazioni con livelli di vita abbastanza omogenei. Ora il dato è mutato a causa dell'attuale diffusione del progresso tecnico e dell'aumento della produttività in un mondo aperto, che ha scelto come regola il libero scambio, ma con livelli molto eterogenei. È chiaro che, benché i loro effettivi siano in crescita costante, le attività di servizi puri di una nazione sviluppata ad alto livello di vita medio non possono cancellare la massiccia distruzione di occupazione provocata dalla caduta di interi settori dell'industria e anche dei servizi di tale nazione per effetto del progresso tecnico all'opera, stavolta, all'interno di una nazione a bassissimo livello di vita e quindi a costi salariali bassissimi come la Cina (delocalizzazioni industriali) o come l'India (delocalizzazione di servizi).

Si obietterà forse a Jean Fourastié, quando evidenzia *il fenomeno della riduzione della durata del lavoro per effetto del progresso tecnico*, che l'attuale tendenza dei paesi occidentali pare piuttosto essere un certo prolungamento tanto della durata annua del lavoro quanto di quella del numero di anni lavorativi per vita umana. Ma ci si deve ricordare che Jean Fourastié ha sempre insistito sul fatto che la durata del lavoro in un'economia doveva adattarsi al suo livello di produttività. Per tale fatto si è potuta verificare, come già era stato il caso nel 1936, di eccessive riduzioni della durata del lavoro che hanno causato un inevitabile ritorno indietro: è quanto pare delinearsi in Germania e, forse, anche in Francia. Del resto, Fourastié ha anche ben precisato che la continuazione del grande movimento secolare per la riduzione della durata del lavoro che risultava dalla crescita della produttività sarebbe stata sottoposta ai rischi delle situazioni congiunturali. In particolare, egli ha segnalato che l'invecchiamento di una popolazione attiva o la pressione della competizione internazionale potevano costringere una data nazione a tornare ad una durata più lunga del lavoro per proteggere il suo livello di vita. Da qui, ad esempio, l'attuale necessità di ricominciare a lavorare in età più avanzata, che si manifesta molto fortemente tanto negli Stati Uniti quanto in Giappone, ma che inizia appena ad essere presa in considerazione in Francia.

Sempre sulla durata del lavoro, trova oggi pieno riconoscimento il fondamentale dato, evidenziato da Jean Fourastié in modo pionieristico ed iconoclasta cinquant'anni fa, che *il calo del tempo di lavoro* è solo un'*opzione fra livello e genere di vita* che privilegia il secondo a detrimento del primo. Nel rapporto del 2004, *Productivité et croissance*, del Consiglio per l'analisi economica, Gilbert Cette e Patrick Artus indicano che, se in Francia la crescita del livello di vita medio subisce ritardi rispetto agli Stati Uniti, ciò avviene perché «una parte dell'incremento in produttività (il progresso tecnico) viene speso per ridurre la durata del lavoro rispetto alla vita, e quindi il livello di produzione per abitante» [15]. Si crederebbe di leggere un testo di Fourastié.

Un'altra grande legge segnalata da Jean Fourastié è verificata sotto i nostri occhi, quella *della durata relativamente breve delle fasi di crescita intensa di un'economia*, che non consente di oltrepassare alcuni decenni. La ragione, come si è visto, è che $2^{10} = 1024$. Al tasso di crescita del 7%, il volume della produzione raddoppia in 10 anni, e ciò rappresenta una moltiplicazione per 32 in 50 anni, per 128 in 70 anni e per 1024 in un secolo: cosicché, molto presto si toccano cifre astronomiche, con le quali si esce dalla sfera del reale. Qui sta fondamentalmente la spiegazione dei relativamente scarsi attuali tassi di crescita delle economie occidentali, migliori negli Stati Uniti e in Gran Bretagna in cui l'economia è più liberale, francamente negativi in Francia e in Germania, in particolare a causa dell'arcaismo di un sistema di protezione sociale che appesantisce e soffoca l'economia [16], soffocando perciò tanto l'occupazione che il livello di vita medi [17].

Purtuttavia, contrariamente a ciò che pensano alcuni autori, non abbiamo in alcun modo «perduto la chiave di volta del progresso economico e sociale»[18]. Tale chiave di volta la possediamo sempre, anche se nuovi paesi l'hanno ormai anch'essi, e costruiscono al momento il loro progresso economico e sociale a nostro detrimento: e tale chiave di volta è il progresso tecnico e l'aumento della produttività che consente. Solamente, ci troviamo verso la fine di quello che Jean Fourastié denomina il «periodo transitorio», al cui termine l'essenziale della popolazione attiva apparterrà al settore dei servizi. Abbiamo quindi realizzato la maggior parte del progresso economico e sociale di cui eravamo capaci. La crescita della produzione agricola ed anche industriale non è infinita, e l'aumento della produttività riduce sempre più la parte di popolazione attiva in agricoltura (che però è già abbastanza scarsa) e nel settore industriale. Sicuramente, una certa crescita del livello di vita dei paesi occidentali continuerà, non c'è alcun dubbio, ma non ci si deve nascondere che sarà in parte solo un'apparenza[19]. In effetti, più la parte dei settori ad altissima produttività si riduce nel PIL, più i servizi vi avranno un ruolo importante e più le cifre di crescita del reddito medio saranno almeno in parte fallaci. Effettivamente, i servizi puri sono cari nelle economie ad alto sviluppo e lo diventano sempre di più. Di conseguenza, un dato servizio, il cui prezzo reale tuttavia non cambia, figurerà sempre per un valore progressivamente crescente nelle statistiche della produzione nazionale: cosicché un aumento del PIL *pro-capite* non traduce unicamente il fatto che si consumi di più, ma anche quello che si paghino sempre più cari gli stessi servizi che figurano solo per un infimo valore nel PIL di un paese in via di sviluppo[20].

In totale, nulla è fino ad oggi avvenuto per invalidare le concezioni economiche di Jean Fourastié. Eccettuate le critiche dei marxisti[21], la maggior parte delle obiezioni mosse alla teoria economica di Fourastié si ricollegano in definitiva alla constatazione che le cose oggi vanno in Francia, e più generalmente in Occidente, ben diversamente da quanto scriveva negli '40-'60: ma lui stesso ha sottolineato per primo tutto ciò. Concependo i *Trenta Gloriosi* nel celebre libro che ha loro dedicato, ha molto insistito sul fatto che erano finiti e che i tempi facili erano passati. Non sono in discussione le sue analisi, ma la mutata situazione. Or, la sua teoria economica resta adatta a tener conto della nuova situazione, di cui del resto aveva scorto molti aspetti.

Vi sono due questioni ben distinte, che non vanno confuse: da un lato, il problema della vitalità delle economie occidentali in un mondo molto più duro per loro, in particolare per la concorrenza dei paesi a bassi salari che hanno saputo approfittare dei trapassi di alta tecnologia di cui hanno beneficiato; e, dall'altra, il problema della validità delle analisi economiche di Jean Fourastié. Esse restano uno strumento incomparabile per la conoscenza del passato, la comprensione del presente e l'anticipazione delle trasformazioni future. Vi è in Jean Fourastié un'analisi ed una spiegazione d'insieme dei fenomeni economici e sociali: tutto può essere letto ed analizzato rifacendosi al suo metodo. Infatti, presenta una teoria economica generale e definita, la cui validità viene dal fatto che si appoggia al metodo scientifico sperimentale.

Un pensiero economico basato sul reale

Qui si riscontra ciò che rende così innovativo e fondamentale l'apporto di Jean Fourastié alla scienza economica. La sua estrema diffidenza verso le derive della razionalità. E la sua affermazione del primato assoluto dell'osservazione come fondamento dell'approccio scientifico gli conferiscono un posto a parte nella storia del pensiero economico.

Fourastié e il metodo sperimentale

Jean Fourastié si rifaceva al metodo sperimentale definito da Claude Bernard, ed è partendo da lui che ha esposto il proprio approccio scientifico [22], che «può essere analizzato in tre grandi fasi: l'esplorazione del reale; l'elaborazione dell'ipotesi; il controllo e l'esplicitazione dell'ipotesi».

Su di esso insiste: «Il primo passo dello spirito scientifico sperimentale è *l'esplorazione del reale*; tale passo, primo per ordine logico, è anche quello essenziale: il metodo scientifico riconosce che il reale non può essere identificato né col pensiero spontaneo né con quello razionale; il reale può essere *scoperto* solo con una metodica informazione sensoriale». Purtuttavia, Jean Fourastié non respinge il ragionamento che «può essere utile alla scoperta» e «sempre utile alla sua trasmissione». Semplicemente, subordina il ragionamento all'esperienza e all'esplorazione del reale.

Evidentemente, non voglio dire che si debba ripudiare il ragionamento; esso infatti corrisponde ad una necessità verificata, ad una legge sperimentale del pensiero umano. Non vi è alcuna conoscenza feconda per l'uomo senza teoria, cioè senza ragionamento razionale. Voglio dire solamente che un ragionamento deve essere ritenuto valido ed insegnato solo se va d'accordo con i fatti osservati: *il ragionamento è il servo dei fatti e non il loro padrone*; non si deve né dare un giudizio negativo anticipato sull'esperienza né negare, minimizzare e trascurare un'esperienza in nome della ragione [23].

Nel campo dell'economia, l'esperienza evidentemente non è possibile: in compenso, si può osservare. Volendo capire e spiegare l'evoluzione economico-sociale della Francia e, più in generale, delle nazioni occidentali dalla fine del XVIII secolo, Jean Fourastié si è sforzato di «mettere assieme i fatti registrati da cento o centocinquant'anni, prendendo in considerazione solo quelli che non possono essere messi in discussione perché la loro esistenza ed il loro ordine di grandezza sono certi e facilmente verificabili dall'esperienza individuale o dalle incontestabili fonti da cui sono stati ricavati» [24]. Si è dedicato, in particolare, all'osservazioine dei prezzi su scala secolare e plurisecolare, immane lavoro che gli ha permesso di costituire numerose serie di prezzi a lungo termine, ed è proprio sull'osservazione del reale che ha basato la sua teoria dei prezzi. Pubblicando nel 1969 il frutto di una parte delle sue grandi ricerche statistiche sull'evoluzione dei prezzi a lungo termine, scriveva: «È duro vedere gli uomini pretendere di spiegare i movimenti dei prezzi prima di averli osservati» [25]. Jean Fourastié aveva personalmente dedicato più di vent'anni all'osservazione dei movimenti dei prezzi: intendeva in tal modo contribuire a far passare la conoscenza economica dallo stadio del semplice ragionamento razionale allo *status* di scienza di osservazione.

Al di là del suo esplicito riferimento a Claude Bernard, ed a dispetto di una severità forse eccessiva nei confronti di Aristotele, così come verso Platone [26], si può pensare che Jean Fourastié abbia fatto, forse senza averne coscienza, dell'aristotelismo applicato. Infatti, è proprio da esso che derivano la sua ostinata volontà di osservare il reale e il suo approccio risolutamente induttivo, del tutto contrapposto al metodo deduttivo tanto caro a Platone.

Osservare i fatti economici: le statistiche

Pur avendo ricevuto una formazione matematica di alto livello, Jean Fourastié non ha seguito la moda dei modelli matematici. Ha invece deplorato l'abuso, nell'insegnamento economico universitario, dei «modelli matematici altamente sofisticati» ma che pur tuttavia possono essere costruiti «sull'ignoranza o sul disprezzo delle realtà elementari». Ha denunciato in tale ricorso al gioco intellettuale dei modelli matematici una tentazione della razionalità pura che gli pareva contraria allo spirito scientifico [27]. Dichiarava, verso la fine della vita: «Occorre oggi essere iniziati alle matematiche ed all'astrazione per ottenere un diploma o una laurea in scienze economiche; ma non sono sicuro che ciò sia tanto necessario per capire la *realtà* economica» [28]. Jacqueline Fourastié osserva che se i modelli matematici «sono spesso efficaci a breve termine», come ad esempio «i modelli classici della domanda e dell'offerta dei monopoli e della concorrenza, [che] tengono conto delle variazioni dei prezzi a breve termine», in compenso «simili modelli (...) non consentono di tener conto di un'evoluzione di una produzione prolungata e globale». Infatti, non spiegano «le grandi tendenza che interessano Jean Fourastié: per esempio, perché il prezzo reale della tappezzeria dei Gobelin è stabile dal XVIII secolo mentre quello dello specchio di 4m^2 si è diviso per 5000» [29].

Per restare fedele al metodo scientifico sperimentale, cioè per costruire il suo pensiero economico sul reale osservato, Jean Fourastié ha deliberatamente voltato le spalle ai modelli matematici per far ricorso ad un altro linguaggio austero, quello delle tavole di cifre. Mentre l'economia politica allora insegnata era «lontana dalla realtà», poiché dava «solo spiegazioni teoriche astratte», egli ha svolto opera profondamente innovatrice lavorando a «riavvicinare la scienza economica alla statistica» [30]. Le statistiche sono state per lui lo strumento privilegiato di osservazione del reale delle grandi evoluzioni economico-sociali: prezzi, struttura della popolazione attiva, livello e genere di vita, ecc. [31]. Fin dal 1945, sottolinea che «la statistica è un mezzo di descrizione storica molto più decisamente suggestivo di ogni altro», e aggiunge:

In effetti, le lunghe colonne di cifre che si susseguono di anno in anno negli annuari statistici riservano, per l'osservatore che voglia ben leggerle e soppesarle, un'emozione più diretta ed una comprensione più completa delle riuscite e delle miserie dell'umanità delle trattazioni degli storici. Sta di fatto che la cifre trascrive il fatto grezzo senza teoria né fronzoli. (...). Quale uomo in effetti resisterebbe all'emozione ispiratagli, nelle statistiche demografiche francesi, dalle cifre delle «classi vuote» del 1914-'18 o del rialzo della mortalità infantile durante l'occupazione tedesca, con la punta che ha segnato Parigi durante il mese senza riscaldamento del gennaio 1945? [32].

Il fatto è che Jean Fourastié fu un mago delle statistiche, ed ebbe un vero genio nel far parlare le tavole di cifre. Ne deduceva le concrete situazioni corrispondenti, operava ravvicinamenti e confronti di cifre, dai quali ha estrapolato grandi tendenze e evidenziato leggi economiche fondamentali.

Il metodo del lungo periodo

La questione del tempo fu essenziale per Jean Fourastié, che infatti contrappone ai campi della scienza in cui si può sperimentare (fisica classica, ecc.) od osservare realtà stabili o identiche nel tempo (astronomia), un terzo campo, «*in cui* l'osservazione non rivela mai, o solo raramente, l'esistenza di realtà rigorosamente *identiche a loro stesse* (ad esempio, le scienze umane e l'economia)». Nel campo della fisica classica o in quello dell'astronomia, «il tempo è omogeneo o almeno lo sembra, se commisurato alla durata ed alla precisione delle osservazioni umane». Invece, nel campo delle scienze umane o dell'economia, «il tempo non è omogeneo, cioè il "divenire" non contiene affatto le stesse realtà del passato» [33].

Nel suo scrupolo di capire le linee generali dell'evoluzione contemporanea, Jean Fourastié ha collocato la sua osservazione della realtà economica nella prospettiva del lungo periodo. Così facendo, come osserva Philippe Hugon, «rompe con i metodi statici (interdipendenza tra le variabili) e dinamici (tempo indicatore di un'evoluzione lineare)». In effetti, «nelle funzioni di produzione neoclassiche, il progresso tecnico viene assimilato ad un *trend* che si svolge continuamente nel tempo; negli schemi di accumulazione dei classici o di Marx, il progresso tecnico viene equiparato ad uno spostamento della popolazione attiva dal settore dei Mezzi di consumo verso la sezione dei Mezzi di produzione (aumento della composizione organica del capitale)». Philippe Hugon aggiunge: «L'ipotesi validisssima e, a nostro avviso, molto feconda, di Fourastié, consiste nel fatto che il progresso tecnico è un'economia globale del lavoro; l'unità del lavoro è eterogenea nel corso del tempo» [34].

Additando il metodo del lungo periodo, Jean Fourastié si inscrive in una prospettiva storica, tanto è vero che per lui la distinzione fra storia e scienza economica è ingiustificata. Ha più volte ricordato: «Per me, demografia, storia e scienza economica formano un tutto unico. Non deve sussistere storia economica senza la ricerca delle conseguenze economiche generali. La mia visione è contemporaneamente storica e prospettivistica» [35]. Scrivendo i suoi libri, Jean Fourastié «si è reso conto di fare contemporaneamente opera di storia e di scienza economica». E spiega: «Ogni scienza, infatti, anche quella fisica, è storia. La scienza è la descrizione razionale del reale osservato e sperimentato. Se non è possibile osservare ciò che non è accaduto, ugualmente si può far scienza solo con quanto è avvenuto» [36].

Premio Nobel per l'economia, Maurice Allais afferma: «Se per la comprensione dell'economia vi fosse da scegliere fra la padronanza della storia economica e quella della matematica, sarebbe necessario scegliere la prima» [37].

Tale giudizio va nel senso di quella che è stata la deliberata scelta di Jean Fourastié – costruire la scienza economica sulla storia economica –, a parte il fatto che tra l'altro aveva un'eccezionale padronanza della statistica, con in più una formazione in matematica che era molto più profonda di molti utenti di modelli econometrizzanti.

Il posto di Jean Fourastié nella storia del pensiero economico

Come ha osservato Philippe Hugon a proposito de le *Grand Espoir*, il pensiero economico di Jean Fourastié si trova «in rottura con i tre principali sistemi di pensiero economico»: i classici, i neoclassici e Marx [38].

Mentre i classici «si pongono il problema sulla base dell'esistenza della sovraproduzione, della sua ripartizione con un sistema di prezzi che porti alla riproduzione della società», Jean Fourastié prevede non «la ripartizione di una sovraproduzione fisica partendo da un sistema di prezzi, ma (...) la creazione di una sovraproduzione (o *surplus* crescente di produttività)», cosicché «l'ottica dei conflitti al livello della ripartizione cede il posto ad un guadagno collettivo al livello della produzione (serie a somma nulla)».

Purtuttavia, come constata Philippe Hugon, «il metodo di Jean Fourastié è fondamentalmente *classico*; vuole infatti sbloccare i grandi meccanismi fondamentali al di là delle contingenze sociopolitiche, si pone, nel lungo periodo, nel quadro di una dinamica di esito, e fa della moneta un velo e del capitale uno schermo».

D'altronde, Jean Fourastié incontra in più di un'occasione l'economia politica classica. Così, si sa che le nozioni di salario e prezzo reale figurano in Adam Smith, anche se non se ne è fatto alcun uso scientifico almeno fino a Fourastié. Ugualmente, quando le teorie della scuola classica gli sembrano basate su una realtà osservabile, che siano verificate dai risultati della sua osservazione dei fenomeni economici di lungo periodo o che contribuiscano alla loro spiegazione, li integra nella sua teoria. In particolare, è il caso del «capitolo di Riccardo sulle rendite», sul quale Jean Fourastié riteneva, fin dal 1947-'49, e non ha cessato in seguito di scrivere che vi vedeva «*la chiave di volta della scienza economica*»[39].

Così come con i classici, Jean Fourastié è in rottura con i neoclassici, che «cercano di determinare sulla base dei prezzi di beni, servizi e fattori di produzione, un equilibrio generale ed un sistema d'interdipendenza, mentre i keynesiani studiano un equilibrio al livello macroeconomico». Invece, Fourastié «si pone esclusivamente in un'ottica di lungo periodo e di mutamento delle strutture, cioè di rottura delle interdipendenze»[40].

Tuttavia, elogia moltissimo Keynes per aver evidenziato il necessario equilibrio fra produzione e consumo, che per Jean Fourastié costituisce l'equazione economica fondamentale. Ma è vero che proprio lui contemporaneamente rimprovera a Keynes di aver messo troppo l'accento sugli aspetti finanziari del fenomeno. Fourastié è spesso e volentieri sarcastico nei confronti di Keynes, di cui scrive che, «ricorrendo alle millenarie panacee della moneta e del credito per risolvere le crisi», fa pensare «al fabbro ferraio del villaggio che avendo fatto attenzione solo alle ferrature dei cavalli e dei buoi, venisse consultato da un pilota di una fortezza volante in avaria in un vicino campo»[41].

L'antitesi Fourastié-Marx è, in una certa misura, più sorprendente: le analogie fra i due sono in effetti molto forti. Hanno infatti in comune la dimensione del lungo periodo così come il primato dei fatti economici, sociali e tecnici. Proprio come quello di Marx, il pensiero economico di Fourastié deriva dal materialismo storico.

Philippe Hugon osserva che, «per certi aspetti, l'oggetto di J. Fourastié è lo stesso di Marx un secolo prima». Marx, nella sua critica dell'economia politica, si colloca nel campo socio-storico dello sviluppo delle forze produttive e fa dello studio delle basi materiali delle società la condizione della loro comprensione». Fourastié si pone sullo stesso terreno, e d'altronde saluta il carattere innovatore del pensiero economico di Marx. «L'insieme della sua opera segna una tappa del pensiero economico contemporaneo suggerendo l'idea che il progresso tecnico è l'elemento motore dell'evoluzione economica»[42]. Jean Fourastié rivendica esplicitamente una parentela di pensiero con quella di Marx. Scrive che la sua teoria dei profitti «è in qualche modo più marxista del marxismo»[43]. E tuttavia le conclusioni di Fourastié sono diametralmente opposte a quelle di Marx: «civiltà terziaria contro civiltà industriale, progresso tecnico favorevole contro inasprimento delle lotte di classe, *surplus* di produttività crescente contro analisi dello sfruttamento»[44].

Il fatto è che Marx, se aveva inscritto il suo pensiero politico-sociale nel lungo periodo, sapendo fin dall'inizio cosa voleva trovarvi – una storia della lotta di classe in relazione con l'evoluzione delle tecniche di produzione –, in compenso mancava totalmente di informazioni sulle realtà economico-sociali del passato: livello di vita, popolare, prezzo reale delle derrate, tassi di mortalità, ecc. E ciò a tal punto da basare la sua previsione economico-sociale sulla sola conoscenza del presente, senza aver costruito una curva di lungo periodo, l'unica ad autorizzare un approccio prospettivistico. Inoltre, in Marx vi era qualcosa che lo collocava agli antipodi dell'uomo che sarebbe stato Fourastié: la grande importanza, nella sua formazione intellettuale, della filosofia di Hegel.

La totale divergnza fra Fourastié e Marx sulle grandi tendenze secolari dell'evoluzione economico-sociale dell'umanità fa sì che Jean Fourastié possa esser considerato come *l'anti-Marx*[45]. Quel che appunto gli ha permesso di contestare tanto radicalmente e con tali basi Marx è il fatto che Jean Fourastié sia anche, in modo ancor più fondamentale, *l'anti-Hegel*: e su ciò non si insisterà mai abbastanza. Rovesciando la celebre formula di Hegel, Jean Fourastié non ha smesso di ripetere ciò che per lui è la base stessa dello spirito scientifico: «Il razionale non è il reale». Tale anti-hegelismo di Fourastié va messo in relazione con l'empirismo dell'ingegnere. Non va infatti dimenticato che, anche se non esercitò mai tale mestiere, la formazione di base dell'ex-allievo dell'*École centrale des arts et des manifactures* Jean Fourastié era quella di un ingegnere.

Anche in vita, quando era molto celebre, Jean Fourastié non fu del tutto apprezzato per il suo giusto valore, forse perché è stato, in modo deliberato, un economista facilmente comprensibile. Voleva esser capito da tutti, e si rivolgeva anche al lettore medio e non al solo specialista. Per questo, scriveva in modo semplice, chiaro e limpido. Ha «avuto il grandissimo merito di bucare (...) il muro dell'esoterismo e di rendere accessibile al lettore di discreta cultura ciò che fino ad allora era riservato agli economisti»[46]. Ma tale limpidezza, se ha moltiplicato i suoi lettori, lo ha anche danneggiato. Infatti, l'estrema semplicità delle idee esposta da Jean Fourastiè, mentre invece sono innovatrici e frutto di un immenso lavoro, dà facilmente al lettore la sensazione che si tratti di evidenze, di idee che più o meno anche lui ha avuto. Per esempio, quando Fourastié scrive che la produzione deve essere uguale al consumo, «quelli che lo leggono lo trovano evidente e non gli danno una sufficente importanza»[47]. A proposito de *Le Grand Espoir*, Philippe Hugon osserva: «La notevole chiarezza dell'opera che si rivolge al grande pubblico ha il suo rovescio: dà al lettore l'impressione di leggere delle evidenze mentre vi è abbondanza di idee nuove e spinge l'universitario a trovare semplificazioni laddove spesso solamente il "salto metodologico" consente un pensiero fecondo»[48].

Va detto che Jean Fourastié, nel 1978, ha apertamente rivendicato la qualità di «scienza economica *elementare*» per il contenuto di un'opera tanto importante come *La réalité économique*. Ciò non aveva per lui nulla di spregevole, ma proprio all'opposto:

> *In ogni scienza, ciò che è elemantare è la cosa più difficile*; in quasi tutte, ciò viene trascurato – e anche, cosa incredibile – disprezzato perché non si presta ai classici esercizi sui quali gli universitari si giudicano fra

loro e si disputano i loro diplomi. Ora, (...) l'economia si trova continuamente di fronte a realtà semplici, globali, *elementari*: produzione, consumo, scambi, prezzi, salari, e profitti...

Jean Fourastié deplora che «l'università, che si compiace dei suoi "modelli" econometrici», rinunci perciò ad insegnare tale scienza economica elementare, di cui avrebbero tanto bisogno e che ignorano i dirigenti politici e sindacali, i capi di impresa, i quadri, i salariati, il grande pubblico, gli studenti e gli stessi economisti» [49]. Di conseguenza, si fissa come obiettivo in questo libro di esporre quelli che «pensa siano *i punti cardinali di una scienza economica elementare* [50].

Jean Fourastié da tempo era cosciente che si realizzava male la fusione «fra l'onda tradizionale (keynesiana) e le idee nuove» da lui stesso apportate. Spiegava ciò « con la [più grande] difficoltà che abbiamo ad arricchire la nostra conoscenza di un soggetto già in parte noto». In questo caso, in effetti, «il razionale respinge l'arricchimento come irrazionale, contraddittorio, e quindi comunque impossibile ed irreale» [51]. Di fatto, a dispetto della sua celebrità e delle grandi testimonianze di considerazione da lui ricevute, l'influenza del pensiero di Jean Fourastié sugli ambienti universitari rimase relativamente limitata. Ne è testimonianza, ad esempio, lo scarsissimo spazio concesso a Jean Fourastié in un'opera pure aperta, intelligente e curiosa verso tutto come la *Petite histoire des grandes doctrines économiques* di Daniel Villey e Colette Nême. Certamente, Jean Fourastié non vi è ignorato, ma è evocato solo a proposito del trasferimento della popolazione attiva dall'agricoltura all'industria e poi ai servizi per effetto del progresso tecnico, così come riguardo al fatto che la ripartizione della popolazione attiva fra i tre settori riflette il grado di sviluppo ed indica il livello della produttività in ciascuno dei settori [52]. Tutto il resto dell'apporto di Jean Fourastié alla scienza economica, e in particolare la sua così importante teoria dei prezzi, è passato sotto silenzio. Anche se Jean Fourastié è stato certo deluso dal semi-ostracismo ovattato del mondo universitario [53] nei confronti delle sue idee, aveva la serenità di chi conosce l'importanza delle sue scoperte. Da ciò derivava questa frase, pronunciata alla fine della vita: «In ogni caso, quel che importa è l'aver potuto enunciare queste idee, che mi auguro feconde per gli uomini e le imprese di oggi e di domani» [54].

Più felice che con gli ambienti universitari, Jean Fourastiè è riuscito a convincere «facilmente gli uomini d'azione» [55]. Ha infatti ottenuto l'adesione e suscitato l'ammirazione di un Léon Blum, di un Jean Monnet e di molti altri ancora, uomini politici, sindacalisti, capi di impresa, economisti attivi in campo, alla cui testa era Michel Drancourt [56], o semplicemente spiriti curiosi di capire meglio il mondo in cui vivevano, il suo passato e il suo avvenire: da ciò derivava l'immenso prestigio di Jean Fourastié per decenni. Si trovava infatti in sintonia con grandi personalità intellettuali come Raymond Aron, Alfred Sauvy e Georges Friedmann, che condividevano con lui molte analisi e furono suoi amici [57].

È ormai giunto il momento che l'eccezionale importanza del pensiero economico di Jean Fourastié venga riconosciuta, e che si tenga conto dell'apporto capitale alla scienza economica dell'economista di genio i cui immensi lavori statistici hanno rivoluzionato la teoria dei prezzi, che ha mostrato, con un'osservazione su più secoli dei prezzi di migliaia di beni, che il livello del prezzo era per ogni bene inversamente proporzionale a quello della produttività, e che partendo da ciò ha scoperto una spiegazione completa delle mutazioni economico-sociali innescate dal progresso tecnico.

È ormai tempo che il nome di Jean Fourastié abbia il posto che gli spetta accanto ad Adam Smith, a Malthus, a Ricardo, a Marx e a Keynes, fra i grandissimi nomi della storia del pensiero economico.

Note al Capitolo IV

1. Délégation à l'aménagement du territoire et à l'action régionale, *La France, puissance industrielle*, febbraio 2004.

2. J.-O. MARTIN, *La France résiste à la désindustrialisation*, in "Le Figaro Économie", 24-II-2004, pag. 1.

3. Un'altra grande causa di diminuzione dell'occupazione industriale è nel fatto che, poiché attività come la ristorazione, la contabilità, ecc. sono state poste in subappalto dalle imprese industriali, sempre per preoccupazioni di maggior produttività, tali occupazioni non fanno più parte dell'industria ma dei servizi. Nello stesso senso ha avuto anche un ruolo, ma in modo più debole, l'incremento nell'industria di lavori a tempo definito, anch'essi annoverati fra i servizi (*ibid.*, pag. IV).

4. Purtuttavia, Jean Fourastié non è mai stato un profeta della deindustrializzazione. Il grande spostamento di popolazione verso i servizi è per lui dato dall'aumento della produttività nell'industria e non da una rinuncia alla produzione industriale, che invece per sua natura si mantiene oppure aumenta, ma con effettivi sempre decrescenti e destinati a divenire infimi. La deindustrializzazione è per Jean Fourastié un «ospite inatteso», creato dalla recente concorrenza industriale dei paesi del terzo mondo che iniziano a produrre beni industriali con forti produttività e bassi prezzi di costo, conseguenza del basso livello dei salari.

5. Su questi diversi punti, e su altri ancora, Jacques Marseille ha realizzato un'utilissima attualizzazione dei *Trenta Gloriosi* di Jean Fourastié, venticinque anni dopo: *La guerre des deux France*, cit., pagg. 21-81.

6. Nel rapporto per il Consiglio di Analisi Economica (CEA) *Productivité et croissance* (2004), Gilbert Cette e Patrick Artus insistono, come ha sempre fatto Jean Fourastié, sul fatto che è l'aumento della produttività portato dal progresso tecnico a permettere la crescita economica e l'aumento del livello di vita. Sulla scorta di Fourastié, ricordano «la fantastica ampiezza» degli incrementi di produttività realizzati in Francia da poco più di un secolo, indicando che la produzione per ora lavorata si è moltiplicata all'incirca per 24 dal 1870. Cit. in P.-A. DELHOMMAIS, *La France en mal de croissance et de productivité*, in "Le Monde", 11-V-2004, pag. V.

7. Il rapporto *Productivité et croissance* spiega il crescente divario nel livello di vita medio fra gli Stati Uniti e la Francia «con, per la metà all'incirca, tassi di incremento di produttività del lavoro più alti».

8. La percentuale della popolazione dei paesi in via di sviluppo che vivono con meno di 1 dollaro al giorno è passata dal 40% del 1981 al 21% del 2001.

9. J. FOURASTIÉ, *Les Trente Glorieuses*, cit., pagg. 232 e 265.

10. F. BOURGUIGNON, *Diviser la pauvreté par deux sur la planète*, in "Le Figaro", 26-IV-2004, pag. 20.

11. Cfr. M. DRANCOURT, *Les arbres ne poussent pas jusqu'au ciel...*, Paris, Village mondial, 2003, pag. 177. Michel Drancourt insiste sul legame fra «la nozione di sviluppo sostenibile o durevole» e la produttività «che presuppone che si cerchi sempre di produrre più, meglio e con meno (energia, materie prime, lavoro e capitale)» (*Ibid.*, pag. 184).

12. JACQUELINE FOURASTIÉ, *Éléments d'économie et de prospective*, cit., pagg. 28-31. Nel suo manuale, l'Autrice ha prolungato fino al 1994 le serie statistiche costituite da Jean Fourastié, continuando ad aggiornarle per i suoi corsi d'insegnamento. A lei dobbiamo la disponibilità di cifre fino al 2000 e al 2003.

13. Cfr. *Ibid.*, pag. 30.

14. Tale era anche la soluzione prospettata nel dibattito degli anni '80 da Michel Albert, che preconizzava una riduzione del 5% dei redditi e dei tempi di lavoro per far posto al 5% della popolazione attiva. Cfr. M. ALBERT, *Le pari français*, Paris, Seuil, 1985 (2ª ed.).

15. Citato in P.-A. DELHOMMAIS, *art. cit.*, in "Le Monde", 11-V-2004.

16. Più in generale, come osservavano nel 1988 Michel Albert e Jean Boissonnat, nei paesi come la Francia, «la società sequestra l'economia dimenticandosi che essa dispensa le sue ricchezze solo a condizione di poterle sempre ricostituire» (M. ALBERT - J. BOISSONNAT, *Crise, Krach, Boom*, Paris, Seuil, 1988, pagg. 44-45).

17. L'occupazione ed il livello di vita sono particolarmente vittime di una produttività oraria anormalmente alta rispetto al livello tecnico delle economie sopracitate, che è un perverso effetto di una protezione sociale piena di buone intenzioni ma inintelligente. In effetti, l'alto costo della manodopera e le rigidità dei regolamenti in linea di principio protettivi dell'occupazione portano in tali economie un'esasperazione della produttività oraria che avviene a detrimento dell'occupazione. «I carichi sociali pesano sul lavoro in Europa continentale, incitiamo le imprese a limitare il reclutamento e a cercare il più alto incremento in produttività per ora lavorata. Ci spinge al reclutamento di manodopera ad alta produttività che può rapidamente adattarsi alla diversificazione richiesta dalla concorrenza, e di una manodopera a "buon mercato" delocalizzata o altro» (P. TABATONI, *Productivité, croissance, économique, emploi*, in "Cahiers du CERPEM", Univ. Paris-Dauphine, 2003, pag. IV). Uno degli autori del rapporto CEA *Croissance et productivité*, Gilbert Ceste, sottolinea anch'egli cha la produttività oraria francese – in media superiore a quella degli Stati Uniti – è ad un livello anormalmente alto, ottenuto con la concentrazione dell'occupazione nelle attività più produttive e con lo scarso tempo della durata del lavoro (poiché «le rese della durata media del lavoro sono fortemente decrescenti»): si tratta quindi di una superiorità fittizia. In realtà, a durata del lavoro e tassi di occupazione identici a quelli degli Stati Uniti, la produttività è nettamente inferiore in Francia, come del resto negli altri grandi paesi industrializzati. E, poiché in proporzione meno gente lavora, e meno a lungo, ciò ha per effetto di «far calare il relativo livello di prodotto interno lordo per abitante» ("Le Monde", 11-V-2004, pag. V).

18. CH. SAINT-ÉTIENE, *Europe "ouverte" ou Europe "unie"*, in "Le Figaro", 26-XII-2003, pag. 8.

19. L'idea di «nuovo equilibrio» che Jean Fourastié pone al termine del periodo transitorio è fatta propria da Michel Drancourt, che annuncia ai paesi sviluppati una «crescita molto blanda» in cui il livello di vita «muterà segno». Indica: «Le attività che progrediranno maggiormente apparterranno per lo più ai servizi, alla sanità, alla formazione, agli svaghi che richiedono meno energia, materiali, come il cibo e l'automobile. Tale evoluzione, già ampiamente iniziata, verrà confermata nei paesi industrializzati» (M. DRANCOURT, *Les arbres ne poussent pas jusqu'au ciel...*, cit., pag. 200).

20. Jean Fourastié osservava attorno al 1980 che la stessa prestazione – ad essmpio un taglio di capelli – era contabilizzata nel PNL di un paese ad alto sviluppo per un valore 25 volte superiore a quello per cui figurava nel PNL di un paese in via di sviluppo. Cfr. J. FOURASTIÉ, *Le jardin du voisin*, cit., pag. 231.

21. Cfr. P. HUGOM, *art. cit.*, pagg. 29-30.

22. Cfr. J. FOURASTIÉ, *Les conditions de l'esprit scientifique*, cit., pagg. 125-173.

23. *Ibid.*, pag. 133; J. FOURASTIÉ, *La grande métamorphose*, cit., pagg. 91-92; ID., *Idées majeures*, cit., pagg. 209-210.

24. J. FOURASTIÉ, *Le Grand Espoir*, ed. 1949, cit., pag. XIV.

25. J. FOURASTIÉ, *L'évolution des prix à long terme*, cit., pag. 23.

26. Cfr. J. FOURASTIÉ, *La grande métamorphose*, cit., pagg. 85-86; ID., *Idées majeures*, cit., pagg. 203-205.

27. Cfr. J. FOURASTIÉ, *La réalité économique*, cit., pag. 11.

28. *Jean Fourastié entre deux mondes*, cit., pag. 121.

29. Prefazione all'edizione del 1989 de *Le Grand Espoir*, cit., pag. XIV.

30. *Jean Fourastié entre deux mondes*, cit., pag. 71.

31. Durante tale lavoro di osservazione del reale per mezzo delle statistiche, Jean Fourastié indica – ed è stato uno dei primi a farlo – il margine di errore massimo delle tavole di cifre da lui costituite. Ne *Le Grand Espoir* segnala anche margini di errore del 5 e talvolta del 10%. Ma, vista l'ampiezza delle evoluzioni studiate, «tali errori non modificano (...) in nulla il significato dei risultati». Quando il volume della produzione americana si moltiplica per 17 fra il 1869 e il 1940, un 10% di errore non cambia nulla nella tendenza globale (J. FOURASTIÉ, *Le Grand Espoir*, ed. 1949, cit., pag. 10).

32. J. FOURASTIÉ, *L'économie française dans le monde*, 1ª ed., cit., pagg. 6-7.

33. J. FOURASTIÉ, *Les conditions de l'esprit scientifique*, cit., pag. 135.

34. P. HUGON, *art. cit.*, pagg. 19-20.

35. *Jean Fourastié entre deux mondes*, cit., pag. 71.

36. J. FOURASTIÉ, *Les Trente Glorieuses*, cit., pag. 284; cfr. anche ID., *La grande métamorphose*, cit., pag. 109.

37. Cit. da Jacqueline Fourastié, prefazione all'edizione 1989 de *Le Grand Espoir*, cit., pag. XII.

38. P. HUGON, *art. cit.*, pagg. 28-29.

39. J. FOURASTIÉ, *La réalité économique*, cit., pag. 159.

40. P. HUGON, *art. cit.*, pag. 28.

41. J. FOURASTIÉ, *Le Grand Espoir*, ed. 1949, cit., pag. 155.

42. J. FOURASTIÉ, *La productivité*, cit., pag. 7. Jean Fourastié nota che Marx utilizza «a più riprese la parola produttività, per lo più in collegamento con la nozione di divisione del lavoro».

43. J. FOURASTIÉ, *La réalité économique*, cit., pag. 157.

44. P. HUGON, *art. cit.*, pag. 28.

45. Si potrebbe del resto formulare le cose diversamente, e considerare Fourastié come un Marx senza pregiudizi ideologici, senza para occhi filosofici deformanti, e che ha osservato scientificamente la realtà economica nel lungo periodo invece di teorizzare l'economia e la storia in base ad idee *a priori* e partigiane da militante della lotta di classe. Alain Minc, che neppure menziona Fourastié nel suo libro, scrive: «L'onnipotenza del mercato meriterebbe un Marx liberale: ma non lo conosceremo». Ora, per molti aspetti, Jean Fourastié era questo Marx liberale. A. MINC, *Les prophètes du bonheur. Une histoire personnelle de la pensée économique*, Paris, Grasset, 2004, pag. 17.

46. Edgar Bavarel, prefazione a R. SAVIOZ, *Fourastié, magicien ou charlatan de l'èconomie moderne? Étude critique de la répartition des activités économiques en trois secteurs chez le professeur Fourastié*, Lausanne, 1971, pag. 11.

47. JACQUELINE FOURASTIÉ in *Jean Fourastié entre deux mondes*, cit, pagg. 85-86.

48. P. HUGON, *art. cit.*, pag. 18.

49. Tuttavia, sfuma un po' il discorso: «Certamente esistono, in tutti gli ambienti, personalità che percepiscono ed espongono, talvolta in modo brillante, le realtà essenziali dell'economia. Ma sono stati e restano poco numerose, almeno in Francia, per avere un'influenza duratura».

50. Aggiunge: «Non avrò lo scrupolo di esporli tutti: in particolare, non si troveranno qui certi teoremi, leggi o celebri teorie che molti spiriti elevati considerano come autentici esempi di vera scienza economica (la legge di Jacques Rueff sulla disoccupazione e i salari, la teoria del *surplus* di Pierre Massé, i teoremi di Hicks sull'inflazione, e una quantità di analisi pertinenti come quelle di Rostow, di Sauvy e di Braudel...). Non parlerò neanche di economia d'impresa» (J. FOURASTIÉ, *La réalité économique*, cit., pagg. 12-13).

51. *Jean Fourastié entre dex mondes*, cit., pag. 91; J. FOURASTIÉ, *La grande métamorphose*, cit., pag. 131.

52. Cfr. D. VILLEY - C. NÊME, *Petite histoire des grandes doctrines économiques*, Paris, Litec/Génin, 1992, pag. 292.

53. Ciò va in parte un po' sfumato. Presidente del Comitato Jean Fourastié, il rettore Pierre Tabatoni ricorda il suo stupore quando, appena uscito dalle università anglo-sassoni in cui aveva studiato l'analisi economica contemporanea, scoprì la chiarezza e la concretezza dei libri di Jean Fourastié. Daniel Villey, allora professore di economia politica alla Facoltà di Giurisprudenza di Poitiers, aveva riservato nel 1948 una benevola accoglienza a *Le Grand Espoir* nella recensione che ne fece per i "Cahiers du monde nouveau". Il professor Claude Goyard, dell'università di Paris II, si ricorda che, nel 1953-'54, alla Facoltà di Giuriprudenza di Montpellier, il professore di economia Étienne Antonelli riservava sia nel suo insegnamento universitario regolare che in quello di dottorato un importante spazio al pensiero di Jean Fourastié.

54. *Jean Fourastié entre deux mondes*, cit., pag. 91.

55. J. FOURASTIÉ, *La grande métamorphose*, cit., pag. 131.

56. Da giovane studente di economia, Michel Drancourt scoprì *Le Grand Espoir* che «faceva passare una forte ventata di ottimismo (...) in una Francia esitante sulla strada da seguire» (M. DRANCOURT, *Mémoire de l'entreprise*, cit., pagg. 61-62). Quando era delegato generale all'Istituto per l'impresa, aiutò validamente Jean Fourastié nelle ricerche che permisero la stesura de *Le jardin du voisin* e di *Pourquoi les prix baissent.*

57. Cfr. *Jean Fourastié entre deux mondes*, cit., pagg. 52-56.

INDICE

Finito di stampare nel mese di aprile 2007
da AGM srl - Castrovillari - Tel. 0981.491957
per conto dell'Editore Marco
in Lungro di Cosenza .

MARCO Editore
piazza Garibaldi 16
87010 Lungro di Cosenza - Italia
tel. 0981947088;0981947555; fax 0981943978
www.costanet.it/marcoeditore
marcoeditore@tiscalinet.it

A. d'Ors - *La violenza e l'ordine*
A. Baudart - *Socrate e Gesù*
L. Sestòv - *La filosofia della tragedia*
F. Lubonja - *Diario di un intellettuale in un* gulag *albanese*
D. Fisichella - *Elogio della monarchia*
E. Nolte - *Le ragioni della storia*
P. Vassallo - *Pensieri proibiti.L'ostracismo alla metafisica nell'età della tolleranza*
L. Gullo - *Delitto, pena e storicismo*
L. Gullo - *La prova penale*
L. Gullo - *Il pentitismo*
F. Tessitore - *Storia, filosofia e politica in V. Cuoco*
M. Winock (a cura di) - *La destra dal 1789. Gli uomini, le idee, le risorse*
A. Coco - *Storia e storiografia della Sicilia moderna*
P. Helzel - *L'evento Auschwitz nella politica di H. Arend*
D. Mauro - *Vittorio Emanuele e Mazzini*
G. Ferrero - *Potere*
D. Cofrancesco - *Sul gramsciazionismo e dintorni*
G. Volpe - *Vittorio Emanuele III*
G. P. Calabrò - *La galassia dei diritti*
G. P. Calabrò - *Potere costituente. La filosofia giuridica di Costantino Mortati*
G. P. Calabrò - *Ordine e libertà. Diritto e morale nello Stato democratico*
E. Garello - *L'arco di Apollo*
L. Colletti - *La logica di Benedetto Croce*
E. Romeo - *Interviste sulle rivoluzioni moderne*
F. Volpe - *Cultura e storia nel Mezzogiorno tra '800 e '900*
L. Tolstoj - *Patriottismo e governo*
A. Vannucci - *I martiri della libertà italiana dal 1799 al 1848*
F. Crispi - *Per un antico parlamentare. Col diario dei Mille*
C. Lombroso - *Questi tribuni... Storia psichiatrica delle rivoluzioni*
M. Dogo - *Kosovo, Albanesi e Serbi: le radici del conflitto*
V. Cappelli - *Il fascismo in periferia. La Calabria durante il Ventennio*
M. D'Addio - *Manzoni politico*
E. M. Radaelli - *Romano Amerio. Della verità e dell'amore*
A. J. Tellis - *Introduzione al realismo politico*
A. Campi - *La Destra di Fini.I dieci anni di Alleanza Nazionale. 1995-2005*
F. Bottone - *La fine della Monarchia in Italia. Il referendum istituzionale del 2 giugno 1946*
J. Freund - *La guerra nelle società moderne*
H. Pena-Ruiz - *Che cos'è la laicità. Minoranze e comunità nello Stato democratico*
G. Vattimo - *La vita dell'altro*